国家出版基金项目
NATIONAL PUBLICATION FOUNDATION
"十三五"国家重点
出版物出版规划项目

城市社区更新理论与实践丛书
赵万民 黄瓴 主编

WUHAN

武汉
城市社区更新
理论与实践

CHENGSHI SHEQU GENGXIN
LILUN YU SHIJIAN

李志刚 郭 炎 林赛南 著

中国城市出版社
中国建筑工业出版社

进入21世纪第三个十年，回顾我国规划学科和规划学界近年经历的历史性变化和巨大进步，主要体现在两大方面：一方面是新的国土空间规划体系的建构，另一方面是城市发展模式和空间规划从主要是增量扩张到存量提升即城市更新的转型。正是党的十八大及继后的党的三中全会、五中全会以及2015年中央城市工作会议，对我国改革开放以来经济社会发展阶段和形势做出了科学判断，进一步明确和极大地充实了中国特色社会主义的丰富内涵，正确及时地把握我国城镇化的历史进程，提出了新型城镇化的时代转型。党的十九大报告中指出，我国社会主要矛盾已转变为人民日益增长的美好生活需要和不平衡不充分的发展之间的矛盾。以人民为中心的高质量发展目标已成为全社会共识，这同第三次联合国住房和城市可持续发展大会提出的人类未来二十年共同发展纲领《新城市议程》及17项可持续发展目标（SDGs）相互契合。从党的十八届三中全会首次提出"推进国家治理体系和治理能力现代化"这个重大命题到党的十九届五中全会明确"十四五"规划和二〇三五年基本实现社会主义现代化远景目标，并且具体到对我国规划体系的改革提出改革方向、内容和指导方针，催生了规划学科向真正符合人民和时代需要的方向发生深刻而伟大的变革，一系列相关文件指导着我国规划体系不断深化和完善。

我们从十余年的理论探索和工作实践中汇聚形成的这套丛书的主题——城市社区更新属于后一方面，可以说是在以人民为中心的思想指引下一部分城市规划转型课题的理论和实践的阶段总结。曾几何时，在当地政府邀请和委托下，我们走进一个个城市中低收入居民的社区，面对住房条件、居住环境和市政设施以及社会方面的多种问题，社区更新规划的工作方式、内容和程序无法继续沿用传统体系规划的范式。进入这个新的工作领域时，免不了要学习与参照西方发达国家的社区规划著作和范例，以及国内陆续问世的社区规划论著，从中获得较为系统的社区规划概念和方法，但是多彩多姿的国情和地域现实促进我们重新思考，走进社区人民群众和基层干部中共商共谋，在实践中创新求解。可以说，参与每个社区更新的过程都可以记录下一个个生动的故事，这也是规划师价值观的自我净化和升华。

说到社区更新和社区规划从早期的试验到最近纳入城市规划体系的历程，的确是意味深长。自中华人民共和国成立至改革开放迄今，在全国构建起区、街道、居委会三级城市基层政权组织体系，先后经历了从社区服务、社区建设到社区治理三个发展阶段。1986年，民政部首次把"社区"概念引入城市管理，提出要在城市中开展社区服务工作。2000年11月，中共中央办公厅、国务院办公厅转发《民政部关于在全国推进城市社区建设的意见》，明确"社区建设是指在党和政府的领导下，依靠社区力量，利用社区资源，强化社区功能，解决社区问题，促进社区政治、经济、文化、环境协调和健康发展，不断提高社区成员生活水平和生活质量的过程"，推动各地区将社区建设纳入国民经济与社会发展计划。2001年，社区建设被列入国家"十五"计划发展纲要。2010年至今，社区治理成为国家治理重要组成部分，重点在于构建城乡社区治理体系，提升城乡社区治理能力，打造共建共治共享治理格局。2017年6月，《中共中央　国务院关于加强和完善城乡社区治理的意见》指出，"完善城乡社区治理体制，努力把城乡社区建设成为和谐有序、绿色文明、创新包容、共建共享的幸福家园"。2017年10月，党的十九大报告提出，"加强社区治理体系建设，推动社会治理重心向基层下移，发挥社会组织作用，实现政府治理和社会调节、居民自治良性互动"。但在过去的20年里，在我国大多数城市中，无论是社区规划还是社区更新，主要体现在具体项目上，并未从法理和学理上得到"正名"。原因主要有三：一是从学理上社区规划或社区更新涉及跨学科的充分融合，复杂的交叉机理未臻定论；二是从项目实践上体现出很大的在地差异性和综合性，规划的技术和方法多方尚在各自探索；三是过去发展阶段传统城乡规划体系中社区的缺位，正式规划专业教材和法规暂付阙如。从20世纪90年代末以来，上海、北京、深圳、武汉、重庆等国内一些大城市也只是在一些点上开展起社区规划、社区更新行动。

令人鼓舞的是，今天社区更新和社区规划在全国城市方兴未艾地蓬勃开展，新成果和新经验层出不穷。社区发展、社区更新的时代已经到来。

《城市社区更新理论与实践丛书》启动于2018年底，选择了具有代表性的9座城市，分别是北京、上海、广州、重庆、成都、武汉、南京、西安和厦门，旨在梳理和总结每一座城市在社区更新方面的经验，系统整理因地制宜的社区更新理念（理论）、规划设计方法，并通过典型案例探讨社区更新的机制与政策。特别需要说明的是，本丛书各分册的作者皆来自高校的城乡规划学专业，他们既是我国社区更新、社区规划的实践者与研究者，同时也是观察者和教育者。大家的共识是立足规划的视野探讨具有中国语境下的城市社区更新，希冀从规划的多学科维度进一步丰富我国的城市更新理论和方法。写作和编辑这套丛书最大的体会，是必须努力学习、深刻理解习近平新时代中国特色社会主义思想的科学体系，牢固树立以人民为中心的发展思想，坚定中国特色社会主义道路的四个自信和五大发展理念，以此丰富和创新我国社区发展的规划学科理论。自豪地身处当下的中国，站在过去城市规划建设取得的卓越成就的基础上，经心审视社区的价值，充分认知社区之于国家治理的作用，努力发现社区作为实现人民城市愿景的重要意义，乃是本丛书编写的初衷。丛书的顺利诞生要特别感谢中国建筑工业出版社（中国城市出版社）的大力支持和辛勤工作。

"诗意的栖居"是人类包括中国人的共同理想。已做的社区更新规划研究和实践曾经陪伴了我们千百个日日夜夜，更深入到我们心灵中的每一天。我们更为不同社区的未来美好图景殚精竭虑。作为我国社区发展的城市规划工作的参与者，从实践到理论，再从理论到实践的不懈且无尽的努力，这既是使命，更觉荣光。

　　谨此为序。

赵万民

2021年2月

　　社区（community）的概念起源于社会学，是指一定实体地域范围内具有共同社会文化纽带、社会交往频繁，因而产生一定的相互依赖和情感的社会共同体及其集聚区（费孝通，2001；Minar and Greer，1969；Hillery，1955；斐迪南·滕尼斯，2010；魏娜，2003）。从地域性质而言，社区可分为城市社区与乡村社区。城市社区是指城市某一特定区域内居住的人群及其所处空间的总和（赵蔚，赵民，2002）。具体到我国的城市社区，通常是指在街道这一行政区基础上，由政府主导建立、管理的一定街区地域；通常具有2000~3000户居民，包含一个或多个居住小区（neighborhood）。本书所谈及的城市社区，是作为城市综合系统的一个子系统，包含了居住功能集聚区的空间、社会和环境等多个层面的内涵与特质。本书的城市社区更新，也区别于乡村社区改造和广义的城市更新，是指城市特定社会群体集聚区的改造。

　　作为一个综合经济、社会、政治、文化与空间的复杂演化系统，城市社区更新一直是国内外研究的重点领域，是全面洞悉一个国家或区域的城市与社区的发展规律、建设与管理模式、发展转型驱动机制等方面的窗口。城市社区更新的特征与机制具有明显的东西方差异、时代差异和地域差异性。

首先，是东西方差异。在城市发展的政治经济格局上，中国嵌构于计划经济向市场经济渐进式转型的独特体制中；第二次世界大战以来，西方的城市治理经历了城市管理主义（urban managerialism）向城市企业家主义（urban entrepreneurialism）的转变，即政府通过创造更加友好的市场环境服务市场，以争夺全球投资。而中国体制转型中的城市治理表现得更加趋向政府企业家主义（state entrepreneurialism），即政府不再是一个单纯的福利供给者和计划执行者，而是在向社会主义市场经济的转型中，充分利用市场以实现其计划目标，所谓"计划为中心、市场为工具（planning centrality，market instrument）"（Wu，2020）。城市社区更新的特征与机制因城市治理格局而异，中国城市治理与社区更新的独特性也将为国际城市社区更新贡献"中国经验"。

其次，我国城市社区更新也具有明显的时代和地域差异性。我国城市社区更新的体制背景具有明显的阶段特征，更新的特征也呈现出时代差异。这充分体现为事关政府和市场激励的相关制度变革，如依次采用的财政分权、分税制、政府投融资制度等财税制度；从大力发展小城镇、适度发展中等规模城镇到大中小城镇协调发展的城市发展方针；从强调经济增长数量转向追求经济发展质量的总体发展战略；从强调经济增长转向经济与社会协调发展的发展策略。相应的，城市社区更新也展现出明显的阶段特征，如以"增长主义"下土地财政与产业升级驱动的拆除重建转向"存量优化"下注重"社会治理"能力提升的保留更新；从严控城市规模时代内城小规模的"挖潜式"改造转向"片区化"下大尺度、大规模的城市更新。

从地域空间的维度看，由于我国渐进式改革是"以点带面"逐步展开的，因此各地发展的宏观体制背景是不同的。其与地方各异的发展禀赋和发展路径相结合，进而生成地域差异的城市治理与城市社区更新特征。如田莉（2015）所说，按照改革开放的先后顺序，珠江三角洲、长江三角洲、京津冀地区分别对应着"弱政府-强市场""强政府-强市场""强政府-弱市场"的政府和市场关系。广大中西部地区则如同京津冀，由城市政府主导着城市的扩张与更新。因此，我们能在珠江三角洲的城市扩张与更新中看到强大的农村集体，看到艰难的城中村改造，而在武汉等中部地区则是强大的城市政府和国有企业、弱势的农村集体，看到武汉可以将三环以内的大多数城中村拆迁改造。城市治理与城市社区更新的时空差异性说明梳理我国城市社区更新实践和理论发展脉络，并针对典型城市开展深度研究的必要性。典型城市的深度研究也有助于与其他城市进行比较，有助于基于更全面的实证进行理论提升。

纵观改革开放以来我国城市社区更新的历程，大体可分为3个阶段：一是，改革开放到21世纪初期，以"增长主义"为导向、伴随城市扩张的内城城市社区更新；二是，城市存量空间优化时代开启后，以拆除重建为主要方式的，大规模推进的旧城镇、旧厂房和旧村居改造（简称为"三旧"改造）；三是，2010年以来兴起的以保留更新为主要方式的老旧小区改造。这一改造历程体现了"增长主义"时代，政府与市场主体间"增长联盟"所驱动的城市社区更新对社会性的忽略，致使社会问题凸显，进而转向"存量优化"时代，注重社会治理能力与社区品质的协同互促、共同提升。城市社区更新越来越强调"多元共治，共同缔造"的理念，这也顺应了我国城市管理向城市治理转向的时代大趋势。立足于中国城市社区更新的时空大格局，深度探究典型城市的实践经验和不足，将有助于地方更加因地制宜地制定城市社区更新政策，有助于强化城市治理的能力和效力，使其更具包容性和可持续性。基于此，本书提供了城市社区更新的"武汉样板"。

本书以近20余年武汉的城市社区更新为研究对象，将其置于改革开放以来，我国城市发展实践与理论探讨的历史进程中予以审视，凝练其演化规律、梳理其实践做法，并进行适度的理论辨析，为更广泛的实践和一般性理论提升提供武汉范本。本书共包括11个章节，除绪论外，共分为5个部分。

第一部分，即第2章，是将我国城市社区更新置于我国体制转型中城市发展演化的大背景下进行理论审视；从计划经济开始，分5节，详细论述了各个时段的体制转型、动力转变、城市空间重构与社区更新的阶段特征；为剖析武汉案例、辨析案例的经验与不足，提供理论参照。

第二部分，即第3章，探讨了武汉城市社区发展与更新的时空演化进程，将计划经济以来，武汉城市社区更新划分为依次叠加的五个阶段，并总结出武汉的两种模式："增长主义"导向下的城市社区更新与"存量优化"下"共同缔造"的老旧小区改造；基于这一"全景鸟瞰"，后续围绕这两种模式分别选择相应的案例，作深度剖析。

第三部分，包括第4章至第6章，是对

代表上述"增长主义"导向城市社区更新的典型案例的深度解读。按照社区类型、改造动力机制、主导主体的差异，分别选择了一个城中村改造案例（石桥村）、一个国有企业社区改造的案例（楚河汉街）、一个包括旧厂房与旧社区等多种社区类型的大规模改造案例（二七商务核心区）。通过这些案例，作者试图阐述政府、国有企业、开发商或农村集体等是如何互动，进而影响改造，并对原有社区和社会群体产生影响的。

第四部分，包括第7章到第10章，反映了最近三年多来，作者在武汉开展的一系列老旧小区改造首创工作，包括在武昌和江汉两个主城区的第一批试点社区规划与改造。这些案例是我们在实践中践行"美好社区、共同缔造"，推动规划共谋、改造项目共建、事后共管与共享，进而以社区共治推

动社区可持续更新与维护的切实经历的总结与反思。虽然四个案例都在践行同一理念，但因社区空间环境、现状治理格局、管理水平、社会关系等方面的差异，不同的工作组织模式，不同的资金来源等，社区改造的"共同缔造"中面临的切实问题是不一样的，攻克的难点与探索的维度也不尽相同。因此，案例间的差异性更能全面反映老旧小区改造这项工作的复杂性。

第五部分，即第11章，是本书的结论章节。在反思"增长主义"导向下的拆除重建型改造带来的社会矛盾基础上，结合国家推动老旧小区改造与基层社会治理能力建设的大政方针，对武汉市老旧小区改造的试点进行了经验总结与检讨，并对未来如何在城市社区更新中践行"多元共治"，进行了展望。

▶ 目录 ◀

1

第 1 章　绪论：中国城市社区更新
历程中的武汉样板

本章提纲挈领，简述了改革开放以来我国城市社区更新的总体历程，阐述其由"增长主义"转向"多元共治"改造理念的历史过程；进而简述了武汉城市社区更新的转型过程，包括"增长主义"下的拆除重建和"存量优化"下对"美好社区、共同缔造"的先行探索；在全国和武汉两个尺度，对其城市社区更新历史阶段进行简要梳理，并以此定位"武汉样板"。其后展现了本书的章节组织，梳理了主要内容间的逻辑关系。

1.1
中国的城市社区更新：从"增长主义"走向"多元共治"

1.1.1 "增长主义"下的扩张与改造

▶ 　　在我国渐进式改革的宏观背景之下，"增长主义"的出现实际是对计划经济时期社会经济发展停滞不前的一种纠偏。在计划经济时期，土地、人力和资本等生产要素按计划配置，服务于国家的重工业发展目的，造成了资源配置的低效：一是，超越先轻工业再重工业的客观经济发展规律，偏向重工业配置资源，结果导致生活资料的极度匮乏；二是，缺乏市场机制的激励和价格调节机制，计划配置束缚了劳动力等生产要素的内生驱动力，生产的积极性大打折扣。这便造成了计划经济时期所特有的要素投入力度大，但经济几无增长，生活物质匮乏的局面。与经济增长乏力相对应的是"单位办社会"的社会组织格局，城市的生产、生活空间被限定在单位的地域范围内，每个单位自主组织生产、生活、娱乐等活动，功能"五脏俱全"的大量单位社区相互拼贴，进而形成计划经济时期的"拼贴城市"。

　　因此，改革开放要解决人民对改善生活条件的渴望与内生驱动力被压制的矛盾。通过经济增长来改善人民的生活条件成为中央政府的主要工作目标。这种以发展为导向的政府，被学界定义为"发展型政府"（developmental state）（Solinger，1992）。为实现这一目标，中央"发展型政府"推动了分权与市场化的改革。首先，是计划向市场的分权。在不动摇计划配置的公有制经济基础上，通过局部地方试验和局部要素的市场化改革"以点带面"地推动要素市场和商品经济的发展，以此调动、培育和发展市场经济主体。

其次，是财权与事权逐步向地方下放，而行政权则依然保留，中央政府始终有自上而下任命和调整地方官员的人事权力，中央政府通过政绩考核来决定地方政府官员的政治升迁。因此，从中央与地方的关系来看，中央通过政绩考核指标的设定，明确地方政府的行动方向，另一方面通过财权与事权的下放，赋予地方政府以发展的自主性和能动性。如此，中央政府与地方政府之间便形成了一致目标，即经济增长。通过分权，地方政府也区别于计划经济时期单纯的社会福利供给者和社会管理者，有了自主的发展议程和发展策略，地方政府也因此成为"地方发展型政府"（local developmental state）（Solinger，1992；Zhu，2004），可谓"分权以促竞争、竞争以促发展"。这种以经济增长为导向的经济发展和城市建设，被学界界定为"增长主义"。

地方政府践行"增长主义"的方式便是他们与市场主体之间形成的"增长联盟"。按Wu（2020）所述，这种联盟表现为政府通过市场来实现其经济增长的目的，地方政府倾向于企业化（entrepreneurial），也被定义为"企业化地方政府"，这种政府与市场的关系被描述为"计划为中心、市场为工具"。地方政府激励市场主体，引导其实现政府计划的媒介则是一系列的制度性激励，同时以土地、税收等制度为核心。这些制度性激励因发展背景、地方制度基础而异，从而驱动了不同的城市发展和建设模式。

改革开放，农村先行。由于乡镇企业成为地方政府财政的主要来源和驱动经济发展的主要动力，地方政府积极支持、培育和参与乡镇企业的发展，全国层面经历了一波乡镇企业驱动的城镇扩张。随着国有土地使用权有偿使用制度的建立，城市建设用地成为地方用于发展经济的主要资源。在乡镇企业向外扩张的同时，城市内部也经历着改造。在改革开放早期，由于严格限制大城市规模的发展政策，更新改造大多还是对老城区历史地段的"挖潜式"改造。

1994年，中央政府施行"分税制"，尤其1990年代中后期住房商品化改革后，土地出让成为地方政府在预算内财政收入有限的情况下，大力扩充预算外财政收入的主要来源（赵燕菁，2009）。城市扩张与更新成为地方政府获得土地收益的主要方式。为了吸引企业投资，土地协议出让成为城市土地供给的主要方式（Lin et al.，2005）。这种方式让地方政府与企业（多为国有企业）之间建立了以土地开发为核心的"地方增长联盟"，前者需要后者投资以撬动规模化的城市开发，助力其在地方之间竞争，后者则可以从地方增长中获利（Zhu，2004）。进入21世纪初期，这种建立在土地协议出让基础上的增长联盟，推动了中心城区的改造和外围中小城镇的扩张，在强调大中小城镇协调发展后，则推动了中心城区的企业外扩和伴随扩张的较大范围的城区改造。随着地方之间竞争的恶化，土地协议出让在很大程度上扭曲了国有土地资源的配置，带来一定的浪费，随后于2002年开始受到抑制，并于2004年被严格限制。

从此，地方政府以土地协议出让争取企业投资进行城市开发的方式难以为继。但"增长联盟"并未退出，而是形成了新的建立在"土地财政"和"土地金融"基础上的城市经营之路，本质在于地方政府通过土地的配置构建了一个政府投入与产出的正向循环：通过快速低价征地，储备土地，以土地抵押贷款（即土地金融），投资基础设施建设，生地变熟地，通过合理的城市经营手段（城市规划、土地供给节奏调节）提升商住用地的出让地价，获得土地出让金，扩充预算外收入（即土地财政），依托商业用地的收入，补贴工业用地，招商引资，增加税收等经常性预算内收入（即产业财政）（陶然等，2009；赵燕菁，2011）。受土地财政和土地金融的驱动，在空间扩张政策的强力支持下，城市以前所未有的速度扩张，使原先的城市郊区成为主城区。一方面，区位的重塑，使得原先城郊土地的价值重构，地租级差增加，驱动改造；另一方面，位于城郊的企业，主要是国有企业等，也纷纷外迁，寻求更好的集聚经济、设施配套、规模用地和政策优惠。如此，伴随着城市扩张，城市主城区也开始了大规模的快速改造，大量工厂被改造成高楼大厦。然而，原先的企业生活区则被包围起来，形成不断被遗忘的城市"背面"。

1.1.2 以"拆改留"开启的"存量优化"时代

历经改革开放后近30年的高速经济增长，我国城市化也以前所未有的速度推进，城市面貌日新月异，级差地租等市场机制取代了单纯的计划配置，调节着城市空间的分配，使人民的生活、居住条件得以极大改善。然而，"增长主义"也带来一些严重的"后遗症"：一是，增长的量高，但发展的质低，产业大多处于价值链的低端，附加值低；二是，粗放式的增长是以低成本要素投入为代价的，城市土地快速扩张，逐步逼近国家严守的18亿亩耕地红线，土地利用效率不高。低成本劳动力的红利也逐渐消失，代之以流动人口城市化、棚户区贫困人群等社会问题的不断凸显。这些"后遗症"在2008年的金融危机下被放大，以至于地方政府不得不积极应对。

为此，强调量与质并重、效率与公平并重的包容性发展，改变以往粗放式城市化的新型城镇化等理念被逐步提出，彰显了"增长主义"新的转向。其中，具有代表性的是城市建设从"增量扩张"迈入了"存量优化"。虽然城市扩张一直受到建设用地指标的制约，但城市增长的边界划定和新增建设用地的严格管控达到了前所未有的程度，甚至历史上突破建设用地指标的城市还要减量发展。改造城市低效利用的存量建设用地成为助力产业转型升级、经济高质量发展、社会民生改善的主要抓手。如果说"增长主义"下的城市改造主要是地方政府自发驱动的，服务于经济增长目标的，而"存量优化"时代开启的城市更新则更倾向于国家自上而下的战略性推动，成为城市建设的战略支点。这种自上而下的推动体现在国家的"试验性"体制上，即自上而下的地方试点，总结经验，进而形成国家政策，在全国范围推广。

引领这场试验的是广东的"三旧"改造。广东在推行"三旧"改造两年后，于2009年与原国土资源部（现并入自然资源部）签订了第一期、为期四年的"三旧"改造深化试点，力求探索对旧城镇、旧厂房、旧村庄三类低效的存量建设用地进行改造的经验。在经过地方的实践探索后，"三旧"改造于2010年代初期向全国推广，掀起了一波城市棚户区改造、城中村改造和工业厂房改造的浪潮。由于城市增量扩张得到较大的限制，同时国家于2013年开始治理地方债务，对"土地金融"进行了限制，"三旧"改造成为地方政府获得发展空间与财政收入，并与市场资本开展合作项目融资（PPP）的平台，因此得以大力推进。然而，大规模的拆除重建也带来了原住户的利益保障、拆迁安置问题、房价增长等诸多矛盾。可以说，房地产市场的空前繁荣，在很大程度上助推了这一波"三旧"改造热潮。随着2017年后政府以铁腕的手段控制房价，房地产市场逐步回归理性，使"三旧"改造的步伐趋于稳定。

1.1.3 迈向"留改拆"下的"多元共治"

随着"增长主义"的转向、"存量优化"时代的开启，社会矛盾逐渐成为我国持续发展必须面对的主要问题。在"增长主义"时代，社会发展往往被置于"增长联盟"之外，因此导致严重的社会与政府、市场主体之间的矛盾，如城市快速扩张带来的征地补偿矛盾、城市更新中的拆迁安置矛盾等。因此，中央政府于2000年代中后期，便提出了"和谐社会"的理念，开始将社会和谐稳定提升到与经济增长同等重要的地位。

城市化也逐步步入增速放缓的稳定区间。通俗而言，经济"蛋糕"不再像以前那般快速变大；不再像以前各利益主体都能分享到增长的"蛋糕"，实现"帕累托"改进。相对于不断增长的需求，"蛋糕"越来越有限，潜在的社会矛盾与冲突更加普遍，公平分配的机制也因此变得越来越重要。习近平总书记指出，新时代我国发展的主要矛盾已转变为"人民不断增长的对美好生活的向往与发展不平衡、不充分之间的矛盾"。因此，如何在发展经济的同时，化解社会潜在矛盾，确保社会稳定，成为新时代主要的国家战略任务之一。

在此背景下，社会治理体系与治理能力成为国家予以重点完善和提升的方向。2013年，党的十八届三中全会提出建设现代化的国家治理体系，并以城市和社区成为此次实践的主要空间场域。随后，城市治理与社区建设逐步上升为国家战略。2015年底召开的中央城市工作会议提出"以人民为中心"的城市治理观，强调"人民城市为人民"。2017年4月，中共中央、国务院进而印发了《关于加强和完善城乡社区治理的意见》（中发〔2017〕13号），提出要"健全城乡社区治理体系"。2017年10月召开的党的十九大则进一步将"社区治理体系建设"明确为社会治理的工作重点。2019年10月，党的十九届四中全会更是提出"坚持和完善共建、共治、共享的社会治理制度，推动社会治理和服务中心向基层下移"。因此，作为组织居民生活的基本单元，社区成为创建共建、共治、共享的基层治理体系的关键载体。

与社会治理逐渐下沉到社区相对应的是城市更新转向城市社区、从拆除重建转向保留后的品质提升。一方面，改革开放以来，我国城市建设要么重增量（扩张）、轻存量（改造）；要么重存量的拆除重建、轻保留更新。结果是大量老旧小区面临居住环境恶化和环境品质下降，甚至恶性循环：物质环境与设施配套老化（蔡云楠等，2017）；随着租住比增加，社区人员构成日益复杂，使基于集体行动的社区自主管理能力趋弱（黄瓴，许剑峰，2013）。这些老旧小区包括历史保护地区，原国有企业厂区改造后留下来的住宅区，1990年代建设的经济适用房、保障房和部分商品房住区。老旧小区的"逆周期"优化迫在眉睫。

另一方面，在"三旧"改造计划的推动下，以武汉为例，城市能拆、可拆的棚户区、城中村等社区，要么已经被拆除重建，要么已经纳入了城市拆除更新的未来计划，被划为"动区"，而大量没有条件拆或仍有使用价值的老旧小区则被划为"静区"。相比"动区"改造中，居民能获得补偿和居住生活条件的极大改善，"静区"则未能得到足够的关注，居民对美好生活的向往随着"静区"的划定而只能深藏内心，难免感到不公平。尤其是对于那些当周边都被划入"动区"而被新的高楼大厦包围起来的"静区"，这种不公、无奈甚至愤懑更加剧烈。化解"静区"居民的愤懑迫在眉睫。这便需要适时提升"静区"的居住环境。

针对老旧小区的保留更新，传统的外表美化、"头疼医头脚痛医脚"式的更新难以持续。一是，单纯自上而下的供给，难以精准地满足居民的本体需求；二是，居民的主体性未调动起来，小区更新容易，但维护难，因此即使更新了，也只是"见物不见人"。因此，老旧小区更新需要探索新的模式，而发挥居民的主体性角色，从居民的本体性需求出发自然成为新模式的主要内核。为此，在国家积极开展"城市修补"、加强和完善社区治理工作的引导下，各地也开展了多样化的探索，如北京的"清河实验"（刘佳燕等，2017），沈阳、厦门的"共同缔造"（张腾龙等，2019；邓伟骥等，2018），广州恩宁路的"微更新"（谭肖红等，2020），武汉的"幸福社区"创建（刘达等，2018），成都的"社区营造"（黄词捷，2018）等等。2018年，习近平总书记视察广州的永庆坊，提出要多采取"微改造"这种绣花功夫来改造老旧小区，正式肯定了以保留为主的老旧小区改造，老旧小区改造也成为社区治理体系建设和治理能力提升的重要抓手。

因此，老旧小区改造兼具社区环境品质和基层治理能力"双重"提升的使命。在此基础上，李克强总理2019年在国务院常务会议上提出，老旧小区改造是兼具民生与经济效益的"重大工程"。尤其是在新冠肺炎疫情之下，经济需要以"内循环"为主的背景下，老旧小区改造还肩负了拉动经济增长的使命。三重使命的叠加，将老旧小区改造推上了"历史高潮"。

1.2

城市社区更新转型中的武汉实践

1.2.1 快速扩张中的城市社区更新："增长主义"下的拆除重建

▶ 　　武汉市因水而兴，历史上便依托长江，于武昌和汉阳两岸建立起城池，也即现在武昌的昙华林、汉阳的古琴台片区。由于当时的造船技术难以适应长江湍急的水流，航运功能并未形成规模。直到清末，汉口利用汉江与长江交汇处水流平缓的特征开埠，在半殖民地半封建社会的时代，成为中西交通运输的一个枢纽和文化交融"窗口"。如此，汉口因港而兴，成为中华人民共和国成立前武汉发展最快的地方，租界内洋房、别墅、公馆兴起，华界内也逐渐集聚了供各阶层人群居住的私人宅邸、商住区、里分和棚户区。武昌、汉阳则在历史城池外零星出现一些私人宅邸、商住区和工人棚户区。这便是武汉自由商贸经济下形成的"老城区"。

　　中华人民共和国成立后，在全国消费城市向工业城市转向的总体趋势下，武汉因"三线建设"成为全国重工业布局的重点城市之一。受此驱动，大量工业项目开始在"老城区"四周沿江、沿路布局，形成依托长江、汉江（包括武昌由西向东交通干道）的"十字"形城市空间格局。

　　改革开放后，计划经济下被压制的消费需求得以释放，服务业开始快速发展，并于1990年代中后期逐步取代了工业成为经济增长的主要动力，推动了福利性住房、商业等多种功能的配套。承载这些功能的空间，一是，在上一时期"十字"骨架内，对一些良好区位的棚户区进行"挖潜式"改造；二是，依托该骨架，在各个"象限"扩张，以至于武汉7个主城区中除了武昌的青山区和洪山区外，在1990年代末已基本建设完毕。

　　改革开放以来，武汉的经济发展和城市建设具有较强的"路径依赖"特征。这首先源于计划经济时期，武汉所具有的强大重工业基础。改革开放之初，沿海大多数城市都是"一穷二白"时，武汉便是一个基础很好的"工业城市"。但也正是由于计划经济思维的约束，当沿海在向市场经济转型、国有企业向私营和外资企业转型、工业经济向服务经济转型时，武汉则坚守"基业"，在体制、机制的改革创新上慢了些。虽然直到1990年代初，武汉依然是继上海后，国家税收贡献居第二位的城市，但随后发展的不尽人意更显得武汉这座重工业之城的迷失。

从1990年代中期开始，第三产业成为主要的经济支撑，这是与同时段沿海火热的工业化不同的。这些第三产业依然主要是弥补计划经济时期的欠账，同时国有企业的发展势头也逐渐趋弱，私营经济发展则未能及时填补，经济增长乏力。全国城市的经济总量排名中，武汉在1990年以前，位于前十（最好时，排第六），此后一路下滑，到2000年代仍是十名开外。反映在城市建设上，武汉有以下三个特点：

第一，城市开发建设仍主要限定在城市主城区。1996年武汉也首次从战略层面提出，通过构筑环线，促进武昌、汉阳和汉口三片区的一体化发展，并连同外围重点城镇打造多中心的城市空间结构。然而，由于城市总体规划依然局限于主城区，城市的经济活动与建设主要集中在了主城区，早期在主城区外设立的增长"飞地"（沌口经济开发区等）发展也相对较慢。

第二，城市扩张的速度在加快。1996年武汉城市建设用地436.40平方公里，到2002年达到604.49平方公里，年均增加28.02平方公里，而在2002~2006年增速达到每年35.71平方公里。其中，商住用地与工业用地是主导城市扩张的两个用地类型。从1996~2006年，商住用地增加了141.42平方公里，工业用地增加了127.75平方公里。

第三，城市更新仍然表现为低端商住用地的改造，工业用地的改造比例不高。1996~2002年，工业用地转商住用地32.40平方公里，商住用地的改造则是其6.3倍，2002~2006年依然延续了这一趋势，但商住用地改造明显加快，改造用地面积314.66平方公里，是工业用地的14倍。这说明，1990年代中期到2000年代中期，武汉城市更新的步伐在加快，但在住房商品化改革和房地产开发的驱动下，仍以低效商住用地的改造为主。

进入21世纪，武汉迎来了诸多发展的政策利好，包括"中部崛起""两型社会"试点以及"复兴大武汉"等政策与发展战略。一方面，武汉开启了工业复兴计划，使得第二产业的经济贡献开始逐步上升；另一方面，2006年的城市总体规划首次划定了武汉都市发展区的边界，将主城区与新城区临近主城区的部分纳入规划范围，力求通过建设城市道路环线和放射线，构建武汉大都市"多中心+组团"的城市空间结构。这使武汉正式步入"城市区域化"的大扩张时代（殷毅，曾文，2006）。在此背景下，伴随扩张的是中心城区剧烈的空间重构：产业升级稳步推进着城市更新。

城市建设用地的变化充分反映了上述趋势：①2006~2014年，武汉城市建设用地年均增加49.11平方公里，远远快于前述各个时期。②道路设施用地经历前所未有的增加，从64.89平方公里增加到181.33平方公里，增长了近两倍，是1996年（23.12平方公里）的8倍多，足以反映道路交通对城市扩张的拉动。③商住用地大幅增加，而工业用地减量。商住用地在2006年的基础上（380.96平方公里）增加了近一倍，达到736.90平方公里。工业用地从301.49平方公里减为222.01平方公里。这说明伴随工业发展，第三产业、商住用房快速扩张，工业集约发展趋势明显。④进一步分析用地的转移发现，工业用地转商住用地规模达到103.11平方公里，维持商住用途进行改造的用地规模达到299.06平方公里。工业用地改造的规模是1990年代中期至2000年代中期总规模的近两倍，而维持商住用途进行改造的用地规模和速度则下降了较多。这说明，在前一阶段的商住改造后，中心城区的工业用地随着城市扩张而外迁，在产业升级中改造成了商住用途，成为这段时期城市更新的主要内容。

武汉城市发展与建设的阶段规律与1.1节所阐述的国家层面的阶段规律大体一致，但也呈现出一定的地方性：①相似之处体现在阶段性的趋向上。首先，在"增长主义"的驱动下，城市经历了快速的扩张，并表现为商住用地的增加，这与全国层面的讨论中土地财政驱动的商住用地供给一致；其次，城市更新经历了主城区以棚户区改造为主的"挖潜式"改造，到大规模的商住用地改造，再到中心城区工业外迁、产业升级驱动的规模化改造，也体现了"增长主义"的驱动。②差异之处则体现在其特有的发展路径、发展阶段的滞后与开发治理驱动机制三个方面。首先，由于经济构成是大量嵌入计划经济体制的国有重工业，在改革开放后沿海地区都快速吸引外资、发展民营企业的同时，武汉的转型则相对滞后，进入了一段工业衰退期。在沿海地带产业转型升级的同时，武汉才开始"工业倍增"计划，大力吸引外来资本和私营企业，伴随着城市扩张、快速发展。武汉在全国经济总量中的排名，也从2000年代中期的十多位到2010年代中期重回前十。其次，武汉特定的发展路径与国家体制机制的渐进式改革耦合，产生了它特定的城市开发治理模式。中国改革开放，广东先行，分权直达村庄。1990年代，长江三角洲大开放时，分权到乡镇。到2000年代中西部大开发时候，我国城市发展的宏观背景已经进入了"城市区域化"时代，发展的权限更加集中于更高的行政尺度，多为市、区，较少到乡镇和村庄。因此，武汉的城市开发更加体现了市、区两级政府的统筹，体现了前述地方政府经营城市的意志，展现出较强的城乡规划引导。21世纪头十年的中期以来，土地财政、土地金融驱动的快速城市扩张与更新，将在第3章阐述。这种差异性也凸显了探究武汉城市更新演化历程与实践的必要性。

1.2.2 "存量优化"下的城市老旧小区改造："美好社区，共同缔造"的先行探索

虽然就城市发展与扩张而言，武汉相比沿海城市慢，城市更新一直是伴随着城市扩张推进的。因此，在近年沿海城市开始推行建设用地"减量"发展的时候，武汉仍在大幅扩张。如今，虽然城市扩张仍在推进，但经历过去40余年的改造后，能拆除重建的空间也越来越有限。在土地金融逐步退出，城市开发融资方式更加规范多元，城市房地产市场调控的背景下，拆除重建式的城市更新也逐渐进入慢速通道。2017年，武汉市在城市控制性详细规划中将存量空间划分为"动区"和"静区"。大量老旧小区被划入了"静

区"。如何改造"动区"的同时，优化"静区"，成为武汉市城市更新需要探索的新方向。

事实上，老旧小区的品质提升一直是武汉市关注的民生工程。早在2000年代初，武汉便推行了"883计划"，即用三年时间，通过政府投入，对中心城区883个老旧社区进行翻新，将其建设成人民安居乐业的和谐家园。该计划的实施改善了小区的形象，但单一的、自上而下的供给忽略了自下而上的诉求，结果是建设焕新容易，维护难以持续。近年来，"883计划"的建设成果已经基本被"淹没"，居民对这种翻新式改造的意见也越来越大。为此，"十三五"期间，武汉市推行"幸福社区"创建，并启动1700万平方米老旧小区建筑的整治提升。然而，按传统的、工程项目导向的方式实施2年后，推进效果并不理想：对政府而言，只有投入没有"回报"；对社区基层而言，居民诉求没有得到倾听，担心重蹈"883计划"的覆辙，"好心办坏事"。改造可能会再次陷入"政府买单，百姓不买账"的局面。面对以往自上而下的社区品质提升效果不佳和自下而上设施供给不足的状况，武汉市、区各个层面开始反思传统改造方式。

作为全国第二批社区治理和服务创新试验区①，武汉市的武昌区率先意识到传统的老旧小区改造模式和深化社区治理能力创建中的问题：①居民在推进社区建设与管理中的主体性不够，居民参与的广泛性和积极性不强，参与式社会动员的系统性不健全，因此，深度推进治理能力和服务水平的提升，仍需在机制上予以完善，需要从微观尺度探索治理模式；②传统的改造模式与满足人民的本体性、多样性需求之间不匹配，政府单一投入的反复性、滞后性、有限性、局部性与老旧小区品质提升工作的艰巨性、迫切性、长期性、广泛性不匹配，重投入轻管理的社区建设模式与社区品质持续提升必要性之间不匹配。为此，武昌区首当其冲提出"美好社区、共同缔造"，要从微观尺度着手，通过更具人本意义的老旧小区改造，探索基层社会治理能力与社区品质互促增进的模式与经验，最终提升居民幸福感、归属感和获得感。武昌区的尝试很快获得了武汉市政府的认可，并开始在全市其他区同步开展试点。

截至目前，这些试点大体上可以分为两个阶段：阶段一，2017～2019年，以政府财政资金支持的"微更新"。该阶段的特点是，老旧小区改造还未全国推广；武汉各区对其认识不统一，改造力度和工作组织方式多样；资金主要来源于政府财政资金，因此极为有限；改造也偏向局部公共空间改造和设施配套。该阶段的社区更新，更偏向于治理与改造的结合，其经济拉动和投入产出等并不是考虑的重点。

阶段二，2020年初以来，全面推动老旧小区改造。该阶段的特点是，自上而下的全面推进，更强调短时期内的经济拉动效应。虽然国家层面不断突出以民为本、寻找居民的最大公约数、强化社区治理等理念，但相比工程项目，治理能力的培育需要更长的时间维度，因此社区更新越来越偏向工程项目，而非与治理协同推进。此外，在资金渠道上，也更加多元化。相比前一阶段单一的区级财政资金来源，此阶段资金来源包括中央和省市政

---

① 在试验区的创建中，武昌区通过理顺职能关系，推进了"区、街道和社区"治理综合配套体系的改革；通过行政管理体系优化和社会工作体系建构，基本实现了党委领导、政府负责、社会协同、公众参与、法制保障的多元社区治理格局，形成了基层社会整体性治理的体系框架，为社区治理能力和服务水平的提升做好了顶层制度设计。

府的财政补贴、区级财政、政府专项债等。因此，小区改造所涉及的内容会更全面，改造更加深入。

然而，如何平衡老旧小区改造的经济和社会效益，如何平衡治理能力培育的长期性和经济拉动的短期性，如何因地制宜地创建老旧小区改造体制机制等一系列问题，均有待进一步深入探索。武汉在老旧小区改造方面已经开展了大量有益探索，因此有必要进行及时的总结，以期为我国城市社区更新的理论与实践贡献"武汉经验"。

1.3
全书的章节组织

▶　　本书以近20余年武汉的城市社区更新为研究对象，将其置于改革开放以来，我国40余年的城市发展，尤其是城市更新实践与理论探讨的历史脉络中，予以审视，总结其经验与不足，以供其他城市参详对比。为此，全书采取了历史文献整理的方法来梳理全国与武汉城市社区发展与改造的时空过程，并同时采用了典型案例研究的方法，开展深度实证。其中，针对早期"拆除重建"的3个案例，作者开展了大量深度调研，综合运用了问卷调查、深度访谈、焦点群体访谈等研究方法，基于收集的大量一手资料开展研究；其后4个保留更新的案例，是作者全程参与的，武汉市第一批社区规划与更新项目，因此案例中的故事情节，主要源于作者的参与式观察和总结。通过选取典型案例，通过比较研究的方式，本书将探讨武汉城市社区更新理念与实践转变的过程、特征、机制与结果。

全书共11章。第1章绪论概述性地梳理了我国和武汉城市社区更新的历史进程，以简要地阐述武汉的典型性与特殊性（见图1-1）。剩余章节可大体分为5个部分：

第一部分，即本书的第2章，分阶段地详细梳理了我国计划经济以来城市建设与社区发展的时空演化进程。该章节将我国城市建设与社区发展分为5个阶段，围绕政治、经济与制度的时代背景，城市建设的驱动机制、城市空间重构与社区发展的结果3个方面展开，全

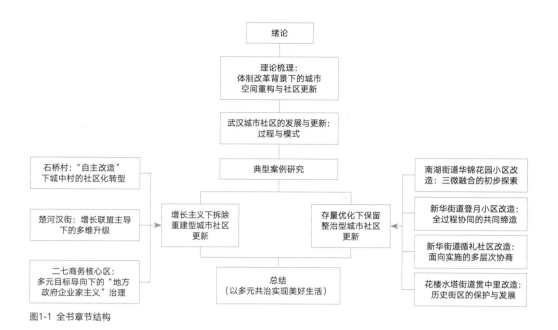

图1-1 全书章节结构

面深入地展现了我国体制机制渐进式转型背景下城市建设与社区发展的演化规律。其中，前三节重点阐述了计划经济向市场经济转型期，"增长主义"下的快速城市扩张与社区多元化的格局与机制；第4节阐述了以"三旧"改造开启的"存量优化"时代，大规模拆除重建带来的社会分异、社会不公平等一系列社会矛盾，和推进老旧小区改造与社区治理能力提升的必要性；第5节围绕老旧小区改造，重点辨析了保留更新下社区规划范式由精英式规划向参与式规划的转型，以及国内外有关参与式社区规划实践的理论指导。该章节为后文选择案例、梳理更新改造过程、总结经验和教训提供了一个理论辨析的参照。

第二部分，即本书的第3章，是承上启下的一章。该章节首先解析了武汉市不同类型城市社区的历史发展过程和空间分布特征，以从整体"鸟瞰"的视角审视武汉社区的时空格局；进而围绕改造的对象和驱动因素差异，按照开启的时间先后，将武汉城市社区更新划分为依次叠加的5个阶段，包括改革开放后政府对计划经济时期老旧危房的改造、分税制和住房商品化驱动的改造、结合城市扩张中工业企业的外迁而对原工业厂房的改造、政府培养中央商务区等高端战略功能区驱动的改造、以品质提升为主的社区微更新；以此为基础，将武汉城市社区更新区分为两种模式：一是，"增长主义"驱动下，政府和市场主体"增长联盟"主导的城市社区更新；二是，近4年来，政府引导、居民为主体、市场跟进的多方参与式的社区微更新。这些内容将有助于深度理解武汉的城市社区发展和更新与全国的异同，并指引后文案例的选取，即围绕上述两种模式分别选取相应的7个案例，其空间分布见图1-2。

第三部分是"增长主义"下"增长联盟"驱动的城市社区更新案例，包括第4章石桥村的案例、第5章楚河汉街的案例和第6章的二七商务核心区改造的案例，又分别代表了

图1-2 七个典型案例分布图

"三旧"改造中旧（城中）村社区、旧（国有企业）厂房、旧城镇（社区）3种类型，代表不同时代背景下的城市社区更新，展现出不同的利益主体构成、主体间差异化的互动格局以及形成的不同改造结果。通过石桥村这一城中村社区改造转型的典型案例，作者展示了在政府、开发商支持的基础上，村集体经济组织是如何主导村集体土地转国有土地开发，进而实现城中村向城市社区彻底转型的，并对转型后社区生活环境、集体经济发展、村民生计改善等进行了评价，发现居住环境改善明显，但集体经济和村民生计的可持续性有待加持。

楚河汉街原址以国有企业用地为主，是国有企业社区改造转型的典型。此章分阶段详细剖析了省市政府、开发商（万达集团）、国有企业、原住民这些利益主体的互动格局，解释了省、市政府与开发商，尤其是后者，在改造中的主导作用。该案例深深地烙印了2000年代中期住房市场异常活跃、土地财政与土地金融驱动城市开发的时代背景：开发商凭借金融手段拥有资本运作的实力、省市政府有协调土地供给并获得土地收益的动力、国有企业有扩大规模异地办厂的诉求，因此形成了"增长联盟"。面对该"增长联盟"，原住民虽然是弱势群体，但由于依托国有企业，具有一定的协商议价能力，因此他们拆迁安置的诉求得到了一定程度的满足。由于住房市场催生的巨大土地增值收益，各利益主体都得到了"帕累托"改进，但改造所伴随的"绅士化"与原住民的异地安置中存在的一些不公，也受到了一定程度的质疑。

相比楚河汉街中开发商主导性强的特点，二七商务核心区凸显了2010年代以来，政府以建设国家中心城市为目标，进而以打造重点功能区推动的城市社区更新。如此，城市更新的规模更大、涉及主体更多样、力求实现的目标更多元、改造的时间更长、政府在土地开发和功能培育上的主导性也更强。此外，该案例也反映了2013年土地金融被约束、住房市场被严控背景下，政府的城市更新措施，以及与开发商间的合作关系。该案例的改造仍在进行中，但对典型项目改造过程的深度挖掘，充分展现了政府对市场主体的引导，以服务于功能区的打造。与之相随的是社会参与普遍不足的现实状况。

第四部分是居民主体、政府主导、多方参与的4个社区微更新案例，涵盖第7到第10章。4个案例代表了武汉市2017年以来，开展参与式社区微更新的首批试点项目。在2020年全面铺开之前，武汉的社区更新一直处于多样化的试点阶段，各地、各市、各区乃至街道都有不同的操作模式，社区在更新中面临的主要问题也不尽相同，社区更新的投资主体、更新内容与工作组织模式也在不断变化，呈现出较大的差异性。因此，这些案例是对参与式社区更新中武汉多样化实践的集中反映。

南湖街道的社区更新由武昌区政府自主发起，也是武汉首创。武昌区发起社区更新的初衷便是如何在已经搭建的基层社会治理体系基础上切实提升社区治理能力，需要一个抓手或支点。而南湖街道在基层社会治理方面基础较好，因此区政府选择该街道先行探索社区更新的实践模式与路径。该街道试点的社区大多是在1990年代中后期建设的，涵盖了安居房、经济适用房、商品房等多种类型，都配备有物业，因此相比1980年代以前建设的小区，建成环境和管理水平较好。社区更新的内容聚焦于公共的"微空间"，重点在于探索以规划为平台，链接物质空间改造与社会参与，实现共谋、共建、共治与共享。规划共谋阶段形成了以众规团队（居民骨干与规划团队）为核心，区政府、街道办事处、社区联动型的工作组织模式，有效地实现了方案的共同编制。然而，由于政府部门的条块分割、社会组织培育上的缺乏，"共同缔造"主要停留在规划共谋阶段。

登月小区隶属于江汉区新华街道，是江汉区的首创，也是湖北两个之一、武汉唯一一个于2019年入选住房和城乡建设部"美好社区、共同缔造"的试点小区。该小区是国有企业搬迁改造后遗留型职工宿舍的典型，为开放式、无物业、租住比高、品质急剧衰退的老旧小区。开展社区更新的初衷与南湖街道一致，但充分吸取了后者的经验，创新工作组织模式，践行了规划、建设与管理全过程协同的理念。在组织方式上，区级政府和社区联动，以街道办事处为主体统筹规划、建设、营造、管理的全过程，规划阶段由专业规划师引导（还包括居民代表、社会组织等）。在规划实施与后续管理阶段，社会组织引导居民开展社区营造和管理制度的建立。如此，登月小区的更新在践行全过程"共同缔造"理念上，切实向前迈进了一步。

循礼社区也隶属于新华街道，与登月社区的性质相当，但由于地铁从下方穿过，被划定为"静区"，而四周都被划为正在或将要改造的"动区"，因此成为不断衰退的"孤岛"。"静区"的划定使居民对拆除重建的愿望破灭，居民倍感不公，甚至在周边"动区"的改造施工中多有冲突。因此，在践行与登月小区同样的工作组织模式的基础上，规划更注重

"做人（居民）"的说服工作，以调动居民参与共同构想未来图景，通过大力协调区级职能部门、周边"动区"相关方制定能落地的方案，纾解他们的怨气。此外，进入2020年，江汉区老旧小区改造模式发生了巨大转变。如果说前两个案例都是政府极为有限的财政资金投入，因此改造内容较为有限（限于公共空间的营造），那么2020年江汉区通过发行政府专项债极大地解决了资金来源的问题，改造的内容变得更加全面深入（包括居民最迫切的需求地下给水排水、屋顶漏水、建筑墙面渗水等资金消耗大的项目）。而这其中涉及更多主体间的协调。因此，循礼社区案例展现给读者的是比其他案例都复杂、多样的利益协调过程、经验和教训。

花楼水塔街道贯中里社区是具有一定历史价值的老旧里分；居住环境相比上述社区更加糟糕，原住民外迁，良好的区位条件使租赁需求旺盛；狭小的房屋不断被分割出租，因此满足租户生活需求的违建也不断滋生；曾经"辉煌"的里分逐渐衰落。在该案例中，作者试图探索一种与以往拆除重建、建筑外表粉饰、腾退居民商业化开发等方式不同的路径，通过渐进式的、有组织的、基于协商的更新，来实现可持续的保护与发展：政府投资进行基本生活条件的改善，限定房屋出租率，将房屋结构还原至未分割出租以前；通过改善生活条件加上良好的区位和交通条件，引导原住民回归，建立自主管理组织，实施因需导向的保护性更新；在保护与发展方面，建立居民组织、政府与商业组织协调推进的工作机制，以引进与居住共生的功能和产业。作者这一探索是为了回应政府有限的财政资金投入而开展的，而随着政府专项债的支持，似乎腾退后的商业化运作更受青睐，但如此也许要直面"绅士化""过度商业化"和历史记忆与场景的消失。

第五部分，即本书的第11章，对全书进行了总结，指出"增长主义"导向下的城市社区改造将社会力、社区力排除在了"增长联盟"之外，带来的是"绅士化"、社会冲突。在城市社区更新由"拆改留"向"留改拆"转型的新时代，社区更新更应强调社会力、社区力的主体性作用，在政府、社会、市场主体间构建改造"共同体"，切实实现美好社区的共建、多元参与的共治与改造成果的共享。

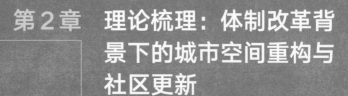

第2章 理论梳理：体制改革背景下的城市空间重构与社区更新

改革开放以来，我国经济高速增长并持续近40多年，在人民生计改善、生活水平提高等方面成绩斐然。与此同时，中国经历了人类历史上前所未见的快速城镇化，其规模之大、范围之广、行动之迅速、影响之深刻更是举世瞩目。在这一过程中，中国的城市空间结构也经历了史无前例的重构与转型，是一个跨政治、经济、社会、文化多个维度因素不断累积、不断重构、层层叠叠建构的历史过程。全面系统地解析中华人民共和国成立以来城市空间的重构及社区发展历程，是一项规模宏大而繁重的任务，具有相当的难度。但是，要深入认识当代城市，对城镇化历史的基础性分析和解读又是一项必须完成的基础性工作。在此，我们尝试以新中国城镇化历程中一些代表性转折点划分时间段，分阶段回顾城镇化所处时代的政治、经济与制度背景，探讨其推动城市空间重构与社区发展及更新的特征与机制，以期描绘中国城市与社区在这幅宏大画卷中的演化格局，为后续研究提供一个基本的理论参照。

2.1
计划经济时期：单一生产导向的社会空间生产（1949 ~ 1977 年）

2.1.1 聚焦重工业的经济计划与发展

▶   中华人民共和国成立之初，面临百废待兴、内忧外患的发展环境，国家决心尽快建立自己的工业体系。自第一个"五年计划"起，以苏联援建的156项重点工程项目为代表，我国开始了大规模工业建设。但是，由于多年战争，当时的国民经济濒于崩溃，国家将有限的资源力量优先投入到重工业建设，无暇顾及轻工业发展，造成日常消费品供给的严重不足，形成了短缺经济。

改革开放以前，面对短缺经济下的供需矛盾，最大程度降低工业化的经济成本是必然的选择。这也在很大程度上决定了这一时期的制度设计，主要表现在三个方面：首先，政府鼓励"重储蓄、轻消费，先生产、后生活"，举国上下厉行节约，国民消费被大大抑制，城乡居民的生活必需品实行计划分配；其次，为解决温饱问题，采用成本较低的生产与社会组织模式：在农村，实行人民公社制度，通过互助合作和集体优势，推动大规模农业基础设施建设，改善农业生产条件，实现农业扩大再生产；在城市中，实行了国家主导的"单位"体制。所谓"单位"，是对各类社会组织或机构的统称，包括工厂、商店、学校、医院、研究所、文化团体、党政机关等（路风，1989）。在重工业生产为核心的发展模式下，资本积累的核心单元是单位；再者，国家建立了影响深远的城乡二元的户籍制度，严格限制人口的城乡流动，并通过工农业产品剪刀差，将农业生产的剩余价值转移到城市，作为重工业建设的原始资本积累。改革开放以前，商品经济被抑制，城市通过国家主导的工业化来累积资本，因此成为国有企业的"容器"。不过，这种过度集中资源于重工业建设的经济发展模式也造成了结构性的经济矛盾，导致城市化的严重不足，也在一定程度上造成了社会治理的危机。部分国民的日常生活水平长期处于温饱都难以自足的状态。

2.1.2 服务工业生产的城市规划与建设

在工业生产主导下，当时的城市规划总体上是服务于国家工业化建设的，为工业项目选址和生产力布局提供技术指导，形成了特有的角色和理念。

首先，在规划角色上，这一阶段的城市规划与国家经济社会发展需求紧密结合，是国民经济计划在空间上的延续（董鉴泓，1995，2004）。城市规划被看作在空间上落实国民经济建设计划和指导重大项目布局的技术工具，本质上是中央向地方政府分配建设资源的手段（侯丽，2008，2017），规划并不参与决策过程，而是按计划目标来组织要素、配置城市功能空间，因此体现出强烈的自上而下、计划性、指标性和工程技术性色彩。

其次，在规划理念上，新中国成立后计划经济时期的城市规划深受苏联规划理论与模式的影响，理性主义、实用主义始终贯穿于我国这一阶段的规划实践（赵晨等，2013）。这种生产导向的城市规划模式在实践中体现出明显的计划属性与工程技术思维，强调"功能、使用、效率"，在支撑短时间内建设社会主义工业体系方面作出了巨大贡献（王凯，1994）。虽然1960年代后中苏关系逐渐恶化，但是城市规划在很长时期内仍然延续了苏联模式，吸收甚至愈发强化了"社会主义"要素，内化成计划经济体制下独具特色的城市规划模式（赵晨等，2013）。

相应的，城市建设也呈现出两个特点。其一，城市建设是以工业项目建设为核心的。为了在战后迅速恢复和发展生产，城市建设秉持低投入高产出原则，以尽快为工业现代化提供基础设施保障。国家在组织生产和消费中起着决定性的作用，中国城市被清晰地划分为生产空间和消费空间。

在这一阶段，城市是工业生产的载体，承担工业生产职能，其空间布局受工业项目主导（李百浩等，2006）。一方面，一批新兴工业城市产生，工业项目选址很大程度上决定着城市居民点分布格局、生产性与社会性基础设施建设的规模和标准；另一方面，因为土地改革完成后，城市土地被统一收归国有，工业项目以划拨方式无偿获得土地使用权，使项目建设往往具有庞大的用地规模。与工业生产空间形成鲜明对比的是，城市中的各种生活、消费空间等非生产性建设被看作是浪费资源，投资被极度地压缩。为尽可能降低工业化、城市化的成本，城市生活设施和市政基础设施都根据维系工业生产所需进行配套，按照最简单、最经济的原则配置（张京祥，罗震东，2013；赵晨等，2013）。

以住房为例，1953～1977年住宅投资占国民生产比重一直低于1.5%，全国城镇人均居住面积从新中国成立初期的4.5平方米降到了1978年的3.6平方米，住房建设投资长期不足，新中国的居住水平甚至呈现出下降的趋势，城市发展和城市化严重滞后于工业化，即滞后城市化（under-urbanization）。

其二，城市建设是以单位大院来组织各项生产、生活功能的。基于承自苏联城市规划理念的工业理性规划思想（Castillo，2003），当时的城市建设强调功能分区，形成了不同职能的城市功能区，如工业区、商业区、行政区、文教区等。

在城市层面，普遍的建设模式是：①工厂的选址就是城市选址，其性质和规模由上级计划决定；②城市中最适宜劳动生产、交通最便捷的区位被优先选作工业用地；③在与工厂保持合理通勤距离的前提下安排居住用地，在工厂上风向、上游选址，避免被工厂污染环境，居住区与工厂之间以绿地隔开；④工人文化宫、学校、食堂等公共设施的设置在满足标准的基础上，尽量节约投资（赵晨等，2013）。

在社区层面，单位负责组织居住区的建设。出于降低通勤成本、便于组织生产和社会控制等方面的考虑，单位将工作地与住宅用地捆绑建设"单位大院"，形成了工作与生活统一安排的社区建设模式，被视为"为工人阶级建造的住区"，包括各种工人新村、教工社区、政府机关大院。一般而言，规模较大的单位大院为居民提供全方位的生活服务和社会福利，配备有包括学校、医院、公交、餐饮等公共服务设施甚至轻工业部门。在相当长的时间里，单位大院成为中国城市空间结构的基础，形成了这一阶段我国城市新建社区的主要模式（图2-1）。

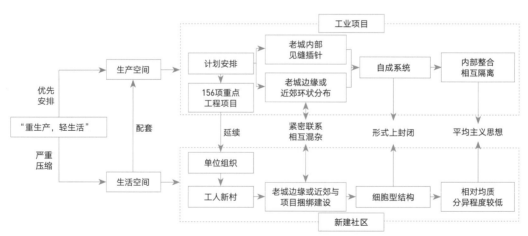

图2-1 计划经济时期我国城市与社区建设模式

2.1.3 单位社区相互拼贴的均质型城市社会空间

单位大院的建设模式，使工业用地与居住用地在社区这一微观尺度上混合，造就了令"新城市主义"倡导者们"艳羡不已"的职住平衡，但在城市尺度上，各组团之间相互割裂，功能组织过于分散平均，呈现出由单位社区相互拼贴的空间格局。

就物质空间而言，工业组团是城市发展的重心，城市空间被割裂成诸多均质化的单位"细胞"，缺乏必要的职能分工与功能等级体系。首先，从功能组织来看，各类单位包办了居民的生产、生活，单位内部各类用地混合，功能相对齐全，自成体系、自主管理。整个城市由这些"自给自足"的单位组合而成，因而并未形成城市尺度的功能分化。其次，从空间结构来看，基于土地供需、区位条件、地租级差的市场调节机制缺失，功能空间等级结构并未形成。单位社区相互独立，呈散点式布局，缺乏必要的联系，空间相互割裂但又"拼贴"在一起，形成了均质型的城市社会空间。

具体而言，城市空间结构具体呈现以下三个特征：一是，老城区推行"棚户改造和市容整顿"，造成街区内包括住宅新村、棚户简屋、传统里弄等不同住宅类型混杂；二是，工业项目在老城区"见缝插针"，致使工业用地与居住用地混杂，形成工业居住混合区、商住混合区以及多类用地混杂型街区；三是，为降低建设成本，规模较大的工业企业呈环状分布于老城区边缘，并建设大型住宅区以满足员工的居住需求，城市边缘居住密度不降反增。最终形成内城（书中描绘空间结构时，用内城指代老城区）以居住功能为主，老城区外围工业生产与居住生活混合的格局。

就社会空间而言，均质而非分异是这一时期的典型特征（Gaubatz，1995）。城市居民日常生活的方方面面都是在单位的背景下发生，单位既是相对于政府的"社会"，也是各级政府的"下级"，是国家社会管理的微观组织基础。作为组织生产、分配资源和实施社会管理的代理人，单位代理国家行使社会福利职能，通过计划分配全权包揽其成员生活的各个方面，即所谓的"单位办社会"。其中，住房作为一种非生产性消费，也是由单位按实物分配，无法发挥货币筛选机制对居民住房的配置作用，城市形成了阶层混合、整体均质的居住空间格局，并未出现因单位效益或家庭收入不同而产生的明显居住分异。如果要说分化，城市居民之间形成了基于工作类型、政治成分、工龄等的社会身份差异，但各阶层的社会经济差别不大，其住房的差异被限定在单位内部的微观尺度。

作为空间和社会的基本单元，单位大院是社会主义集体生活的物化体现，被认为是增进阶级感情、契合社会主义的居住形式，大院中的邻居同时也是工作中的同事，居民之间以业缘为纽带建立起联系紧密的社会关系网络。伴随单位大院的空间生产，相对封闭、边界清晰的集体生活也被再生产出来。在严格的单位制度之下，单位之间很难发生人、物及信息等的流动，城市的基本单元是一个个相对静态而稳定的小社会、"熟人"社会（柴彦威等，2008）。

总之，在重工业导向下，单位制度将城市空间划分为一个个自给自足、内部自成体系、相互之间割裂的工业"王国"，使城市中工业用地和居住用地高度混杂、各社会阶层高度混居。单位壁垒下的城市社会空间维持着微妙而又脆弱的平衡。在户籍制度的严格限制下，极微弱的人口流动和就业转换暂时没有冲击这个似乎稳定却又岌岌可危的社会空间体系。

2.2
改革开放初期：城市复苏与发展（1978 ～ 1990 年代初）

2.2.1 分权改革驱动的经济转型发展

▶ 　　在计划经济时期，国家为尽快实现重工业建设，"重储蓄、轻消费，先生产、后生活"，这种积累模式造成长期的物资供给不足和消费紧缩，也制约了生产和消费的循环。在此背景下，人民群众日常生活物资需求被长期抑制。为解决短缺经济问题，国家开启了经济体制改革。

　　改革开放包含对内改革、对外开放两个方面。机制上，改革以分权驱动，涉及两个维度。其一，是中央向地方分权，包括财政分权和行政分权。财政上，基于农村家庭联产承包责任制（后简称承包责任制）改革的成功经验，我国开始尝试在更多经济部门下放经营权。具体到城市，则是试点财政包干制，即"中央核定收支，分级包干"。财政包干制要求地方平衡财政收支的同时，扩大了其财政范围和管理权限。行政上，人民公社被撤销，乡镇建立政府，中央将更多行政决策事权下放地方政府。于是，地方政府从计划的被动执行者，转向城市发展的决策者，自行谋划经济发展的议程。这一过程中，农村由地方政府管辖，后者通过征用农村土地推动城市建设和经济发展。这种权力结构的调整大大激发了地方政府发展经济的热情。其二，是计划向市场分权，开启了市场化转型，包括两方面，一是自1984年起，实行政企分离、企业所有权与经营权分离，企业自主经营自负盈亏，赋予了市场主体积极经营参与经济发展的动力。二是在国有企业之外，慢慢引入私营企业和外资企业，多元市场经济主体开始发展。

在具体路径上，改革是自上而下引导和自下而上探索双轨并进的（Tian and Guo，2019）。首先，中央通过顶层制度设计，自上而下引导计划经济向市场经济转型。基于"发展才是硬道理"的战略思想，各级政府将经济增长和切实改善人民群众生活水平作为党和政府执政合法性的来源，体现出改革的实用主义特征。中央层面，工作重心从意识形态争论转变为"以经济建设为中心"，形成了发展型中央政府。地方层面，在"财政包干制"的激励下，地方政府热衷于推动经济发展，追逐经济产出的增长成为各个地区、各级官员的本能反应，形成了发展型地方政府。在发展型政府的引导下，以经济增长为目标，以市场化为手段，1990年代相继涌现出了土地使用权有偿出让制度、中央与地方分税制度、国有企业改制以及住房商品化等一系列大刀阔斧的改革，加快了我国经济发展方式的转变。

其次，开展地方试点，自下而上推动市场化的改革探索。在"摸着石头过河"的背景下，制度松绑大大鼓舞了地方探索改革的勇气，先行地区在不断试验中总结经验再向全国范围逐步推广，形成了"地方+试点"的改革模式。

在改革进程中，由于试点与推广的时间差，各地实践呈现出明显分异，在城乡和区域两个维度均有体现：在城乡维度上，试点以农村先行。农村改革是基于两方面条件，一是在当时"严格控制大城市规模、大力发展中小城镇"的城市发展方针下，农村地区被赋予了先行探索改革的权限；二是农村实行承包责任制，分田到户极大地调动了农民生产积极性和农业生产力。伴随着农业经营水平的迅速提升，大量农业剩余劳动力开始出现。然而，当时城乡二元的发展政策严格控制人口城乡流动，农业剩余人口亟待寻求新的就业途径。在此背景下，农村地区出现了就地非农化。依托土地和劳动力的成本优势，乡镇企业异军突起，探索出"进厂不进城、离土不离乡"的农村工业化道路，孕育出市场经济的星星之火，为城市发展市场经济提供了宝贵经验。

在区域维度上，这一试点以广东省"先行一步"为特征。改革之所以发端于广东，得益于国际、全国、地方三个尺度的共同推动。彼时，西方正步入经济"后福特制"转型，过剩的制造业产能和资本开始向全球转移。中国敏锐地捕捉到了这一国际劳动分工格局变化的新趋势，自1980年起有计划地将辽阔的疆域实行梯度式开放。首先，在东南沿海地区建立深圳、珠海、汕头和厦门四个经济特区，随后，陆续开放珠江三角洲、长江三角洲、山东半岛等经济开放区，并向长江沿岸城市延伸。同时，国家逐步放松了对人口流动的严格管制，以满足先行地区的劳动力需求。坐拥三个经济特区的广东省，自此成为改革开放的桥头堡。在改革上，先行开启了土地、财政制度等一系列改革尝试；在开放上，逐步解开市场封锁，率先允许外资进入。通过廉价的土地、劳动力以及优惠的税收政策，广东省成功吸引了大量外资和转移产业，支撑了乡镇企业发展，构建起外向型的经济发展模式。通过引进先进的生产和管理技术，大大提升了工业生产效率，一举破解了改革开放前的经济发展困境。

伴随改革开放，经济特区和农村地区商品经济得到快速发展，短缺经济的问题基本解决，人民群众生活得到显著改善，"中国模式"成为全球经济转型发展的时代注脚。在空间格局上，改革是以经济特区和沿海乡镇企业为主体点状推进的，其他地区政策虽然出现松动，但城市经济体制改革并未全面铺开，仍然实行计划经济体制。直至1992年邓小平同志南行，私有制经济得到正式肯定，单一的公有制经济逐步转变为以公有制为主体、多种所有制共同发展，社会主义市场经济的效率优势得到验证，并上升为我国基本经济制度。在这一宏大时代背景下，城市建设也实现了角色的转变，即从配合工业生产转向服务于地方经济建设。

2.2.2 计划配置主导下新兴市场主体的介入与城市扩张

随着经济高速增长和工业化的快速推进，城市发展对建设用地的需求激增，城市建成区开始快速扩张。

与改革历程一致，城市建成区的扩张也是分地域渐进式的。扩张现象最先出现于以广东省为代表的沿海地区。在快速发展的商品经济的推动下，沿海地区城市建成区的扩张主要来自三个方面。首先，乡镇企业的兴起推动了建设用地规模的扩张。农村地区工业化迅速发展，"家家点火，村村冒烟"，工业用地迅速扩张。其次，农村经济水平改善后，为解决住房需求，农村地区出现大规模的住房建设。再者，在城市地区，经济特区的体制机制改革加速了市场经济的发展，建设用地需求暴涨。

在这一历史进程中，发端于深圳的"土地有偿使用"制度的建立具有里程碑意义。1988年，《中华人民共和国土地管理法》第一次修正案通过，将土地所有权与使用权分离，确立了土地使用权有偿出让制度。自此，国有土地使用权被商品化，具有了交换和投资价值。此后，通过征收农村土地获取级差地租，成为地方政府收入的重要来源，土地市场迅速发育，造就了时至今日仍对中国经济具有深刻影响同时也颇具争议的"土地财政"模式。"土地财政"根本性地改变了我国城市的财政状况，在极短的时间内帮助中国城市跨越了基础设施建设的资本原始积累阶段，开启了城市的快速扩张（赵燕菁，2014）。

相比沿海地区的高歌猛进，广大中西部地区的城市扩张则相对较慢。受计划经济意识形态和经济体制的约束，广大中西部地区存在明显的路径依赖，市场化转型相对滞后，经济构成仍以公有制经济为主。但是，在改革先行地区的带动下，中西部地区的政策也出现一定程度的松动，改革逐步跟进，城市扩张也开始崭露头角。扩张主要源自两方面：一是承包责任制全面铺开，农村经济改善，农民兴建住房以改善居住水平。尽管势头没有东南沿海地区强，但仍然推动了建设用地的扩张；二是城市政府着手解决城市住房问题，一方面向农村征地，提高保障性住房的供给，另一方面探索引入市场机制，拓宽资金筹集渠道，依托国有企业或引入市场主体，建设福利性分房和保障性住房等公共住房。

这一阶段城市建设的总体特征是老城区向外迅速扩张，并开启快速城镇化阶段。据统计，1978～1998年，我国城镇化水平从17.9%增长到33.4%，平均每年新增城市人口达1200万人；仅1981～1991年，我国城市建成区总面积从7438.0平方公里扩增至14011.1平方公里（国家统计局，2021）。在空间格局上，建设增量主要集中在广东省等沿海地区，以小城镇建设用地和农村建设用地的扩张为主导，并在局部地区出现了小规模商品住房建设。

2.2.3 市场机制渐入开启的社会空间重构

引入市场机制后，城市物质空间开始剧烈重构。同时，居民收入水平和社会身份出现分化，城市社会空间出现多样化、异质化趋势。

空间的重构受两方面因素影响：一是受市场机制的驱动。自土地使用权有偿出让制度建立以来，城市土地基于区位、用途、供需等因素形成了级差地租，市场机制取代了单纯的计划配置，调节着工业、商业、居住、公共服务等功能在城市空间中的布局，城市功能分化开始出现。二是仍然受当时城市发展方针的约束，改革初期提出的"严格控制大城市规模，合理发展中小城市，积极发展小城镇"的城市发展方针，使大城市规模被严格限制，城市扩张被限制在狭小的市辖区内。

在驱动和约束的共同作用下，重构主要表现为两个特征：

第一个特征是，建成区开始扩张，并受三个因素推动：一是住房建设。过去短缺经济下，城市住房建设投资和住房供给严重不足，住房供需矛盾尖锐。随着经济体制改革的推进，国民经济逐渐恢复，政府财政能力增强，为满足城市居民的住房需求，城市政府新增土地，兴建福利性住房，并开始探索住房商品化改革，建设了商品房住区。二是轻工业在主城区边缘快速发展，推动城市扩张。与计划经济时期情形不同的是，新一轮的工业建设主要分布于市辖区的边缘。三是消费型空间在城市中出现。伴随着商品经济和工业化的发展，政府逐渐修正了对国民消费的认识，非生产性建设得到应有的重视，城市商业功能发展迅速。在居住区周围，商业、服务业用地大量出现，并逐渐开始占据城市的中心区位，其他功能则在市场机制的作用下迁往城市边缘（图2-2）。

第二个特征是，内城开启挖潜改造，主要有两方面原因：一是拥挤的内城无论是在规模上还是结构上都越来越难以适应新的发展需求。二是受制于严格控制大城市规模的发展方针，有限的扩张难以满足旺盛的用地需求，迫使城市将目光投向内城的存量挖潜。为此，内城城市更新得以开启，棚户区、旧厂房、历史住区被推倒，按需求重新规划新的城市功能。整体来看，这一阶段内城的更新缺乏统筹，改造项目零星分布，主要集中于内城中心和交通条件优越的地区。

在向外扩张与内城改造的交叉叠合中，这一阶段的中国城市形成了新的空间结构。就物质空间结构而言，国家着手修复计划经济时期短缺经济所造成的种种空间矛盾，城市建

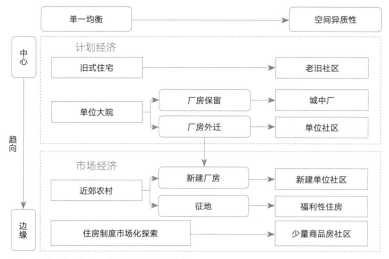

图2-2 改革开放初期中国城市社区的多样化发展

设呈现出补偿式发展，部分缓解了历史欠账，城市生活性、消费性空间极度短缺的情况有所改善，非生产性建设用地占城市用地的比重上升。宏观层面上，中国城市从计划经济时期工业组团之间相互拼贴的模式，转变为以单中心圈层式结构为主、组团为辅的结构（冯健，周一星，2003）；微观层面上，大量的旧房改造使内城原先均质的功能区开始破碎分化，用地的异质性和复杂性增强。

就社会空间结构而言，城市居民之间的社会分化开始出现，中国城市的居住分异度开始逐步提升。收入、职业开始成为划分人群空间分布的重要维度。收入水平的逐步提高和意识形态的转变，城市社会开始由"生产"社会转变为"消费"社会，"消费主义"逐渐进入人们的日常生活，消费主体也由国家转向个人（李志刚，吴缚龙，2006）。城市空间改变的不仅是经济模式，更是社会生活本身。"市场"取代"计划"，"购买"取代"分配"，以收入水平分化为基础、以空间为媒介，不同社会阶层的分化与边界在城市生活再生产的过程中被逐渐建构起来。

在此时期，由于单位仍然掌握着大部分住房的处置权，以及改革的渐进性和路径依赖，单位体制对城市住区的建设仍有较大影响，城市社会空间整体上也仍然延续了之前较为均质的格局，收入和社会阶层分化并没有立即在城市中表现出明显的居住分异，社区之间仍然表现出一定的同质性特点（Bian and Logan，1996）。但是，单纯靠住房的单位福利分配已经难以满足城市日益增长的住房需求（张京祥等，2013），住房领域的改革势在必行。

2.3

"增长主义"时期：城市快速扩张与社区建设（1990年代中期～2000年代末）

2.3.1 以"土地财政"驱动的经济高速增长

▶ 在上一个发展阶段，城市扩张被限定在了旧的市辖区范围，市域的建设用地扩张主要由乡镇企业用地主导。1990年代中期后，在分税制与住房市场化改革驱动下，城市建设用地扩张全面铺开，我国城市发展在这一阶段表现出强烈的"增长主义"导向。

中国城市发展中的"增长主义"，可概括为以经济发展为首要目标、以城镇化和工业化为载体、以空间扩张为支撑的城市发展模式，具体表现在两个维度：首先，地方政府追逐经济收益最大化，使城市形同"增长机器"（urban growth machine）（Molotch，1987）。为实现经济增长目标，谋求地方财政收入或官员的政治晋升，地方政府有策略地配置其所掌控的土地、空间和建设项目等资源，形成了"企业化"地方政府（张京祥等，2006；张京祥等，2013）。

其次，地方政府发展地方经济的强烈愿望和资本的逐利动机，促成了权力与资本的"增长联盟"（growth coalitions）（Zhu，1999）。在市场化的配置方式下，资本大量涌入城市的物质空间生产。城市建成环境成为继工业生产循环之后"资本的次级循环回路"，是资本扩大再生产的累积渠道（Harvey，1985）。城市空间不仅是经济社会变化的载体，更是实现资本循环积累与资源再分配的媒介。

经历东南沿海地区的先行试验，"增长主义"下的市场化改革不断向更大地域范围、更深层面推进。在空间地域上，体制机制改革从局部地区逐步向全国铺开。首先是开放长江三角洲、京津冀地区，1990年开放上海浦东新区，1994年建设开放天津滨海新区，并进一步开放一批长江沿岸城市。随后，向整个中西部地区推进改革，逐步开放边疆城市和内陆所有的省会、自治区首府城市。同时，国家相继出台一系列区域性的国家发展战略，如2000年提出西部大开发战略，2003年提出振兴东北老工业基地战略，2006年提出中部崛起战略。

地方改革也进一步细化。中央将更多的行政事权下放，给予地方政府自主决策发展经济的权力。相比行政分权的深化，财政分权则经历了一次调整。在前一轮的试验地区实施财政包干制后，地方经济得到快速发展，但由于地方权力越来越大，中央财政收入占全国财政收入的比重下降，弱化了中央政府的宏观调控能力。在此背景下，分税制改革于1994年应运而生，重新划定中央税和地方税。按《国务院关于实行分税制财政管理体制的决定》（国发〔1993〕第85号）的划分标准，三大税种中增值税由中央分75%，地方分25%；营业税除央企缴纳部分以外归地方；所得税中央和地方大致按六四分成。对广东省而言，相比财政包干，分税制是财政权力的集中。但是，从全国层面来看，相对分税制出台以前的计划主导，分税制更是一种财政分权（陶然等，2009）。

在行政和财政分权的同时，人事权力保持集中。上级政府掌握任命地方官员的权力，通过政绩考核将地方官员的职务变动与地方经济建设挂钩，形成了高效的行政治理结构。由于中国的M型经济结构，同级政府之间的经济绩效具有很高的可比性（Qian and Xu，2000）。因此，事权、财政下放和政治激励机制的结合，使地方官员之间围绕经济总量增长，形成了激烈的"地方竞争"（周黎安，2007；张军，周黎安，2008）。以分权促竞争，以竞争促发展，追逐经济总量增长成为各个地区、各级官员的主要任务，为地方经济发展注入了动力。

在此背景下，地方发展经济的热情高涨，国民经济快速增长，中央财政也走出危机，宏观经济调控能力逐渐恢复。但是，分税制也引发了经济发展模式的巨大转型，甚至被片面指责为中国经济粗放增长的根源。原因在于，分税制重塑了地方财政的收入结构。在地方财政中，以税收为主的预算内收入仅够支付城市运营的日常开支，因此被称为"吃饭财政"，而基础设施和城市建设则主要仰仗预算外收入，因此预算外收入也被称为"办事财政"。分税制改革后，地方预算内收入收紧而财政支出不变（陶然等，2009），地方政府要发展经济推动基础设施建设，则必须开辟新的途径，扩充预算外收入。1990年代的一系列制度改革组合，使土地成为地方政府扩充预算外收入的重要资源，造就了时至今日对中国城市发展仍然举足轻重的"土地财政"（赵燕菁，2014）。

具体而言，"土地财政"指的是地方政府通过土地出让获取巨额收益，以启动基础设施建设和招商引资。"土地财政"的兴起，是供给侧改革与市场需求共同推动的结果。在供给侧，首先，分税制造成地方政府预算内财政收入收紧，与此同时，中央将土地出让收益留给了地方政府。国有土地使用权实现商品化后，土地成为地方政府控制的价值最大的资源，因此成为地方之间竞争的重要工具，是城市建设重要的融资渠道（图2-3）。

其次，住房商品化改革放大了中央与地方资源分配调整的影响。自20世纪80年代以来，我国就开始了住房制度市场化改革的探索。1994年《国务院关于深化城镇住房制度改革的决定》（国发〔1994〕43号）出台，正式开启了城镇住房制度改革之路，提出"建立与社会主义市场经济体制相适应的新的城镇住房制度，实现住房社会化、商品化"，鼓励职工

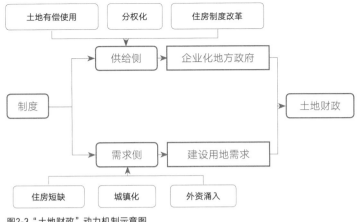

图2-3 "土地财政"动力机制示意图

以一定费用购买所住的存量公有住房。国有企业职工宿舍开始被卖给职工，形成现在城市中心特有的职工住区。

　　将"土地财政"推到顶峰的，则是1998年出台的《国务院关于进一步深化城镇住房制度改革加快住房建设的通知》（国发〔1998〕23号），下令停止住房实物分配，全面实行住房分配货币化，鼓励职工家庭购买其所使用的公房或通过市场购买商品房。住房制度的市场化改革使土地出让收益大大增加，地方政府因此将土地财政视为城市经营的核心手段。政府以较低的补偿征用农村土地，将土地成片收储，调节居住用地和商业用地的供给，通过地价租差获得收益形成土地财政，并以"土地财政"支撑地价减免、税收优惠等政策，争夺全球工业企业，培育产业税收，补充"吃饭财政"，形成城市经营的投资收益闭环，一举破解了城市发展建设的财政短缺困境（图2-4）。

　　在需求侧也发生了重大变化。其一是市场经济的进一步发展刺激了建设用地需求。自1990年代中期起，国有企业、乡镇企业改制开始，市场活力得到进一步释放，随后，中国

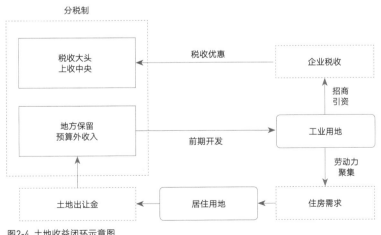

图2-4 土地收益闭环示意图

于2001年加入世贸组织，放宽对外商投资的限制，资本要素短缺的问题迎刃而解，大大加速了我国工业化的步伐，建设用地的需求快速增长。

其二是城市化政策的转向，城镇化快速推进，城市住房需求倍增。首先是严格限制城乡人口流动的政策逐渐放宽，城市经济的发展创造了大量就业岗位，吸引农村人口快速向城市集中，导致城市住房需求增加。二是城市发展的方针从"控制大城市规模"转向"大中小城市协调发展"，城市的集聚经济效应被彻底释放。

供给侧与需求侧的匹配，释放了"土地财政"的巨大能量，推动了国民经济和房地产市场的快速发展。某种程度上，自1990年代末以来，扶摇直上的中国经济、高标准跨越式的基础设施建设几乎都与之相关。此后，更是衍生出一系列独特的"房地产+"商业模式（赵燕菁，2014；2016）。以商品房社区建设为主的房地产市场高歌猛进，迅速成长为国民经济支柱产业之一。从1998年到2009年，全社会固定资产投资增长率、房地产开发投资增长率均高于国内生产总值（Gross Domestic Product，GDP）增长率，客观上对带动中国经济高速增长作出了历史贡献（国家统计局，2010）。房地产市场的发展也与改革总体历程相一致，经历了从沿海地带兴起逐步扩散到中部地区的历程。

不过，在地方全面竞争的情况下，土地财政的融资效率仍然难以满足地方政府对经济发展的强烈诉求，因此出现了融资效率更高的"土地金融"，即政府收储土地后，以土地为抵押从银行借贷完成融资，启动建设基础设施和"七通一平"等前期开发，将生地变熟地使土地升值，最后再从出让环节获取土地收益来支付前期成本和债务，以支撑土地财政的循环，从而加快地方城市建设的步伐，其本质是消费未来的利益。在这种财政循环模式的驱动下，中国经济快速腾飞，"中国模式"震惊世界，各级政府在推动经济社会发展和城市建设方面成绩斐然。但这种以土地为媒介的资本循环逻辑，也催生了以经济快速增长为导向、以资源环境消耗为代价、以廉价劳动力和土地要素为竞争手段的快速粗放式城市扩张，中国大城市相继进入无序蔓延的状态。

2.3.2 "增长主义"下的粗放式城市蔓延

在增长主义导向下，城市是作为经济发展的载体而存在，而土地正是地方政府获取建设资金的重要渠道。城市政府垄断土地一级市场，通过土地属性和功能的置换，获得丰厚的利润，并以土地开发建设带动投资，实现城市经济增长。因此，土地开发一时热火朝天，导致了这一时期粗放式的城市建设，主要表现在两个方面：

第一，地方政府热衷于造城运动。由于内城早已开发殆尽，城市在郊区开辟出各种名义的新城新区，诸如产业新城、卫星城、商品房住区、大学城、开发区、经济合作区等，在全国范围形成了一股新城建设热潮，成为城市建成区扩张的主战场（武廷海等，2011；张京祥等，2013）。截至2014年，全国已建成2800多个工业园区和高新技术开发区，县及县以上的新城新区数量总共超过3000个（姚士谋等，2016）。

新城建设也重构了城市的空间结构。为创造良好的投资营商环境，新城建设是以基础设施为先导，建设机场、高铁站等重大交通基础设施来拓展城市的空间骨架，并建设连接新城与主城区的道路交通体系，将城市道路交通体系向郊区延伸，在主城区以外构建起新的城市外环线。在功能上，新城的增量建设用地主要用于工业化与房地产开发。与计划经济时期将工业用地与居住用地打包建设的方式不同，新城建设在宏观尺度上出现了城市功能分化，居住和工业用地分离。自然环境、区位条件较好的地块往往被优先选为居住用地，并按一定比例配套商业用地和公共服务设施用地，进行房地产混合开发。

第二，主城区更新的力度进一步加大。主城区的工业企业发展壮大后，规模难以进一步扩张。而且，在城市发展和扩张的过程中，企业原来处于老城区外围，但慢慢发展成为主城区，土地价值攀升，蕴含巨大的改造势能。在市场机制的驱动下，主城区企业厂房纷纷向外围的新建工业组团集中。伴随产业外迁，主城区的城市更新得以启动。通过土地置换，主城区实现了城市功能的转换。不同于前一轮以棚户区为主要对象的"挖潜式"改造，这一轮改造主要是工业用地腾退，改造为商业用地和居住用地。

在新城建设和主城区更新的过程中，城市规划服务于地方政府塑造形象、吸引投资、提高竞争力的需求，实际上是地方谋求增长的工具，即"为增长而规划"（Wu，2015）。中国的城市增长是一架"高速机器"，而规划是维持这驾机器高速运转的重要齿轮（Chien and Woodworth，2018）。这一阶段的城市规划表现出三个基本特征：从规划范式来看，是方案导向型的规划。为实现高速增长，地方政府强调发展效率，需要规划尽快给出终极蓝图式的方案，以指导开发建设，在新开辟的平地上迅速建成能投入生产的城市空间。从规划理念来看，是一种精英式规划，缺乏"以人为本"思维。为营造出更具竞争力的城市形象，地方政府青睐于大规模、大手笔的规划方案，导致城市空间呈现"马赛克"式碎片化的特征（张京祥等，2006）。从规划角色来看，是政府用来引导市场发展的工具，居民的真实需求往往被忽略。例如，民生设施往往滞后于住区建设，城市的基础支撑系统经常超负荷，流水线式的城市更新消减了城市地域性的历史文化，等等（胡毅等，2014）。

综合来看，这一时期中国城市建设把握住了一流的实践机会，整体上强调社会总体的发展权（石楠，2017）。在极短的时间内，中国城市面貌焕然一新，居民综合生活水平迅速提高，基础设施建设日新月异，城市现代化进程突飞猛进，城市功能趋向丰富多元，展现了中国特色社会主义制度的效率优势，承载了中国经济和城镇化的高速稳定发展，注定会在人类城市建设史中留下浓墨重彩的一笔。其中，城市规划功不可没，为城市建设扩张提供了有力支撑。但是不可否认，在增长主义时期，粗放式城市蔓延也带来各种负面效应。从社会公平角度来看，一方面，城市建设注重经济目标，对社会发展重视程度有待提升，尚不能满足居民对美好生活的向往，尤其是对弱势群体关怀不够；另一方面，建设强度不断提高，导致热岛效应、空气污染、交通拥堵等一系列城市城市病，影响了城市居民的身心健康。从空间效益角度来看，一方面城市居民职住分离的程度扩大，使通勤成本上涨，另一方面，不同城市功能之间缺乏协调，也导致了城市发展的规模不经济。

2.3.3 多元社会的空间分异与挑战

自1990年代中期以来，市场机制逐渐成为主导城市空间形态的决定性因素。在市场的驱动下，城市规划基于地租支付能力和空间需求来组织各项城市功能，城市原有的微观相对均质、宏观缺乏协调的"细胞结构"趋于解体，圈层式、等级化、差异化的城市空间结构被建立起来。

就物质空间而言，这一阶段的空间演化呈现四个方面的趋势，一是对内城工业厂房、棚户区和部分旧式住宅（棚户简屋、里弄住宅）进行置换，地租支付能力较低的工业企业、无利可图的保障性住区向地租更低廉、位置偏远的远城区迁移；二是在主城区打造中央商务区（Central Business District，CBD），发展金融、商业中心、保险、银行等高收益功能；三是商品房社区主导了居住区建设；四是伴随着新城建设的推进，城市空间结构在同心圆式的基础上开始逐渐体现出多中心发展趋势（图2-5）。这一过程中，计划经济时期以单位为边界、居住与工业厂房混合的居住模式逐渐演化为居住区与商业服务设施组合的商住混合模式（廖邦固，2012）。

就社会空间而言，市场化改革促成了基于收入水平的社会阶层分化，并最终在空间上反映为居住分异程度的扩大。21世纪以来，中国城市从一个高度集中、严格控制的社会进入到一定程度上鼓励个人主义和文化多元的社会（He，2013）。城市居民开始由以单位为基本构成单元的"单位人"向市场规律下的"社会人"转变。"社会"被置于资本积累的逻辑之下，所谓"市场社会"已经出现，城市生活面临全面重塑。在从"单位福利制度"迈向"社会福利制度"的过程中，市场很大程度上决定了住房、医疗、教育等公共资源的配置，使中国城市逐步趋近于当代城市生活的普遍共性——多元、异质、匿名（Wirth，1938；吴缚龙，2006）。

其中，住房制度的市场化改革是我国社会空间由均质转向分异、由单一转向多元的分

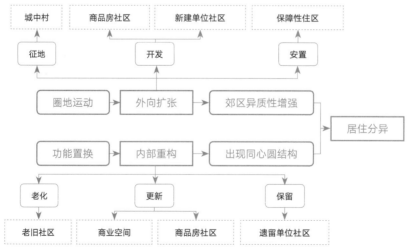

图2-5 "增长主义"下多元社会空间格局的形成机制

水岭。由于收入差异扩大,居民对住房的需求迅速分化。并且,住房产权上的分化,形成了新业主阶层(业主和租客)。逐渐成熟的住房市场为个体提供了更多元灵活的住房选择,以此进行空间筛选。个体向着与自己家庭结构和社会阶层相匹配的住房和邻里迁移,单位大院内的混居状态趋于解体,中国城市家庭和邻里之间在空间和社会上的分异出现了,并最终形成不同居民构成的邻里,如计划分配下公房使用权上的有限差距,转变成现在私有住房在产权、住房面积和潜在经济收益上的差距(黄友琴,2007)。在筛选过程中,城市社会空间的异质性和复杂性明显增强,社区内部的均质化与社区之间的异质化两种趋向正同时发生。社区之间分化强度不断加剧,空间边界日益固化,呈现碎片化特征(李志刚等,2004),各类以物理或社会方式隔离的社区成为主要的居住方式。

在新的城市社会空间结构中,主导的居住模式从单一、均质的"簇状"单位大院转向多元、差异化的社区单元(李志刚,吴缚龙,2006)。我国社区邻里类型趋于多元,各种新的社区类型不断出现(周春山,2006)。它们既包括单位大院、棚户区、贫困社区、外来人口的聚居地,也有现代化的经济适用房、商品房社区、豪华公寓和别墅。

2.3.3.1 城中村社区

在我国城市的各类社区中,最具特色的是快速城市化过程中形成的城中村社区。城中村的出现是城市选择性扩张的结果。政府为降低征地补偿负担,绕过农村居住用地征用农地,形成了城市包围农村的独特城市景观。自从我国放松对人口流动的限制,数以亿计的农村剩余劳动力抱着对美好生活的向往涌入城市。但是,由于政府在公共住房供给上长期的职能缺位,面向城镇居民的保障性住房制度和日益高涨的商品房体系展现出强烈的排斥性,迫使外来务工群体不得不通过非正规租赁市场解决居住问题,向租金洼地的城中村聚集。某种程度上,城中村填补了公共住房的缺口,为城市政府安置外来务工群体、维持劳动力要素的低成本优势提供了一个临时的解决方案(Wang et al.,2009)。

就社会空间角度来看,城中村无论是在空间肌理抑或是在社会结构等方面均迥异于城市。繁荣的房屋租赁市场为城中村村民带来了非常可观的租金收益,成为他们新的生计,部分区位条件较好的城中村村民甚至形成了依赖土地和房屋租金收入的"食租阶层"。由于土地是集体所有,城中村一直是城市管理的盲区。为扩大收益,原村民私搭乱建行为屡禁不止,促成了城中村高建筑密度、低居住容量、低环境品质、公共空间极度匮乏的物质空间景观,"一线天""握手楼"现象比比皆是。在物质空间极度压缩的同时,城中村形成了复杂的社会结构:一是社会出现分化,包括了城市社会最底层的外来务工群体与村民"食租阶层"的两个群体(李培林,2004;魏立华,闫小培,2005;蓝宇蕴,2005);二是外来务工群体更依赖社会网络的支持,依托地缘、亲缘关系向特定城中村聚集,形成外来务工群体紧密的社会联系,比如"浙江村""河南村""湖北村"(Ma and Xiang,1998;Xiang,1999;李志刚等,2011);三是外来务工群体内部按经济收入、职业类型、务工年限等也产生了阶层分化,比如新生代务工群体所构成的"蚁族"与从事传统体力劳动的务工群体之间存在明显的分化。

2.3.3.2 商品房社区

商品房社区与城中村几乎同时出现，并主导了城市社区建设。商品房社区的盛行是由多方面原因造成的，其中，经济因素是最主要的推力。从供给侧来看，房地产开发给政府带来了巨额的经济收益，使"土地财政"循环得以畅通；从需求侧来看，快速增长的国民经济和城镇化人口使住房需求总量激增，并且，伴随着社会阶层的多元分化，居民对居住环境的需求日益多样化，居住偏好和购买能力差异得以在空间上体现。

本质上，商品房社区是一种市场规律下的"俱乐部产品"（club goods）（Buchanan，1965）。由于具有封闭的边界，商品房社区可以解决"搭便车"问题，实现有效的准公共物品供给，比如不同水平的社区治安、绿化环境和基础设施，以满足不同消费阶层多样化的居住需求。因此，商品房社区是一种"具有地域边界的俱乐部经济体"（Glaze，2005），可以看作是新兴消费群体对福利社会化改革的回应（Wu，2005）。

单位体制解体后，商品房社区因为形式上封闭便于管理，为转型期的城市治安维护和社会管控提供了一个可行的解决方案（Huang，2006），被选作新的"代理人"，协助政府发挥社会管理职能，其合法性地位来自于政府背书（缪朴，2004）。在此背景下，商品房社区迅速发展，主宰了主城区外围的居住景观，取代单位大院成为城市最普遍的居住形式。

2.3.3.3 单位社区

与商品房社区的兴起截然不同的是，原先的单位社区却被市场和城市建设所遗忘，陷入持续性的衰败。同样的，这一现象并非是因为单位组织本身或居民对单位制度依赖性的消失，而是来自于市场这一新的结构性要素的产生与发展（柴彦威等，2008）。

从供给侧来看，因为城市更新的成本远远高于城市新区建设，趋利的资本大量流向开发收益更高的城郊地带。资本在空间上转移的结果是，城市内圈层的老旧住区缺乏必要的经济支持，逐渐走向衰败。

就需求侧而言，衰败是市场筛选的结果。原有单位社区的居民构成复杂化，经济条件较好的原业主将房屋转手出售搬出大院，居住在同一单位空间里的人不一定具有紧密的工作联系，而同一工作"单位"里的人由于收入水平差异可能居住在城市的不同角落。衰退的单位社区一部分成为没有购买商品房能力的原单位职工和中低收入人群的居住地，从静态、封闭的格局走向混合、杂化的状态，"熟人关系"随之解体，导致单位社区空间品质开始走向衰败。虽然单位大院的居住形态被保留下来，但其作为一种集体生活的本质已不复存在，居民的日常生活和社会结构都发生了很大的改变（柴彦威，陈零极，2007）。

需要说明的是，作为计划经济产物的"单位"体制尽管最终淡出历史舞台，但它仍影响了其后的城市空间结构以及社会空间的演化。它是推动演化的主体，人们以单位为中介进入城市社会。通过存量单位社区的改造、新建住区中传统大院要素的体现，以及单位的替代职能机构中对制度特征的保留等方面，单位制度对于中国城市发展仍然发挥着不可忽视的影响（Bray，2005）。也或许正因如此，这一由单位内部开始的城市社会空间重置和渐趋成熟的住房市场并没有迅速地将中国城市推入与西方城市类似的"中心区—郊区"二元分化的社会空间格局（李志刚，顾朝林，2011）。

2.3.3.4 城市社会空间结构

在扩张与更新的双重驱动下，多种类型的社区相互交织，使我国城市空间复杂程度迅速上升。在主城区，持续衰败的单位社区和新兴的商业中心共存，几乎成为名副其实的"双城"（dual city），塑造出极为不平等的社会空间格局（Mollen kopf and Castells，1991）；而在中心城区外围，现代化的商品房社区与杂乱的城中村相邻，各种环境品质截然不同的社区类型共存，这一具有强烈对比性的画面主宰了城郊景观，构成了我国城市居住空间马赛克式拼贴的空间图景。中国城市社会空间结构大体呈现出如下特征：大城市中心为老城区，是离退休人员集中分布的地区；老城区外围环状分布着计划经济时期建设的个人居住区；老城区和工薪居住区分化重新组合成中产居住区；富人居住区形成"飞地型"社区，位于市区的外围或近郊区等（冯健，周一星，2003；李志刚，吴缚龙，2006）。

不过，我们很难做出一个普遍适用于所有中国城市的社会空间模型，每个城市空间特征与其所在的自然条件、地理环境、经济发展阶段和地方文化要素等都有密切关系，在空间结构上也有明显的地方特色。例如，转型期北京的社会空间结构综合了多种经典空间模型，无论城市空间结构的核心还是边缘均在重构，整体社会空间结构日趋分化（Gu and Liu，2001；Gu and Kesteloot，2002；Gu, et al.，2003；Gu, et al.，2005；Feng et al.，2007；冯健，周一星，2003）；上海居住空间结构正恢复新中国成立前"上只角""下只角"的空间格局，各区房价的差异化趋向明显（Wu and Li，2005）。

事实上，转型中的中国城市社会空间结构是多个时期所建设的不同城市社区叠加、交叉和并列的结果：包括历史存留下来的老城、计划经济时期的单位社区、市场化下的商品房社区、政府主导建设的保障房社区、经济适用房社区、改造或尚未改造的城中村社区等，它们交织叠合，使当代中国城市整体的空间结构具有混合、复杂和多样化特点。

伴随社区的多样化发展，社会阶层的分化投影在空间上，表现出明显的居住隔离。高收入群体入住排他性、资产性的封闭社区，而外来低收入群体无法享受与城市居民同等的福利待遇，普遍居住在物质环境恶化、社会地位边缘化的破败社区、城中村。但是，与西方城市阶层之间严格的社会隔离不完全相同的是，在我国城市的这一阶段，暂时性、浅层次的互动甚至能在两种截然不同的社区之间发生。例如，城中村所提供的低成本的服务和商品往往满足了相邻的门禁社区的需求（何深静，2019）。围墙和大门没有真正约束人们的社会活动和网络，反之也不一定会增进居民的归属感和地方感。封闭社区不一定被城市居民感知为负面的城市形态，甚至被认为提供了更多样化、个性化的生活方式（Pow，2007；Forrest and Yip，2007；Kim，2003）。对于弱势群体来说，制度边界比物理边界更难以克服。

从历史到未来、从中心到边缘，中国城市的社会空间总体表现为旧空间向新空间演替。在此阶段，微观上，邻里逐渐分化，不同类型邻里之间存在着显著的分离趋势。不过，中国城市并未出现类似西方城市的完全衰败的市中心或是清一色富人的郊区，无论在内城还是在郊区都并存着不同收入群体的邻里（李志刚等，2006；Li and Wu，2008）。

2.4
"存量优化"时代：城市转型与社区更新（2000年代末～2010年代末）

2.4.1 增长的危机倒逼的经济品质化发展

▶ 首先，"增长主义"导向下的城镇化与经济发展，忽略了生态环境保护、社会协调发展、资源有效利用等重要方面，导致快速城镇化更加关注"土地的城镇化"，面临不可持续的危机（陈映芳，2008）。首先是"刘易斯拐点"渐近，人口红利逐渐消失。长期以来，中国的城镇化是以廉价劳动力和土地供应为驱动的。但是，从2011年开始，我国人口抚养比终结了持续三十多年的下降过程，人口红利消失转为人口负债（蔡昉，2010；蔡昉，2012）。

其次，土地资源迅速耗竭。一方面，长期粗放式的扩张使中国城市发展的空间探底。为满足产业发展需求，大量农用地被转为建设用地。1996～2008年，我国耕地数量从19.51亿亩锐减至18.26亿亩，年均减少超过1000万亩（原国土资源部，2008）。耕地保有量迅速逼近18亿亩耕地红线，"增长的极限"已然到来（张京祥等，2013）。另一方面，以牺牲生态环境换来的增量建设用地较多处于低效利用状态。在激烈的地方竞争中，地方政府为争取工业项目，竞相压低地价，形成"竞次式"（race to bottom）的恶性竞争。工业用地多以成本价出让，甚至出现"零地价"（陶然，汪晖，2010）。较低的闲置成本和这一阶段尚不完善的土地监管体系，甚至导致工业用地开而不发、闲置浪费的现象。

再次，社会矛盾逐渐凸显。伴随经济发展进入新常态、城镇化进入中后期，经济增长速度放缓，过去被经济成就所掩盖的社会矛盾也逐渐凸显。比如，社会福利体系建设的长期滞后，对于社会底层差异化和多样化的诉求，寄希望于整体发展之后再全面解决（李志刚，陈宏胜，2019）；贫富差距不断扩大，使社会公平受到质疑等。构建社会主义和谐社会，面临"人的城镇化"滞后、社会贫富差距扩大、新城市贫困问题等各种社会发展方面的挑战。

最后，生态环境迅速恶化。长期粗放式的发展破坏了生态环境，加强了人地关系矛盾。土地开发肆意侵占耕地、突破生态底线的现象时有发生。空间增长快速逼近生态环境承载力的极限，生态环境容量不断压缩。环境破坏的负面效应逐渐体现，一是重大环境污染事件频发，如松花江重大水污染事件；二是引发极端气候和自然灾害，如水土流失导致的泥石流、洪涝灾害；三是粗放式发展带来的巨大生态成本长期由全社会共同承担，日益恶化的生态环境已然威胁到群众的日常生活，成为社会稳定发展的隐患。

伴随矛盾的积累和发展形势的转变，原有的低质量发展的基础不复存在。经济、社会与生态环境等多元目标之间的失衡，开始限制中国经济的可持续发展。过去以忽略社会、生态成本换取经济增长的发展方式，造成了当前阶段城镇化风险不断累积和成本边际递增的局面，"跨越式发展"是将城市化的经济、社会和生态成本放在一个更长的时间段里兑现（单豪杰，2007）。通过粗放式增长获得第一轮资本积累之后，国家也背负了一系列社会、生态欠账。从高速度增长转向高质量发展，避免陷入"中等收入陷阱"，成为摆在国家可持续发展面前的时代要求（阿马蒂亚·森等，2015）。

作为结果，严峻的发展环境倒逼"增长主义"转型。为此，国家适时提出新型城镇化战略，开启了城镇化由"粗放式增长"向"精明增长"的转变。新型城镇化关注经济发展的质量，内涵丰富：①强调以人为本，关注人的城镇化。着手支付社会成本，提出解决"三个一亿人"问题，包括促进约1亿农业转移人口落户城镇，推动务工群体市民化水平，优化住房供应体系，改善约1亿人居住的城中村和棚户区，体现出深度的人文关怀和对经济、政治、文化、社会、生态文明建设"五位一体"总体布局的落实。②严格控制新增建设用地，提升土地利用效率。国家先后提出了强化各类开发区审批与管理、严守18亿亩耕地"红线"、整顿地方政府违法违规土地融资行为等政策；要求规范土地收储和出让程序，建立土地储备制度，划定城市增长边界，限制城市建设用地的无序扩张，探索建设用地减量规划。开启存量更新改造，推动存量土地提质增效，开展"腾笼换鸟"推动产业转型升级。这些改革措施彰显了中央政府落实"世界上最严厉的土地管理制度"、扭转土地财政依赖、破解增长主义的政策导向（张京祥等，2013）。

2.4.2 向存量要效益的城市更新浪潮

面对土地使用效率低下、资源环境硬约束的现实环境，在新型城镇化战略的引导下，从城市发展理念到建设实践都经历了巨大转型，总体表现为城市建设重心从外延扩张转为存量空间的改造，向存量空间要效益（石爱华，范钟铭，2011；邹兵，2015，2017）。

在发展理念上，新型城镇化从单一追逐经济增长转向追求品质发展。中国城镇化从

"增长"到"发展"的转型，承载了极为丰富的经济社会内涵与责任。新型城镇化语境中的"发展"，是综合价值的增进，远远超出经济增长的范畴。"发展"是以创造更美好的生活为愿景，强调经济维度的精明增长，更强调经济与生活、社会以及生态维度的协调发展。发展成果将更多惠及居民日常生活，重视空间改变对社会"生态"的影响（杨保军，陈鹏，2015）。

从关注"增长"到全面"发展"的转变，是城镇化模式从数量扩张转向质量提升的必然要求。"城市，让生活更美好"，2010年上海世博会以此为口号，传递了中国将"城市"与"美好生活"紧密相连的价值取向。此后，北京、杭州、成都等城市分别提出了建设"国际一流的和谐宜居之都""东方品质之城""美丽宜居公园城市"的城市发展定位，城市品质提升已逐渐取代经济规模扩张成为城市发展的主要目标。

基于对"资源"和"财富"的重新认识，各地开始在内涵和品质上"补功课"。城市品质不仅包括生态环境、经济可持续发展、服务设施等自然物质环境品质，也包括城市文化、生活品质、和谐幸福等社会人文环境品质。品质发展导向下，从中央至地方都提出了新的发展策略，中央层面，2015年中央城市工作会议提出"生态修复、城市修补（双修）"，"十三五"规划提出的"创新、协调、绿色、开放、共享"的发展理念，进一步强调了城市空间品质的重要地位。地方层面，各地政府致力于全方位提升城市形象，城市建设呈现出内涵式、精细化和可持续发展的新趋势（罗小龙，许璐，2017）。

作为地方响应，全国各地开启了向存量要效益的城市社区更新浪潮。基于可持续的发展理念，我国城市发展出现诸多新特征：

第一，双管齐下严格约束城市蔓延扩张。一是因地制宜严控建设用地增量。对于沿海等快速扩张的城市，划定城市增长边界实行减量发展，对于中西部城市发展确需要用地的，强化开发边界的管控作用，引导城市有序扩张。以2007年版的深圳总体规划为里程碑，全国主要城市的总体规划相继从增量向存量转型。二是叫停"土地金融"，严格规范治理地方债务。调整城市建设的资金循环，从根本上改变增长主义下城市扩张路径。2012年原国土资源部等四部委联合发布了《关于加强土地储备与融资管理的通知》（国土资发〔1998〕23号），明确提出规范土地储备融资行为，规定储备土地抵押贷款"不得用于城市建设以及其他与土地储备业务无关的项目"，至2016年，《关于规划土地储备和资金管理等相关问题的通知》（财综〔2016〕4号）更是明确规定"各地不得再向银行业金融机构举借土地储备贷款"。尽管"土地财政"得以延续，但是新政策隔断了土地储备与金融系统的抵押贷款通道，大大控制了地方政府扩张获取土地的冲动。

第二，新的以低效用地为对象的城市更新。结合新型城镇化所提出改造城中村、棚户区的目标，各地相继展开对存量土地改造优化的实践。提高土地利用效率、盘活"存量"空间成为推动新型城镇化与社会经济结构多维转型的关键抓手（Lin，2015）。当时的城市更新是以拆除重建为主，将土地利用效率较低的地块"格式化"，按规划确定的土地用途与开发强度进行再开发。整体而言，伴随着土地利用效率的提高，改造地块的容积率也在上升，城市空间扩张从水平蔓延转变成垂直加厚，为城市发展争取了宝贵的空间增量。

第三，广东省的"三旧"改造及其创新举措。广东省最早开始探索土地市场化改革，为全国承担了改革试错的成本，土地历史遗留问题较严重，并且乡镇企业发展较早，土地利用不集约，是最先出现土地资源硬约束的省份。加之2008年金融危机来袭，由于外贸依存度较高，广东省经济受严重冲击。面临双重危机，为及时调整产业结构，带动投资提振经济，广东省延续了改革先行的传统，率先开始自我推行"三旧"改造，并于2009年与原国土资源部签订了第一期为期4年的"三旧"改造试点，探索对旧城镇、旧厂房、旧村庄三类低效的存量建设用地进行改造。改造实践成效显著，广东省借此提升了城市品质，完善了城市功能，推动了产业转型升级。"三旧"改造随后向全国推广，掀起了一波城市棚户区改造、城中村改造和工业厂房改造的热潮。但是，由于城镇化发展路径的区域差异，导致不同地区"三旧"改造的主体内容不同，东南沿海地区由于农村工业化程度较高，改造是以集体用地的旧厂房、旧村庄为主，而中部地区更多是以旧城镇、棚户区为主。

第四，棚户区改造成为城市更新的重点。棚户区指的是城市中结构简陋、抗灾性差、居住拥挤、物质环境较差的集中居住区。国家层面，棚户区改造最早起源于2005年国家启动对中央下放东北三省煤矿棚户区的改造。2007年，国务院出台了《国务院关于解决城市低收入家庭住房困难的若干意见》（国发〔2007〕24号），在政府层面首提棚户区概念，明确提出"加快集中成片棚户区的改造"，旨在解决城市低收入家庭住房困难。至2008年，为应对金融危机，中央出台的扩大内需十项措施中明确提出加快建设保障性安居工程，将棚户区改造作为其中主要内容，就此拉开了全国大规模推进实施城市和国有工矿、国有林区棚户区、国有垦区危房、中央下放地方煤矿棚户区改造的大幕。2008～2012年，全国开工改造各类棚户区1260万户。至2013年，中央城镇化工作会议和中央农村工作会议明确提出了"三个一亿人"目标，其中就包括解决约1亿人口的城镇棚户区和城中村改造，并将棚户区改造纳入2014年发布的《国家新型城镇化规划（2014～2020年）》，提出至2020年完成共计3300万套棚改任务。

第五，注重以人文本，开始着手解决上一阶段遗留的社会问题。行动上体现为两方面，一是关注弱势群体，尝试解决进城务工群体的落户难题和住房问题，提升市民化水平，推进基本公共服务均等化；二是借助城市更新，加快建设保障性安居工程，构建包括廉租房、经济适用房、公共租赁房在内"应保尽保"的住房保障体系。

自21世纪头十年的后期开始，大规模城市更新在全国各地相继展开。相比上一阶段，更新改造具有丰富的经济、社会、文化内涵。从增量扩张向存量挖潜的转型，体现了城市发展与增长主义的告别。但值得注意的是，路径依赖所带来的巨大惯性，使城市很难在短期内彻底摆脱增长主义导向。空间生产仍然是经济发展的重要来源，以建设带动投资也仍然是城市经济发展不可或缺的重要工具。如何协调效率与公平，是摆在转型发展面前一道不可回避的难题。

2.4.3 拆除重建式城市更新的成效与不足

以存量土地为对象、以拆除重建为手段的城市更新在短时间内取得了显著成效。但是，因为改造方式和体制机制上的不完善，这一阶段的城市更新也存在一些弊端。

首先，就成效而言，相比以前，这一阶段城市更新的成效体现在三个方面，一是强调政府统筹引导。在之前的改造中，城市更新改造项目分散进行，缺乏统筹，存在明显的"挑肥拣瘦"现象。改造难度较低的地区被优先改造，而真正需要改造的地块，例如城中村，往往因为土地产权破碎、产权主体众多、协调成本高而被跳过（郭炎等，2020）。为提高城市更新的质量，合理引导市场机制，各地相继编制了城市更新计划，强化了政府统筹作用，确保改造意图的落实。二是改造的规模更大、定位更高。围绕品质化发展的导向，这一阶段各大城市相继提出了更高质量的城市定位。以目标为导向，改造项目定位大多是特定的城市功能区，以推动城市功能的提升，客观上提升了城市面貌，提高了城市品质，改善了人居环境，并有计划、针对性地满足了城市发展的用地需求，推动了城市产业的转升级和服务功能的高端化。三是在严格限制城市扩张的背景下，拆除重建式的城市更新提升了土地利用效率，带动了投资，拉动了内需，为化解金融危机、保障国民经济稳定发展发挥了积极作用。

其次，就弊端而言，在早期大拆大建的改造模式下，以人文本、关注社会发展为初衷的城市更新并没有妥善解决好社会问题，部分旧有矛盾进一步突出，甚至还引发了一些新社会矛盾，主要体现在5个方面：

第一，"增长主义"思维有所延续，地方政府对经济增长的重视程度仍然优先于其他方面。在"土地金融"逐渐退出的背景下，"土地财政"成为政府推动城市建设仅剩的重要预算外收入来源，因此拆除重建依然是"土地财政"导向的。由于相关参与主体话语权的不对等、社会治理模式转型滞后等原因，早期城市更新更加关注经济效益，使其被质疑为以房地产驱动的"空间谋利"行为。为创造空间增量，城市甚至通过调节公共物品供给，形成城市尺度的土地禀赋差异，加速"租差"（rent gap）的形成，以便推动改造。

第二，城市更新涉及多元的利益主体，利益分配难以达成一致意见。存量土地经过变更土地用途或开发强度，产生了大量土地增值收益。但是，我国物权法和土地管理法尚不完善，从法理上对于土地发展权的归属，尚未有明确规定（田莉等，2015）。实践中，居民和政府之间利益分配的"判例式"动态决策是常见现象。改造过程中，缺乏对等的话语权和自下而上的参与渠道。面对资本的趋利冲动和政府的强势介入，本应作为改造主体的城市居民在城市更新中通常处于从属地位，一定程度上削弱了城市更新中城市政府的公信力和资本主体的亲和力。

某种程度上，资本价值的创造是以改造社区原住民的日常生活为代价的。例如，城市更新早期多采用实物补偿、异地安置的模式，将置换出来的土地进行商业开发，通过土地租差来平衡改造成本，为地方政府带来收益。城市中交通便利、公共服务设施完备的区位优先进行商业开发，造成"绅士化"现象，而在位置偏远、交通不便、设施配套不足的边缘地区建设安置房，存在居民"被郊区化"的现象。一方面，集中建设的安置方式形成了低收入群体聚居的现象，加之城市郊区公共物品的供给水平较低，进一步加重了城市居住分异与社会隔离，形成物质和社会空间上的"马太效应"，加速了市民的贫富分化；另一方面，原住民向城市外围迁居，导致原有社会网络的解体，居民获取社会资源的支持减少，对其工作、生活造成一定负面影响。

第三，大规模的拆除重建推动了房价迅速上涨。为妥善解决改造安置问题，2015年国务院颁布了《关于进一步做好城镇棚户区和城乡危房改造及配套基础设施建设有关工作的意见》，提出棚改补偿模式由实物货币安置并重转向货币安置优先，鼓励居民用补偿款通过商品房市场解决。然而，采取货币补偿的成本更高，给政府带来了沉重的财政负担。为此，改造不得不引入金融工具，允许地方政府通过抵押土地申请专项贷款，结果使改造陷入土地融资的老路，使地方政府债务率迅速上升。此外，货币安置创造出大量商品房需求，大量货币瞬间涌入房地产市场，推动了房价的上涨。住房是我国城镇家庭资产的主要构成，高速上涨的房价在高收入者和低收入者之间划分出一条难以逾越的鸿沟，加剧了城市住房的可负担性问题。

第四，城市更新进一步打碎了社区的"熟人关系"。拆除重建模式重塑了社区的社会关系，历史住区原有的紧凑的"熟人关系"被进一步打破和分解，使得历史住区的邻里文化氛围消失殆尽，而基于市场机制新建的商品房住区难以形成牢固紧密的社会关系网络，消解了城市的居民归属感和社会凝聚力。

第五，城市更新还在一定程度上引发了新的不公平现象（图2-6）。一是区位之间的不公平。以武汉为例，在拆除式城市更新中，政府划定边界，将更新对象划分为"动区"和"静区"。"动区"经过更新改造，居住质量得以极大改善，而大量没有条件拆或仍有使用价值的老旧小区则被划为"静区"，未能得到足够的关注。居民对美好生活的向往只能深藏内心，感到不公平。二是基于户籍的不公平。房权和土地产权上的身份差异，造成了原住民和外来租户群体在城市更新过程中截然不同的处境。旧村落改造中经常出现原村民"一夜暴富"现象，巨额的拆迁补偿引发了社会对于财富再分配公平性的质疑。相反，流动人口由于不是产权相关人，在城市更新中往往被忽视。城市更新在改造物质空间的同时也是一个人口置换的过程，以城中村为代表的非正规空间，经过商业开发后基本丧失容纳流动人口的功能（陶然，王瑞民，2014；叶裕民，2015）。失去住所的流动人口，只能迁往城市更边缘的地区或者回流返乡。

总体而言，"存量优化"时代的城市更新一定程度上扭转了城市的无序蔓延，改善了居民的居住生活综合水平，同时推动了城市的转型升级和品质化发展。但我们也必须注意到，巨大的制度惯性使拆除重建式城市更新仍然存在经济、社会、文化目标之间的失衡，原本"以人为本"的城市更新缺乏社会维度的考虑，不仅没能彻底消除增长主义时代遗留的社会问题，甚至使一些方社会矛盾有所加剧，具体表现在：①"土地财政"得以延续，

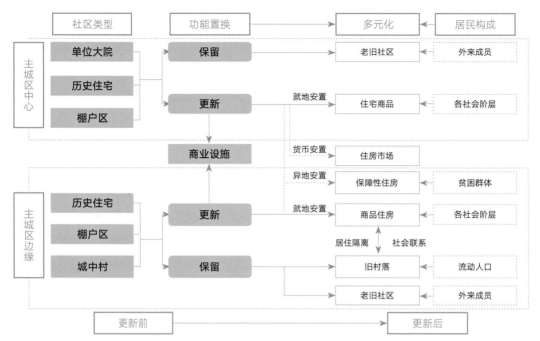

图2-6 城市社区更新中居住分异的逻辑示意图

补偿安置问题矛盾突出；②货币补偿的改造安置方式助推了房地产泡沫；③选择性改造导致了新的不公平现象；④改造项目中不乏土地金融的操作，存在地方政府债务上升的风险；⑤改造对原住民利益诉求的重视不够，加剧了城市中心与边缘的异质性和社会隔离分化的程度；⑥改造对历史文化、邻里氛围的保护堪忧。

在新型城镇化背景下，近年城市更新项目逐渐呈现出由"拆改留"到"留改拆"的政策转向。化解社会矛盾、关注社会需求，是城市更新下一阶段的首要任务。这就需要推动面向未来的城市更新范式转型，体现在两个维度，一是改变以往社会主体缺失的大拆大建，强调社会主体在更新改造过程中的话语权，鼓励社会参与，推进社会协同治理和社区治理能力建设，二是随着"动区"拆除重建，同步推进被划定为"静区"的老旧小区的品质提升，倡导包容性的城市社区更新。

2.5
面向未来：协同社会治理进程的城市社区更新

2.5.1 美好社区共同缔造：从社会管理走向社会治理

▶ "增长主义"导向的城市发展，以及部分沿袭增长思维的存量优化实践，造成了一系列的社会资源治理危机。在非物质资源方面，缺乏社会参与的城市更新一定程度上导致了社会分化加剧、邻里文化氛围解体、房价迅速上升等一系列社会问题。同时，城市建设基于效率导向，精英主导的供给模式忽略了城市居民的真实需求，城市物质空间供需错配的现象普遍，使投资效益大打折扣（图2-7）。

新时代我国社会的主要矛盾是"人民日益增长的美好生活需要与不平衡不充分发展之间的矛盾"。伴随城市化进入下半场，面对正在崛起的"市民社会"，实现高质量、可持续的发展需要及时化解在发展过程中日积月累的社会问题。因此，以人为本、保障社会公平、促进社会和谐发展，成为新时代发展的主旋律。这也对城市建设提出了新的要求，在城市更新领域体现在三个方面。首先，政策导向从效率优先转向兼顾效率与公平。在历史上，"人"的需求曾被看作城镇化的"成本"，往往处于被动忽视的不利地位（杨

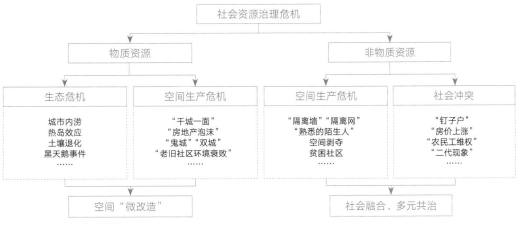

图2-7 走向社会治理的规划转型

保军等，2014）。服务地方发展的城乡规划也形成了明显的重编制、重效率轻公平以及重收益轻民生、重当下轻长远等倾向（武廷海，2013）。伴随社会利益格局与发展诉求的多元化，种种社会问题逐渐显露，形成"短板效应"，严重影响到中国城市社会的可持续发展，其中城市更新更是矛盾的高发区。新型城镇化实施以来，城市发展强调"以人为本"，推动"人的城镇化"。但是，由于城市化的速度之快和配套制度转型的渐进性之间不匹配，导致上层的长远发展目标在向地方传达执行的过程中"失真"，地方发展对社会效应、社会公平的重视程度仍然有待提高（张京祥，陈浩，2010）。

其次，在决策模式上，从自上而下管理转向上下结合的治理。面对日益壮大的市民社会，剧增的社会资源需求和滞后的社会治理能力之间产生了矛盾，传统的自上而下、以经济增长为愿景、以行政强制力为主导的政府管理（government）模式已难以为继，亟须向政府与市场、社会组织开展合作、多元协同的社会治理（governance）转型（张京祥，陈浩，2014）。进入新时代，"治理"意味着平行的权力架构，强调"协商""合作"和"平衡"，鼓励社会主体的参与。如何提升治理能力、统筹多元利益诉求、促进公共利益最大化，成为当前城市发展亟待解决的问题（温雅，2010）。

最后，在更新手段上，从快速突变式的拆除重建转向渐进保留式的微更新、微改造。拆除重建引发了突出的社会矛盾，并且城市中能拆、可拆的棚户区、城中村等社区已被改造殆尽或纳入了改造计划，而在没有改造条件的城市老旧小区中，这就需要及时尝试新的手段来提升老旧小区的居住环境。在此背景下，启动了老旧小区改造的多样化探索。2018年，习近平总书记参观广州永庆坊时，提出要多采取"微改造"这种绣花功夫来改造老旧小区，正式肯定了以保留为主的老旧小区更新。城市更新尤其是老旧小区改造也成为"十四五"期间重要的城市建设任务。

这些思想观念和认识的重要转向意义重大，对城乡规划提出了新的时代要求——直面社会需求。基于新任务，城乡规划必然面临理论方法和技术体系的全面转型。总体而言，转型涉及两个层面，一是城市规划整体层面的转变，二是城市更新在社区层面的转变。

2.5.2 面向社会治理的城乡规划范式转型

整体层面，我国传统的城市规划体现出一种自上而下的蓝图式、精英式、工具理性的规划思维，在面对长期积累的社会矛盾时收效甚微（杨保军，陈鹏，2015）。因此，城市规划势必走向包括范式、目标、方法的全面转型，从服务于城市社会管理转向服务于社会治理。对应的，城市规划作为资源配置和利益协调的制度工具，需要改变单一的精英视角和技术思维，不断加强规划的包容性，尊重规划对象的多元价值取向（林赛南等，2019）。以空间治理为抓手，缓解社会矛盾，增进社会融合，逐步稳妥地推动社会治理转型成为重要路径。

2.5.2.1 规划目标：强调以人为本

亚里士多德认为，人们来到城市是为了生活，人们居住在城市是为了生活得更好。芒福德曾说："城市是一种特殊的构造，这种构造致密而紧凑，专门用来流传人类文明的成果"。城市发展的最终目的应该是"关心"和"陶冶"人，而不是以"吸引"人为手段来实现发展（杨保军，陈鹏，2015）。自《马丘比丘宪章》以来，城市规划一直强调空间应该为人服务。随着发展形势的变化，城市发展应回归"以人为本"。城市中的人是"一个理性选择聚居去追求空间接触机会的人"，对于人居空间有着多样的期望（梁鹤年，2012）。新型城镇化应当是"人的城镇化"，正视真实存在的冲突和差异，尊重不同社会阶层、不同社会群体的"城市权"（right to the city）和差异化的空间使用需求，构建面向社会公平、正义的空间秩序和人文秩序（武廷海，2013）。在新的价值立场下，城市规划需要建立社会、生态、文化等多元共融的目标，从追求经济效益最大化转向追求社会公平正义，从促进物质增长转向保护文化和生态价值，从对立破碎到多元共融。其中，流动人口等特殊群体的"市民化"和社会融合应逐渐成为关注的重点。

2.5.2.2 规划理念：从精英式规划转向沟通协作式规划

在20世纪70年代中期西方发达国家社会群体之间矛盾激化的背景下，尤尔根·哈贝马斯（Jurgen Habermas）提出了"交往理性"（communicative reason），认为通过动态、双向的交流，主体之间能达成相互理解，并由此保持社会的一体化（Habermas J，1979）。同时，安东尼·吉登斯（Anthony Giddens）提出了"结构–行为理论"（the theory of structuration），认为"结构能影响行为方式，行为则能体现并重组结构"（Giddens A，1984）。以此为思想源泉，西方发展形成了较为成熟的沟通式规划（communicative planning）和协作式规划（collaborative planning）理论体系，基本完成从"理性综合范式"向"协作交往范式"的规划转型（Healey，1996；袁媛等，2016）。

沟通式规划又称协商式规划，强调通过共同参与、沟通协商来协调多元主体的利益诉求，达成规划决策的共识，并在协商过程中重建主体之间的关系（王丰龙等，2012；程遥，2007）。它是一个邀请相关利益方进入规划程序，共同体验、学习、变化和建立公共分享意义的过程，通过合作达成共同目标（Healey，1997）。约翰·福雷斯特（John Forester）、英尼斯（Innes）、约翰·弗里德曼（John Freidmann）、帕齐·希利（Patsy Healey）等代表人物均认同规划的决策过程是一种"政府—公众—开发商—规划师"的多边合作（Healey，1996；Forester，1999；Innes，1996；Freidmann，1973）。

协作式规划在沟通式规划基础上发展而来，更强调场所营造和制度建设（姜梅，姜涛，2008）。通过"场所营造"和"制度设计"，协作式规划能在复杂的市场经济和多元的投资环境下协调矛盾，促进利益主体之间的协作。其代表人物帕齐·希利认为"规划"是"管治场所"的战略方法，采用协作式规划更具有政治上的合理性（Healey，1998；2008）。良好的协作关系能使整体运作成本降低，而保证良好的协作关系需强调合作，弱化政府的强制性管理，尽可能采用公共协商方式以减少财产、权力争端（Kim and Batey，2001）。在协作过程中，规划师作为决策者的技术顾问，为其他参与者进行政策解释和协调，专家从专业角度为决策者和规划师提供方向推演和理论支撑。具体到社区实践，协作规划强调以社区自身完善为动力，地方政府、社会团体与公众共同参与促进生活品质提升的过程（Allmendinger，2002；刘佳燕，2006；威廉·洛尔，张纯，2011）。

在城市总体规划层面，我国城市规划体系向参与协作范式的转型相对滞后。尽管我国城市规划已经实现向"公共政策"的属性转换，但是尚未形成与社会治理目标相匹配的编制实施体系，实践中的公众参与的层次较浅，以规划成果的"公示"为主。

在社区规划层面，近年来协作式规划的社区实践遍地开花。例如，在实践中，以公众参与为核心搭建共同缔造工作坊，组织、发动公众参与社区规划的多个环节，以此促成发展共识，协商制定并落实规划方案（李郇等，2018）；基于多主体、全过程的公众参与，从物质、人力、社会三个方面的社区存量资产入手，评估社区治理运行能力以制定有效的行动计划（黄瓴，罗燕洪，2014）；挑选社区成员搭建"规划工作坊"，聚焦"公共领域"形成改造项目包，由居民投票选择设计方案，并建立"社区规划师"推动"共管"（刘达等，2018）；构建由规划师、专家和居民共同构成的规划编制平台，设立社区事务办公室，多阶段协调多方主体利益，最终形成基本符合各方要求、可实施性的协商方案（张立文，杨文挹，2017）。目前，许多学者和机构已开展形式多样的协作式社区规划个案实践，但还未形成一个相对成熟、框架完整的规划范式（李郇等，2018）。

协商式规划并无"放之四海而皆准"的固定模式。由于政治、经济、社会背景和发展阶段的巨大差异，我们无法照搬西方理论。如何在保持我国规划效率优势的同时，真正实现公众参与，是探索协作式规划"中国模式"的关键。

2.5.2.3 规划载体：以社区作为社会治理导向规划的平台

推进规划向社会治理转型，单一依靠自上而下的行政指令、利润驱动的资本运作或自下而上的社会力量已不合时宜，亟需要一个衔接多元力量的纽带。

社区为化解矛盾、多元共治、共同参与提供了一个可操作的平台。一方面，社区是城市居民日常活动的空间载体和社会感知的空间尺度，社区层面的事务更容易吸引居民的关注。另一方面，社区既是社会现象的微观缩影和社会矛盾集聚的场所（赵民，2009），也是制度转型的直接作用对象和政策落实的"最后一公里"。伴随单位制度的解体和市民社会的崛起，城市社区作为公众与个体沟通的平台以及社会功能的载体，已成为城市空间治理和社会组织活动的基本单元，建设幸福社区是构建社会主义和谐社会的基础性工程。因此，强化"社区建设"和社区规划，重视社区尺度的物质和社会空间营造，上升为实现城市可持续发展的重要战略和推动社区治理转型的关键抓手，"社区转向"成为城市规划重要的转型趋势之一（毛子丹，柴彦威，2013；赵民，2013）。

作为社会治理的主要空间载体，社区规划过程中必须吸纳相关利益群体的诉求，扩大沟通协作、增进公众参与。尽管我国很早就引入了西方倡导式规划、参与式规划等理念，但长期以来我国社区规划仍然以物质形态设计为主，沟通协作范式在规划中的实践仍停留在表面（许志坚，宋宝麒，2003）。部分原因在于这些理念缺乏系统的理论支撑，尤其是缺乏本土化的理解。随着存量时代的到来，构建我国参与式社区规划的理论框架迫在眉睫。

综上，转型背景下城市规划的价值观、方法论以及技术手段都在相应地发生变化。在价值观上，从"为土地开发而规划"转向"为人而规划"，将人的空间需求作为规划的核心诉求；在方法论上，城市规划从落实指令和计划的工具，转变为空间利益的协调机制和政策工具。对应的，城市规划在实践上也应从追求空间终极蓝图或静态方案，转向体现社会多元诉求的动态过程，服务于空间保障体系和人居环境建设（武廷海，2013），而社区规划则是推动转型的关键抓手。

2.5.3 倡导集体行动的社区规划范式解析

面对大量的利益相关群体，传统技术型规划难以适用，调动社区居民深度参与规划的过程成为必然。从行为属性来看，公众参与应是一种自发性的、长期的集体行动，因此本节引入集体行动逻辑理论，借助集体行动与公共物品的供给视角来辨析社区规划的对象、目的和手段（图2-8）。

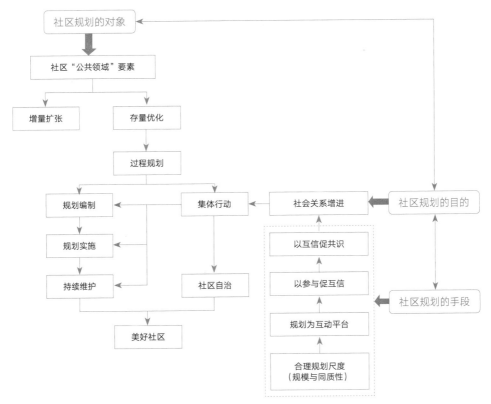

图2-8 社区规划编制的内涵

2.5.3.1 社区规划的对象：社区发展的"公共领域"

社区规划的出发点，是扭转老旧社区物质空间环境持续性的衰败。类似于"公地悲剧"，社区空间环境逐渐走向衰败的根本原因，是缺乏约束居民空间使用行为外部性的手段。这是由于单位体制迅速解体、基于市场配置的社区精神尚未建立而导致的。中国在极短时间内从农业文明切换到工业文明社会，原有的"差序格局"逐渐解体，对应"陌生人社会"的契约精神却尚未建立。社区公共空间模糊的土地集体产权，难以约束个人对公共空间的侵占，导致社区公共物品供给水平持续下降。由于社区自组织和行动能力的缺失，间歇性输血式的公共设施供给收效甚微，存在使用效率不高、折旧周期缩短、资金效益低下的现象，政府主导下的社区设施建设往往陷入"政府买单，居民不买账"的低效困境。

因此，实现有效社区规划的关键在于恢复社区的自治能力。事实上，由地方精英主导、以非正式方式实现的公共物品自治贯穿了我国整个封建历史（缪朴，2004；Xu and Yang，2009）。在传统"熟人社会"中，乡规民约等非正式契约能有效约束成员行为的外部性（即个体行为对外部环境的影响），乡绅、乡贤拥有较高的社会地位和威信，能够胜任监督人的角色，可对成员行为条件性地实施奖惩。也正因此，通过自治提供的公共物品（如公共空间）能长期维持较高的品质，营造出历经千年风雨仍然风景迷人、井然有序的传统文化市镇（朱介鸣，2015）。

城乡规划本质上是对市场失灵的矫正，通过规避负的外部效应来促进"公共利益"的最大化（朱介鸣，2015）。同样，社区规划的对象也应是社区的"公共领域"，包括传统的社区公共空间硬环境，以及经济、人文、社区精神等公共范畴的社区软环境，两者都具有"公共池资源"的物品属性。因此，社区规划的关键，在于通过社区成员自组织的集体行动来实现其有效供给和持续发展。为实现这一目标，需要从公共物品角度入手分析社区问题。基于排他性（物品使用的公开程度）与损减性（个体消费物品降低他人消费该物品的程度）强弱程度的组合，物品可分为私人物品、俱乐部物品、公共池资源和纯公共物品（图2-9）。其中，纯公共物品的排他性和损减性较弱（Samuelson，1954），而"公共池资源"则具有弱排他性和强损减性（Ostrom et al.，1994）。

就公共物品的供给与消费而言，有两种观点。一是以Olson和Hardin为代表的"公地悲剧"说（Olson，1965；Hardin，1968）。这种观点基于理性经济人的假设，认为追求利益最大化的人会毫无节制地使用公共物品，不会为集体利益去限制自己的消费行为，个体具有强烈的冲动去"搭便车"（躲避消费的成本）。因此，理性人间的集体行动会陷入"囚徒困境"（Hardin，1971）。由理性人所组成的市场难以有效供给公共物品，导致过度耗损也是难以避免的，纯公共物品需由代表公共利益的政府供给。

二是以Ostrom为代表的"集体行动"

图2-9 基于排他性与损减性组合的物品类型划分

说，认为集体自治组织相比政府和市场能更有效治理"公共池资源"（Ostrom，2002；2007）。该论断质疑理性经济人的假设，认为人具有多种偏好，并非是完全理性的。尊重规则的人（norm-using，如地方精英）更看重互惠互利（reciprocation）。在成员行为可观察、惩罚机制可实施等前提下，互惠倾向的人会采取条件性合作（看重个人信用）与条件性惩罚（惩罚失信行为），并在多轮重复的集体行动"游戏"中，激励集体成员重视自身信用。Ostrom总结了集体行动的基本原则：①群体的社会关系越紧凑，成员对共同法则的认可程度越高，社会资本越强大，集体行动能力越强，即互信会促进集体行动；②随着集体规模的扩大，协商成本边际递增，阻碍互信的形成，成员偏好的同质性则有利于互信；③构成越稳定（包括成员和资源），互信机制越容易建立和维持；④决策能力会鼓励成员参与公共决策和监督，推动自组织安排和"公共选择"（Ostrom，2002）。

2.5.3.2 社区规划的目标：增进社会关系，培育社区行动的内生动力

空间是社会关系的载体，互为标和本。长期以来终极蓝图式的"精英式规划"在社区层面造成了三个问题：①空间设计缺乏人性化考虑。例如，大量闲置用地与停车等空间不足并存。②蓝图性规划忽视了对社会关系的培育。社区成员间社会关系疏离，社区归属感与凝聚力弱化。③空间缺乏社区自发维护，加速了社区的衰退。由于社会关系的疏远，社区难以组织自发的维护行动，政府自上而下大量供给的设施"有供给无使用、有建设无维护"，导致社区环境加速衰败。这显然需要社区规划重塑目标。

基于问题导向，社区规划的目的可概括为：坚持社区成员的主体地位，培育社区公共环境品质持续提升的内生性动力。如何实现社区层级公共物品的质量自提升，应该成为协作式规划的关键。过去的实践表明，单一依靠政府或市场难以保证高品质、可持续的"公共池资源"供给，而集体行动的逻辑则证明了自治是可行的途径。因此，应培育社区成员内生动力来"共同缔造"。具体包括两方面：①重"标"，以社区公共空间的营造为抓手。社区规划应强调过程，以利益协调者的角色，调动社区成员全过程参与规划，基于绝大部分成员共同意志来制定方案、实施计划和管理制度。②重"本"，修复社区社会关系。在推动"共治、共管、共享"的过程中，有意识地增进居民对社区自治的积极性和责任感，倡导集体行动、培育群体自治能力，重建邻里信任和社区精神。通过标本兼重，持续提升社区公共物品质量和空间品质，进而维持老旧社区的产权价值，规避出现类似西方旧城衰败的局面。

2.5.3.3 社区规划的手段：紧凑社会单元尺度下以规划为平台促参与、促共识

正如"囚徒困境"的根源是决策主体缺乏沟通与信任，就社区发展而言，维持稳定的成员构成、合理的组织规模、强化成员互信是促进社区集体行动能力，有效治理"公共池资源"，实现公共物品有效、持续供给的关键因素。从集体行动的逻辑出发，社区规划的有效实施应遵从以下原则：

（1）以紧凑社会单元为规划尺度。综合社区居民数量、文化情感、公共产品共享等多

方因素，保证实施效果的规划范围应该是一个开展互惠协作、建立社会信任的紧凑社会单元（Ostrom，1994）。因此，社区规划的单元规模不易过大。相比居委会，住区的尺度更适合社区规划的开展。

（2）以规划为平台促进多方参与。在条件性激励（合作或者惩罚）的重复训练下，成员会趋向于重视信用，进而建立互信（Ostrom，2005；2007）。这说明，引导成员面对面的反复交流，是实现高效集体行动的重要手段。社区规划可发挥"平台"作用，促进利益各方参与，围绕规划编制内容开展集体选择，在各个环节多轮的协商互动过程中，重建社区成员之间的相互信任，最终达成"集体利益与个人利益相一致"的共识。

（3）以参与增进社会关系促共识。居民广泛的"参与"需要满足以下三个前提：一是，搭好"平台"，建立能保障长效运营的规划编制平台，如成立"工作坊"。二是，办好"活动"，立足社区发展的切实需求，以居民关注的焦点事件为主题举办活动，激励多方利益主体参与。三是，做好"协调"，规划专业人员要引导参与人进行理性、开放、有见术性的协商互动，并逐渐形成自发的集体行动，自觉参与规划编制、监督实施、拟定后续维护制度（图2-10）。因此，社区规划是以修补空间环境为抓手，最终目的是在修复社会关系，重建社会资本（刘达等，2018）。

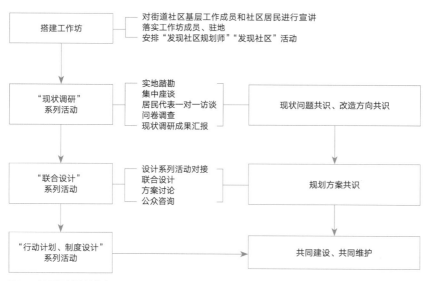

图2-10 社区规划编制的流程

3

第 3 章　武汉城市社区的发展
与更新：过程与模式

以居住地域范围作为标准，我们将武汉的社区分为5个大类，11个亚类（表3-1）：商品房社区，包括高档商品房社区、普通商品房社区；保障房社区，包括经济适用社区、廉租住房社区、公共租赁住房社区；城中村和棚户区；单位职工社区，包括工人社区、教工社区；历史传统社区，包括里分、私人宅邸。下文将按照时间脉络对不同类型社区的特征、空间分布以及形成机制进行论述。

武汉的城市社区类型   表 3-1

社区类别	亚类	说明	空间分布
商品房社区	高档商品房社区	确定标准：一是经有房地产投资计划审批权的主管部门审批建设的别墅、高档公寓开发项目；二是销售价格高于当地同等地段商品住宅平均销售价格一倍以上的别墅、公寓开发项目	多沿江、沿河等不可复制的稀缺资源分布，或处于城市核心地段而具有较高的地段价值；如武汉天地、御江苑、华润-中央公园、恒大华府、复地东湖国际等楼盘均属于高档住宅的代表
	普通商品房社区	社区居民多为城市中等收入水平的普通工薪阶层，包括普通白领、公务人员、小型个体户、技术型蓝领等	市区或近郊的多层商品房，大多毗邻高端住宅区、新兴产业园区等；如红枫佳园、合景梧桐四季小区、锦深汉南公馆等
保障房社区	经济适用房社区 廉租住房社区 公共租赁住房社区	保障性住房是指政府为中低收入家庭的住房需求所提供的限定标准、限定价格或租金的住房	硚口区、江岸区、汉阳区、青山区等皆分布有多个公租房小区，如江岸区百步亭惠民居、华生汉口城市广场、武汉邻里中心等
城中村和棚户区	城中村	城市化过程中依照有关规定由原来农村集体经济组织的村民及单位保留使用的非农建设用地的地域范围内的建成区域，还包括城市待建区域内的旧村	在江岸区、江汉区、硚口区、汉阳区、武昌区和洪山区皆有分布，如汉阳区的十里铺、前进村和洪山区的团结村、徐东村、柴林头村、烽火村等
	棚户区	国有土地上集中建设的建筑面积10000平方米以上及占地面积8000平方米以上、房屋结构简单、使用功能不全、建筑密度大、基础设施差、房屋建成年限较长、抗灾性差的居住社区	在江岸区、江汉区、硚口区、汉阳区、武昌区、青山区、洪山区、东西湖区和东湖新技术开发区皆有分布，如硚口区古田二路万人宿舍片、硚口区常码头村、江岸区跃进村、武昌区徐家棚等
单位职工社区	工人社区	围绕工业项目选址进行配套建设而形成的集中连片的工人住宅区	青山红钢城住宅区、汉阳建港新村、汉阳建桥新村、武昌沙湖工人村、武东工人村、关山工人村、白玉山居住社区、辛家地万人宿舍等
	教工社区	根据中央对全国高等学校进行院系调整的指示，在武汉成立了若干高校，并配建了相应的教工社区	喻家山脚下的华中工学院（现华中科技大学）、狮子山脚下的华中农学院（现华中农业大学）、珞珈山脚下的武汉大学等
历史传统社区	里分	19世纪末到20世纪上半叶在武汉建造的一种较普遍的多栋联排式住宅，它较集中分布在汉口的江汉区、江岸区以及武昌沿江地段，是近代武汉的一种主要居住建筑类型	较集中分布在汉口的江汉区、江岸区以及武昌沿江工业区地段
	私人宅邸	私人宅邸是受租界建筑风格的影响，许多武汉大资本家与军阀官僚建造的一批私人公馆、别墅	部分位于汉口租界及其边缘地带，如文艺复兴式建筑的周苍柏公馆、叶凤池公馆、萧耀南公馆等。武昌昙华林私人宅邸建筑群也是这个时期的典型

3.1
社区发展的时空格局

3.1.1 近代工商经济驱动下三镇独立发展的居住空间格局（1911 ～ 1949 年）

► 　　近代武汉的城市经济结构由农业主导向工业主导转化，传统的私宅民居、里分、简易棚户区是当时武汉的主要住宅形式。同时，近代武汉的城市建设受到西方文明影响，里分、公馆、多层公寓等居住社区形式相继出现。

　　1911年以后，农业为主导的城市经济结构已经无法满足武汉城市发展的需求。为此，武汉市依托九省通衢的交通优势，将工商业作为重点发展产业，同时构建了与水运时代相适应的城市交通模式，城市的工业、仓储等设施布置在沿江一带，形成了平行江河的道路网络体系。交通条件的改善为武汉城市居住社区的扩张奠定了基础，引导着城市居住社区的发展方向。1906年，卢汉铁路建成，后由卢沟桥延伸至北京，定名为京汉铁路。汉口的城市社区以铁路为轴线向两侧延展，其周边迅速被大量棚户区占据。后来，武汉市规划建设了平（北平）汉铁路、粤（广州）汉铁路、川（成都）汉铁路以及长江水道，形成"十"字形的主干交通线。

　　这一阶段，武昌的居住社区脱离于老城，向东北沿江拓展，而汉阳的居住社区则主要沿汉江向北以及沿长江向南扩展。汉口开埠设立租界区后，租界内各国分别制定了租界规划，编制了道路系统、下水道系统和给水、电力系统等规划。租界区的路网规划多为方格网或放射式，其肌理以平行和垂直长江方向为基调，城市社区总体布局是相对整齐的规制，空间秩序感强。在华界老城区内部，社区多呈现自然生长的状态，空间肌理相对有序。而由于用地有限，在城区外围扩张的棚户排列十分密集，空间肌理紊乱，整体呈无序蔓延状态。同时，社区的建设主要受到西方城市规划思想的影响，1939年的《大武汉市建设计划大纲草案》基于"有机疏散"和"卫星城镇"等理论规划城市布局，运用"邻里单位"等理论规划了内城的改建方案。

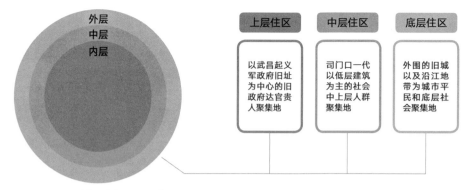

图3-1 近代武昌城的居住空间分异示意图

当时，武汉三镇独立发展，各自呈现出明显的居住空间分布差异：

（1）在武昌，居住空间整体呈现出同心圆式的圈层结构（图3-1）。在武昌老城区内，以今武昌起义军政府旧址为中心形成了旧政府达官贵人的聚居地；在外围一层，如现在司门口、千家街一带，则形成由低层建筑为主的中上阶层聚居区，主要是政府、金融机构、外国公司的一般办事职员居住在此。另外，在武汉大学的珞珈山新建了一批供学校教授使用的居住社区，最外围的老城及沿江地带则为城市平民的聚集地。

（2）汉口则以华界、租界为基底，呈明显的南北分异特征（图3-2）。资本家、买办以及官僚军阀等在汉口新建的公馆与别墅主要分布在租界及其与华界的交界处。1917~1925年，有2000余栋房屋在汉口兴建的模范区内（西起江汉路、北抵铁路、东至大智路、南抵中山大道）建成，合计约有35个里分。华界内部多为城市普通民众，但在内部也呈现较为明显的居住空间分异特征：华界核心区多为富户的私宅，向外延展则多为商住混合的居住社区，而供底层社会劳动者、无产者等城市底层居住的棚户区则主要分布在当时的城市边缘地带，如铁路沿线、江河沿线以及城市的荒地、废墟等。

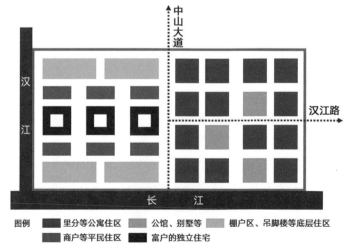

图3-2 近代汉口的居住空间分异模式示意图

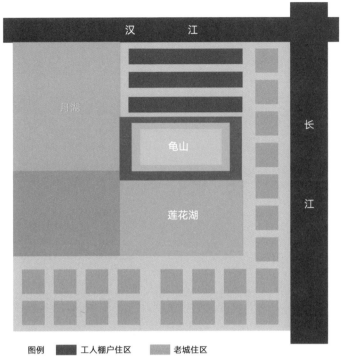

图例 ■工人棚户住区 ■老城住区

图3-3 近代汉阳的居住空间分异模式

（3）汉阳的居住社区主要围绕工业企业的布局沿汉江、长江展开（图3-3）。汉阳老城多为城市平民的居住地，工人棚户区则主要分布在月湖以东地区。

武汉居住社区建设的主要力量包括官僚系统（清政府和国民政府）、西方殖民势力、房地产商以及城市居民（地方精英与普通民众）。近代以来，武汉处于内外交困的发展背景之下，政府有限的财力多用于基础的市政交通建设或者工业发展，对社区建设的关注相对较少。从城市居民的角度看，无论是主动改善住房需求而选择里分、公寓的社会中上阶层，还是为求得基本生存而选择沿江、沿路居住的底层民众，多为自发建设或倚助于住房市场，城市社区的发展与建设秩序总体上是自下而上建构的（图3-4）。

各群体的贫富差距带来了明显的居住空间分异，由官僚系统发起的铁路与航线建设，为城市提供了大量的低价值劳动机会，吸引了大量依靠体力为生的贫困人口，交通沿线的边缘地带很快被武汉城市中的生活贫困群体的棚户所挤占。与此同时，洋务运动、民族工业发展带来的工业厂区跳跃式布局，使得普通劳动者为节约居住和通勤成本，在厂区周边建设棚户来居住。此外，为迎合不断增长的居住需求，房地产商引入在上海已颇为流行的"里弄"建筑，并结合武汉地域文化特点改造为"里分"，在租界区大力推广建设。租界成为武汉的高档模范社区，越来越多的富裕阶层入住租界。传统的富丽堂皇的私人宅邸被迅速抛开，租界居住成为大众获取身份和地位的新标志。

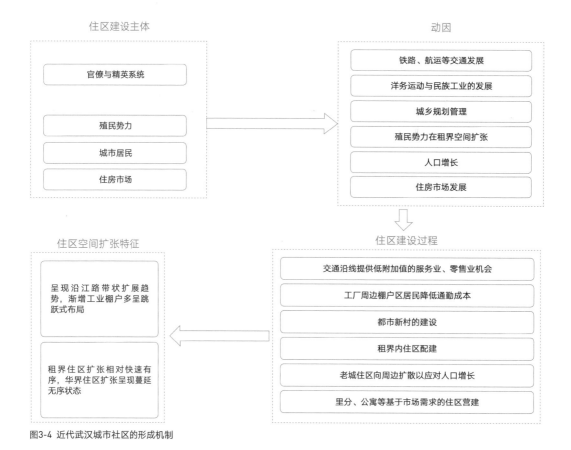

图3-4 近代武汉城市社区的形成机制

总体上，武汉近代居住社区的建设主要分布在长江、汉江沿岸。当时社区的扩张很大程度上受到了城市道路交通发展建设的影响，资金有限的政府难以为低收入群体提供基本的居住保障，导致由贫富差距引起的居住空间分异特征明显。武汉三镇各自显现出了不同的居住空间结构，如圈层结构、南北分异结构等。

3.1.2 计划经济背景下均质封闭的居住空间（1949 ~ 1978 年）

里分的建设在新中国成立后停止了，其他的中高档住宅诸如别墅、私人宅邸等，或被另作公建，或为多户居住共用。社会主义计划经济时代，武汉的城市建设借鉴了苏联的城市规划思想，以工业发展为重点，强化城市的功能分区和工业布局，强调基础设施建设。

新中国成立前，由中产阶级居住的联排式里分、别墅、公寓等住宅都被重新分配，城市工人、无房户、军政人员、南下干部等成为新的"主人"。至此，基于居民收入的社会分层被彻底打破，城市的居住空间呈现高度混合的状态。但由于住房资源较为紧张，单位大院内两家甚至三家必须合住在一个单元。在单位大院的住房分配中，除考虑家庭人口需要之外，还考虑了职务等其他因素。模仿苏联的经验，大院的住房按部级、局级、处级、科级建设。在计划经济体制与土地划拨供给的背景之下，住房市场的力量较为薄弱，而城市居民的自发建设受到较为严格的管控。因此，该阶段城市社区建设的唯一主体即为政府下属住房管理部门和国有建设企业。

新中国成立初期，武汉锅炉厂、武汉重型机床厂等重点项目开始在城市外围建设，进一步强化了武汉的城市功能分区和工业布局，形成了多个工业综合组团。"一五"计划期间，武汉作为国家重点发展的工业重镇，在苏联援建的156项重点工程中占据7项。当时在武昌、汉口、汉阳先后开辟的诸多工业区，如青山工业区、中北路工业区等搭建起了武汉大工业城市的基本框架。1957年，第一座长江大桥建成，武汉原本独立发展的三镇自此开始连为一体（洪亮平，唐静，2002）。1958年后，武汉城市用地的扩张仍主要依托于地方工业的发展，陆续兴建了以机电为主的关山工业区；以纺织、机械为主的七里庙、唐家墩工业区；以机械为主的鹦鹉洲工业区等。交通方式也由水运转变为公路、铁路并重，城市空间布局继续沿长江和重要交通干道拓展。一时间，工业用地规模扩张成为城市扩张的主要形式。相应的，全市新增的居住社区也围绕工业项目选址进行配套，形成了连片的工人社区。

新增的居住社区类型主要为国家统一规划建设的工人新村、教工社区以及单位大院等单位职工社区。从整体上看，工人社区的建设主要结合国家、地方的重点工业项目呈跳跃式布局。"一五"与"二五"计划期间规划建设的13大工业区（较具代表性的如青山工业区、中北路工业区、石牌岭工业区、白沙洲工业区），均按照当时城市总体规划的要求，根据当时"改善工人阶级的生活"的指示与"有利生产、方便生活"的建设原则、国家"工厂办社会"的统一要求，均在工厂周边配套建成了较完整的生活居住社区和相应的市政公用服务设施，较典型的居住社区有青山红钢城住宅区、武重与武锅住宅区等。住宅以低层或平房为主，开发强度低，户型设计较为单一，建筑外观多采用红砖清水外墙、红瓦坡屋顶。1950年代末期，武汉共形成了13个工业居住组团（图3-5）。与此同时，武汉市的高校周边形成了少量的教职工居住社区。比起工人社区，教职工社区的分布相对紧密，主要布局在高校集中的武昌（现洪山区），如原华中工学院教工社区、原武测教工社区、原武水教工社区等。

由于在居住社区的建设中缺乏城市空间形态塑造的整体考虑，城市的各项职能均被纳入社区内部，社区自成一体，与外界的沟通联系较少，形成较为封闭的工作居住复合单元。在整个建设过程中，政府自上而下参与了社区建设的全过程，包括前期的规划布局到具体的建设和分配，其建设的执行者也是政府单位或国有企业。综合来看，此阶段，武汉市的旧城区以居住功能为主，此时城市的住房由国家统一建设分配。居住社区主要为工人新村、教工社区和单位大院等单位职工社区，大部分是为配合工业区建设而成，社区内部公共服务设施和市政设施配置相对齐全，自成体系。社区规模较大，多采用行列式的规划布局，部分采用周边式布局。但社区之间彼此缺少互动联系，并形成了较多的交通堵点，整体上形成了相对均等各自独立封闭的居住空间结构（图3-6）。

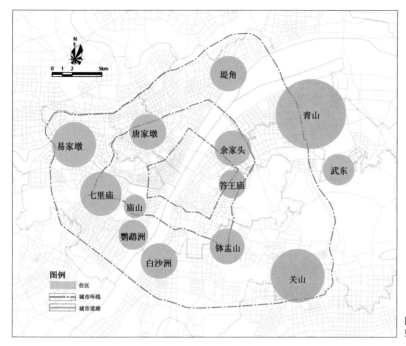

图3-5 武汉市1958年工人社区
空间分布

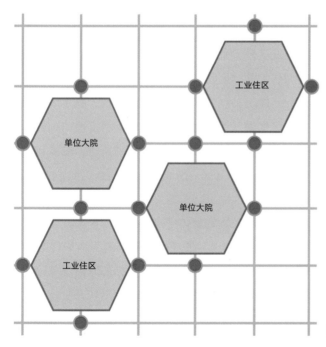

图3-6 改革开放前武汉市社区的空间结构

3.1.3 住房市场化初期居住空间的分区成片（1978 ～ 1998 年）

1978～1998年，武汉的城市性质从单一的工业城市转为多功能、综合型城市。一方面，三镇的城市空间沿各自的发展轴线逐步被填充饱满，另一方面，城市空间总体处于三镇一体的发展进程中。此时，武汉旧城与新城都开始了集中紧凑的社区建设，城市空间的居住职能开始强化。

伴随改革开放，武汉城市发展目标随着社会经济发展的转型作出相应的调整，房地产业的兴起助推了社区的更新改造。1984年，在经济体制综合改革试点以后，武汉市委、市政府制定了开放"两通"（交通和流通）、发挥城市多功能作用的城市经济社会发展战略。这对城市第三产业的发展起到了很大促进作用，也为城市整体空间结构的调整提供了动力。自1988年起，国有土地出让制度建立，城市土地成为可以经营的国有资产，以土地市场为基础的政治经济运作机制得以开启，地方政府与城市中的许多商业开发团体形成了增长联盟，开始将土地转换为地方经济发展的资源。1994年发布的《国务院关于深化城镇住房制度改革的决定》在全国范围内确立了住房社会化、商品化的改革方向，将土地和住房捆绑在一起。在GDP作为地方政府绩效衡量标准的情况下，房地产成为新的经济增长点。于是，以经济增长为目标的新的社区建设在武汉市得到了大力发展，也推动了社区空间的商品化进程。

不过，武汉市的社区建设还面临着诸多挑战。一方面，国家住房福利制度下政府巨大的财政负担，导致了住房供给不足；另一方面，武汉的人口增速远远超过住宅面积的增速，这在很大程度上影响了城市的居住环境品质。另外，住宅建设多集中在工业区，旧城区存在数量庞大且质量低下的老旧房屋，这与该时期城市发展现代服务业的需求相悖。因此，武汉市为有效解决城市发展过程中的住房问题，开始了住房制度改革，由原来的住宅统建逐渐过渡到商品房试点、住房合作社探索与经济适用房建设。作为结果，武汉的社区建设规模得到了大幅增加，形成旧城社区改造与城区外围社区新建齐头并进的局面，在空间上形成了分区成片的总体格局。

住房市场化改革初期，在房地产热潮和土地财政的双重驱动下，武汉集中紧凑地进行了社区建设。旧城改造与新区住宅建设并举，居住社区由上一阶段的随工业项目分散分布转变为分区成片的空间格局。城市中的居住社区不再仅仅是工业区的附属品，城市空间的居住职能开始强化。总体而言，武汉城市社区仍以单位社区为主，以经济适用房、商品房等居住社区为辅，社区分布初步呈现离江拓展和向郊区外延的趋势（图3-7）。

3.1.4 住房全面市场化下居住空间的圈层式延展（1998 年至今）

1998年后，我国正式推进住房的全面市场化，原来由国家主导投资建设的体制转为以市场机制为主的房地产开发机制，住宅建设成为直接的经济增长"机器"。随着经济发展水

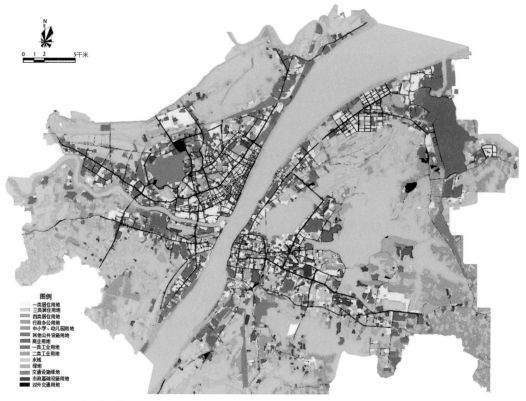

图3-7　1993年武汉市用地现状图
图片来源：原武汉市国土资源和规划局

平不断提升，武汉市政府对民生问题的关注度逐步增加。改善城市社区的环境质量、满足不同人群的住房需求开始成为武汉社区建设的重要主题。

　　伴随着我国福利分房制度的终结，武汉市基于收入差距的社会分化重新强化，房地产商供应的商品房类型因此不断丰富。同时，武汉市为保障城市城市居民的基本住房需求所采取的系列举措进一步推动了社区建设的快速发展。例如，2006年编制的城市总体规划提出，要以打造宜业、宜居城市为目标，加强公共服务和现代化交通基础设施的建设。其后，《武汉市城市总体规划（2010～2020年）》提出要适当提高经济适用房比例，即在近期结合后湖、古田、青山、常青等居住社区进行安排，在远期则于各新城内进行选址。同时，严格禁止零星建房，提出在坚持实行居住和公共服务配套同步发展的原则下，以后湖、古田、站北、谌家矶、南湖、白沙、四新、关山、杨园等为重点，集中、成片、规模化建设住宅区（图3-8），进而形成分布合理、配套完善的居住用地空间格局。普通商品住房的建设力度逐渐加大，大、中、小型住宅供应结构也得到了一定的优化。

　　这一时期，城市居民的择居响应促使城市居住空间分异现象日益凸显，出现了商品房、经济适用房、别墅区、城中村等居住社区。总体而言：①商品房社区在城市中主要沿交通干道分布，越靠近城市中心则集聚越明显。在武昌的积玉桥、南湖、汤逊湖，汉口的硚口路、后湖，汉阳的钟家村等区域也呈现出了成片发展的态势。②经济适用房社区在城

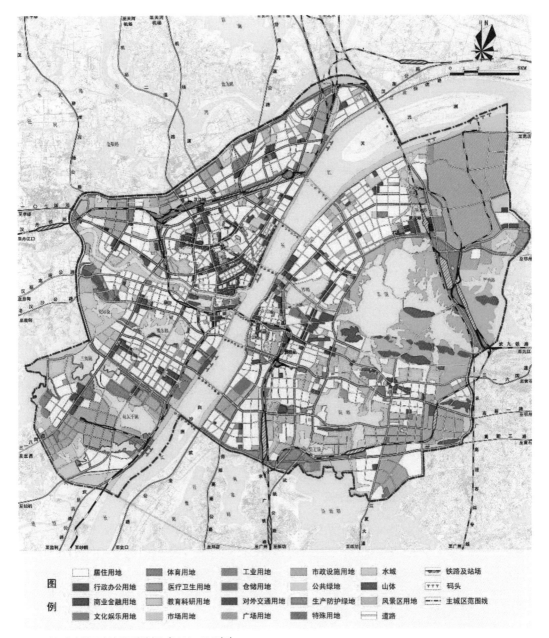

图3-8 武汉市主城区土地利用规划图（2006～2020年）
图片来源：原武汉市国土资源和规划局

市中多分布于城市三环与外环之间的边缘地带，并且远离规划中的快速交通线路。③别墅区在城市中主要沿湖分布，包括金银湖、南湖、汤逊湖、木兰湖等，在盘龙城和沌口也有较大规模的分布。④城中村在城市中则呈现出簇状聚集和线状相交分布的态势。在武昌和汉阳，城中村的分布与其他类型的社区相互交叉；在汉口，城中村主要分布在如古田等离中心区较远的位置。

在这一阶段，武汉的城市规模快速扩张，基本形成由内到外的"三二一"圈层式产业布局，主城继续极化发展，城市的社区建设整体呈现出明显的离江拓展和郊区外延的趋势。如

2006～2014年，都市发展区的居住用地增加了57.30平方公里，主要位于二环线以外的大型居住社区。2006年前后，武汉开始施行"退二进三"政策，工业企业外迁伴随着新城区的居住社区建设，同时2010年代初武汉实施的规模化的"三旧"改造，在中心城区内形成了的一批高档商品房社区。具体来看，汉口的后湖，武昌南湖、关山片区，汉阳的沌口地区已经形成集中成片的居住格局，而汉口的黄浦组团（谌家矶）、古田组团、四新组团、白沙组团则具有较大的发展空间。结合产业布局，武汉在新城组群集中建设了盘龙、汤逊湖、豹澥、流芳、吴家山、金银湖等大型居住新区以及蔡甸、阳逻、常福等中型居住社区。2018年《武汉市城市总体规划（2017～2035年）》编制完成，在该版本的总规里，中心城区的新增居住用地集中分布在二环至三环间的大型居住社区新区内，新城的新增居住用地主要集中在金银湖、盘龙城、黄家湖、汤逊湖、阳逻等自然环境良好的区域（图3-9）。

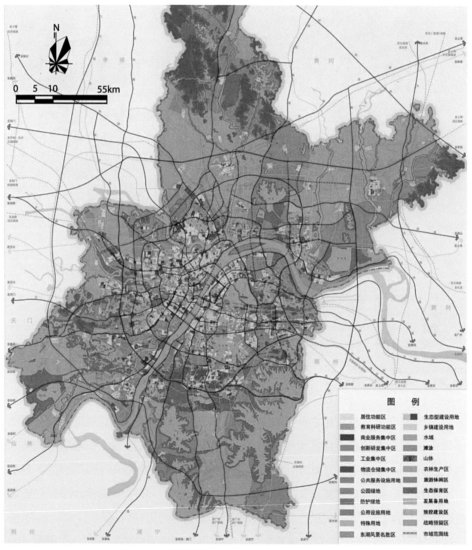

图3-9 武汉市土地利用规划图（2017～2035年）
资料来源：原武汉市国土资源和规划局

住房全面市场化和武汉社会经济的快速发展，推动着居民的住房条件改善，并初步实现由"有房可住"转为"舒适宜居"。1998年至今，武汉的住房规模快速增加，社区品质在市场化竞争中不断提升。与此同时，社区类型日益丰富，且表现出了不同的空间分布特征。商品房社区在城市中主要沿交通干道分布，城市中心集聚效应明显，城中村呈簇状聚集和线状相交分布的态势，经济适用房多分布在三环线以外区域，别墅区主要沿湖分布。

3.2
城市社区更新的演化历程

3.2.1 以危房改造开启城市更新（1978 年 ~ 1990 年代）

▶　　改革开放以来，社会主义市场经济体制开始建立，全国大多城市进入转型时期，工作重心逐步向经济建设转移。在此阶段，武汉城市社区更新刚刚起步，市政府围绕住房建设，通过一系列的危房改造，解决了居民住房困难问题，并对城市绿化、水体、道路、市政环卫设施等进行了局部整改。

与全国许多重要的老工业基地一样，武汉市在这一时期也面临着经济结构转型的深刻变革，工业发展步入了徘徊阶段，中心城区中有一大批中小型工业企业的发展陷入困境。鉴于此，武汉市结合企业的技术改造和改建调整，如武汉钢铁厂、水泥和平板玻璃厂的改造扩建等，逐步建设起一批能源、交通、通信和原材料工业的重点工程，包括武汉机场及铁路的外迁配置设施等大中型基础设施的建设。在社区改造方面，江岸区在1985年首先对汉口保成路及其旧里进行了改造，以"底层商铺+上层还建住宅"的"骑楼"建筑为主要模式，建成"保成路商业一条街"，由此替换了原有的长乐里、天隆里、长春里和义成东里等里分，是该时期整体建设密度和强度较高、规模较大的一次改造开发。同一时期，类似的就地安置拆迁改造项目还包括花桥、蔡家田和东亭等小区（陈韦等，2019）。

由于资金有限，当时的城市建设以量入为出为特征。政府是城市建设投资的主体，财政拨款则是这一时期的主要城建资金来源，全市GDP和政府财政收入与城建资金密切相关。据统计（表3-2），"六五"时期武汉市政基础设施建设投资仅1.04亿元，占财政收入的1.28%；"七五"时期武汉市政基础设施建设投资为4.77亿元，是"六五"时期市政投资的4倍多，占同期财政收入的3.25%。然而，武汉市在20世纪90年代常住人口就达到五百多万，建成区面积达189.30平方公里，从财政收入中拨出的资金对于武汉来说无异于杯水车薪。当时的城建资金只能维持道路桥梁、公共交通以及泵站和水厂等基本设施的低效率运转。城建资金的匮乏，导致了武汉市基础设施的破旧和落后，居民"吃水难、住房难、出行难"等问题突出。

1981~1990年武汉市财政收入与市政基础设施建设投资情况   表3-2

时间	全市GDP（亿元）	财政收入（亿元）	市政基础设施建设投资（亿元）	市政基础设施建设投资占财政收入（%）
1981~1985年	369.25	81.42	1.04	1.28
1986~1990年	732.98	146.28	4.77	3.25

资料来源：武汉市统计局官网http://tjj.wuhan.gov.cn/。

　　该时期，危房改造作为一项非盈利的政府工程，主要是以政府为主体进行统筹和投资，而由于受到资金等方面因素的制约，武汉市政府多采取"见缝插针"式改造，通过推倒重建提高开发强度，在很大程度上解决了居民的住房困难问题，有效改善了居民的住房条件。

3.2.2 改善型住房消费驱动的内城改造（1990年代中期～2000年代中期）

　　改革开放后，东部沿海地区因为国家的政策倾斜而获得了良好的市场发展机遇，这使得武汉的发展渐渐落后于沿海城市。为破除中部地区资金投入不足带来的发展困境，武汉大力开展招商引资，利用外资推动经济社会发展，解决自身国有经济比重过大带来的所有制结构单一问题。房地产经济的发展成为该阶段武汉城市社区更新的助推剂。但是，由于缺乏完整的实施框架，全市城市社区更新改造整体上呈现出分散无序的特点。

　　1990年，武汉各项在建基础设施重点工程都存在不同程度的资金缺口，如天河机场缺少8亿元的投资、长江二桥7亿元投资仅筹措到一半。单靠财政拨款已经无法维持城市建设，武汉市决定借力改革开放，积极引入外商投资。于是，市政府成立了以分管副市长为组长的城建引资协调领导小组，全力支持利用外资推动城市建设（张智海，2018），形成城市建设开放引资热潮。随着投资许可的放开，房地产业成为外商长期以来在武汉实际投资额第二大的产业，仅次于制造业。1992年邓小平同志南行讲话后，武汉市委、市政府树立起运用市场机制筹资、管理的理念，在全国建设行业中率先提出"负债建设"思想，积极探索招商引资的渠道（成建国，1999）。1992~2000年，武汉市先后有14个利用外资的基础设施项目，各境外公司采取合资、合作、独资、参股等方式，参与到武汉市道桥、码头等基础设施和安居工程项目的建设中，外商投资热点同时转移至房地产开发领域，推动了武汉的旧城改造和新区建设。

同时，房地产业的兴起为武汉带来了新的城市建设资金来源。1992年，随着土地有偿使用制度的建立，武汉市颁布了《武汉市国有土地使用制度改革实施方案》和《武汉市城市国有土地使用权出让和转让实施办法》，提高了武汉市土地使用和处置方式的灵活性，土地市场初现雏形，城市开始通过协议出让方式供应土地。并且，该时期福利分房制度开始向市场配置方式转变，激活了房地产开发的热情，加快了武汉旧城区更新的步伐。据统计，1996～2000年，武汉市房地产企业蓬勃发展，房地产开发住宅投资额由46.2万元增加至67.7万元，年均增长率为10%；房地产开发购置土地面积由207.2公顷增加至608.9公顷，五年间增加了2倍；房地产完成开发土地面积由158.1公顷增加至360.1公顷，约为五年前的2倍（图3-10）。可见，房地产业在该时期得到了良好发展。相应地，房地产企业如雨后春笋般迅猛增长，成为直接参与和直接出资旧城改造的新行为主体，推动旧城改造单一主体结构向多元化方向转变，城市旧城改造资金短缺的问题迎刃而解。

然而，由于土地市场尚未形成公开公平的竞争环境，95%以上的政府土地出让采用协议出让方式，致使出让价格偏低，且存在一些寻租现象（张宏斌，贾生华，2000）。1991～2000年，武汉的房屋竣工面积整体呈增长态势，十年间的平均增长速率为11%，年均增长面积为85.2万平方米，保持着平缓的涨幅（图3-11）。但"协议出让"的土地出让容易引发土地投机以及开发商反复讨还地价行为，土地管理部门也难以发挥调控职能，使国有土地资产收益轻易落入开发商手中。而且，由于缺乏完整的城市社区更新的实施框架，武汉城市社区更新整体呈现出"分散建设、零星开发"的特点。

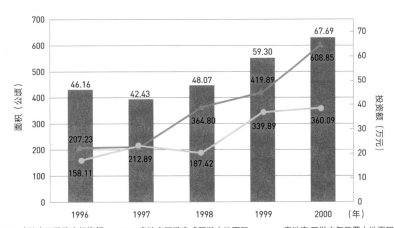

图3-10 武汉市1996～2000年房地产开发情况
图片来源：根据《中国房地产统计年鉴》历年数据整理

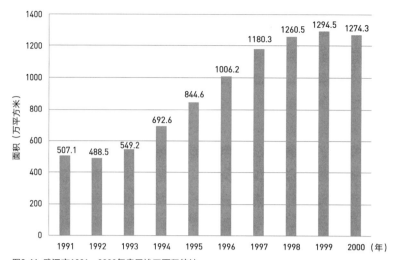

图3-11 武汉市1991~2000年房屋竣工面积统计
图片来源：根据《中国区域经济统计年鉴》历年数据整理

整体而言，为了平衡企业改造资金、满足政府改善城市重点地段环境风貌的需求，城市社区更新主要集中在城市中心区、交通区位优越的地段以及部分改造难度相对较低的区域，如以解放大道中段、青年路、江汉路、香港路—大智路、京汉大道、沿江大道为主的商业商务区，以及以武昌中南路、汉阳鹦鹉大道为核心的市级商业中心区。在该阶段，武汉的旧城更新过程中的土地供给较为零碎和分散，土地再开发过程缺乏系统组织和运作，旧城盲目开发现象层出不穷，旧城改建以分散建设和零星开发为主，城市社区更新、旧厂置换、新区建设相互交织、缺乏协调，难以形成规模效应，导致城市风貌不协调和整体改建效益偏低。

3.2.3 城市面貌提升和产业升级导向的全面改造（2000年代中期~2010年代初）

21世纪初，武汉外商直接投资（Foreign Direct Investment，FDI）项目数量和金额呈跨越式增长，"十五"期间实际吸收外资比"九五"期间增长了1.5倍。不过，武汉的FDI也存在投资规模偏小、合同外资储备不足、对产业结构优化的作用不明显等问题。为促使招商引资从规模型向效益型转变，武汉市提出"优化引资结构，以项目换投资，以存量引增量"，把世界500强的国外大公司集团作为重点引进对象（袁永友，周启红，2008）。在"退二进三"策略的主导下，以房地产开发为主要内容的城市社区更新建设热潮由武汉市中心城区逐步向郊区蔓延，中心城区旧城改造和新城建设活动大规模展开。

土地储备制度的建立促使房地产业得到进一步发展，加快了社区更新的步伐。2000年，武汉市土地储备中心和土地交易中心正式运作，其通过正式的土地储备制度约束和规范了土地交易行为，为房地产市场的可持续发展打下了基础。2002年，武汉市出台了一系列土地储备及管理的相关办法，实行"行政主导与市场结合"的土地储备和供应模式，引入并增强市场机制，为住房建设提供了大量土地资源，促成了房地产市场的活跃。此外，武汉以"土地打包"作为土地储备的一种运作方式，将城市公共建设与相应的土地挂钩（吴萌，陈银蓉，2013），并采取"区级土地储备"模式，明确了中心区级政府在土地储备整理工作中的责任，有效缓解了旧城改造过程中土地储备的融资压力，极大调动了各实施主体在中心城区土地征收、拆迁安置工作中的积极性（刘彩霞等，2010），推动武汉城市社区更新改造进入了大规模、快速发展期。

相比以往，武汉市积极调整了上一阶段盲目开发的现象，城郊相对较低的土地成本吸引了大量房企。一时间，南湖、光谷、后湖、金银湖、沌口等郊区大盘开发热火朝天，而中心城区城市社区更新热潮开始减退，全市的房地产开发活动的空间分布上趋于均衡。2001～2010年，武汉市2000年后房屋竣工面积逐年攀升，平均增长速率为18%，是上一阶段增速的1.6倍；年均增长面积为494万平方米，是上一阶段的5.8倍（图3-12），这表明城市建设的规模之大、速度之快。现实也与此吻合，这10年间，武汉的旧城建设从长江、汉江沿江轴线开始拓展，深入中心城区。从空间分布上看：①汉口的江汉路与原租界片区的旧城改造活动较活跃，建设大道与王家墩CBD则是更新力度最大的地区，古田片区和二七片区也开始了小规模更新；②汉阳的社区更新集中在沿江一带，南岸嘴片区形成了整体规划整体开发，钟家村片区和王家湾片区于此期间也出现了开发高峰；③武昌的徐东片区再开发在沉寂一段时间后再度活跃，中北路、洪山广场沿线更新活动也有较大进展，沙湖片区楼盘得到了大规模开发。

市场经济的发展带来了房地产业的繁荣，但武汉仍面临着城市功能转型和产业升级转型的挑战。为此，武汉市政府提出"退二进三""两业并举"，即强调先进制造业与现代服

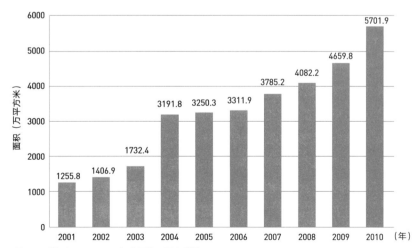

图3-12 武汉市2001～2010年房屋竣工面积统计
图片来源：根据《中国区域经济统计年鉴》历年数据整理

务业的重要地位，冀图加快国有企业改制，实现大规模的土地腾挪。

2003年，武汉市政府提出把都市工业园建设与改造老工业基地相结合，以硚口古田工业区为试点，大力发展低能耗、高就业、无污染、高附加值的都市型工业。其运用土地储备资金参与国企改制，以成片储备、激活存量、调整结构、政府引导、市场运作的方式，盘活工业用地存量，促进产业结构升级转化。按照园区发展规划，市土地整理储备中心对现有厂房、道路、环境等进行整理，并以低租金吸引无污染的中小民营企业入驻发展（刘奇志等，2010）。在此背景下，中心城区内一批大型重工业企业纷纷探索"退二进三"的合理路径，在新城寻求扩张空间。

至2004年，武汉市主城内的中小型集聚区均已完成了向城市居住等第三产业发展区的转变，二环线内的一类工业所剩无几。武汉市重型机械厂在开发过程中，原有的动力车间煤气炉烟囱、部分铁路专用线等历史遗存以及主要林荫道都被保留，并配套建设了中小学，由此成为环境优良、配套完善的武昌区模范社区。类似的案例还有汉阳造文化创意产业园，该产业园前身为武汉824工厂、汉阳特种汽车制造厂、武汉第二印染厂、武汉国棉一厂、晚晴汉阳兵工厂、汉阳铁厂的旧址。市土地储备中心对该地区进行了重点收储以保护该片区独特的工业遗址风貌。2009年，区政府引入投资商，对该地区的厂房进行统一整改，使该片区成为商业、休闲于一体的文化创意产业园（刘奇志等，2010）。

总体上，这一阶段是武汉房地产开发建设和工业企业转型升级的重要阶段，城市建设活动中采用的融资模式较为多元。众多开发商将开发热点从郊区大盘开发转移为旧城存量土地的盘活，在此过程中，武汉市采用了多元融资模式，但由于政府资金的不足，导致开发活动更多的主导权归开发商所有。同时，大批重型工业企业完成了厂址搬迁和产能升级，"退二进三"策略得以有效落实，带动了一批环境优良的品质新社区的建成。

3.2.4 建设国家中心城市引领的规模化改造（2010年代初～2016年）

该阶段，开发建设的主要话语权重新回到城市政府手中，武汉的城市社区更新以全面推进"三旧"改造和构建重点功能区为主要内容，不断完善优化城市用地功能和空间结构，力求为提升城市竞争力、建设国家中心城市夯实基础。

2013年，武汉市出台了《关于加快推进"三旧"改造工作的意见》（武发〔2013〕15号），首次明确了"三旧"改造的工作目标及任务，界定了"三旧"用地的范围，包括旧城区（棚户区）（基础设施不完善、房屋老旧、存在安全隐患）、旧村庄（三环线内的城中村）、旧厂房（不再作为工业用地的，以及不符合要求的旧厂房用地），并强调要根据现实情况因地制宜，分别采取不同的"三旧"改造模式来推进，主要分为拆除重建和保护整治两种改造模式。

具体而言：①旧城区改造中，拆除重建项目由土地储备机构组织编制规划方案，保护整治改造项目由区政府委托专业机构编制规划方案，资金以各区政府自筹为主。②旧村庄改造以拆除重建为主，由村集体或市、区土地储备机构按照自主改造或统征储备等方式实施。自主改造是由经济条件较好的村庄（社区）组建经济实体联营联建，政府进行指导协调；统征储备是由政府将"城中村"集体土地统一征收为国有土地，对城中村进行拆迁改造，对拆迁户进行妥善安置，腾出土地的收益用于弥补城中村改造支出。③旧厂房改造一般也会划分改造单元，原土地使用者或市、区土地储备机构会作为改造主体，改造方式为市场运作或者政府储备。此阶段，"三旧"改造工作紧锣密鼓地全面开展实施，取得了显著成效。至2016年，武汉市二环线内城中村改造几乎全面完成，三环线内城中村改造进入尾声，旧城旧厂改造成效显著，城市面貌大幅改善，居民生活质量有较大提升。

除了"三旧"改造，重点功能区开发亦是该阶段武汉城市建设的重要内容。2010年以来，国家发布了《全国城镇体系规划（2010～2020年）》提出国家中心城市指的是在经济、政治、文化、社会等领域具有全国性重要影响、位于城镇体系金字塔顶端的城市。同年，国务院正式批复《武汉市城市总体规划（2010～2020年）》，武汉在全国发展布局中的功能定位由以往的"中部重要的中心城市"上升为"中部地区的中心城市"。随着城市逐渐成为国家参与国际竞争的主体，城市间的竞争日趋激烈。

2011年，武汉市提出"建设国家中心城市、复兴大武汉"的总体部署。"建设国家中心城市"的重要特征之一便是在城市综合功能或多个主导功能上实现广泛的影响力和带动力。在此背景下，重点功能区作为一种实现城市关键目标和核心功能、在特定区域聚集城市重要资源、实现城市职能的空间载体（于一丁等，2015），开始成为武汉发展建设的主要抓手。2012年，武汉以"汉口沿江二七商务区"作为试点，创新土地信托、委托贷款等融资新模式，加快了汉口沿江二七商务区等重点片区项目的土地储备工作（盛洪涛等，2014）。2013年，市土地储备中心已成功实施了项目的土地储备，并启动了房屋征收工作，同时采取了一二级开发分离形式，而开发商不参与改造的决策过程；补偿安置标准、城中村和打包项目补偿安置标准皆由政府制定或审批。

总体而言，不同于上一发展阶段，武汉市政府在该阶段重点功能区建设中的权力更大，严格把握各功能区的规划与定位、开发商的选择以及后期项目的实施建设等各个环节，与实力雄厚的开发商形成合作联盟，全面、有序地推进"三旧"改造工作，构建了"战略功能集聚区—重点功能区—旗舰项目"三级重点功能区体系。功能区建设与推进工作成效显著，对提升武汉市核心竞争力、建设国家中心城市发挥了至关重要的作用。

3.2.5 以品质提升为主的城市社区微更新（2017年至今）

2017年以来，武汉的城市增量扩张趋势逐步减缓，过去以激进式、大规模拆建为特征的城市社区更新开始步入渐进式、局部微改造的历史新阶段。

随着我国经济步入新常态，城市扩张的速度日趋缓慢。同时，武汉因其独有的发展基础和资源优势，其城市发展目标从"中部中心城市"提升为"国家中心城市"。而中心城区的人口日益集聚，人口增长和公共服务基础设施配置失衡问题愈发突出。为此，在外部的发展机遇和内部的发展挑战的合力作用下，武汉市亟待在城市发展中加快推进经济动能转型、城市功能完善与空间品质提升。不同于以往大刀阔斧的拆建工程，在新的历史发展阶段，武汉市打破了传统新区规划、扩张建设的思维模式，以更加温和的、小规模的改造方式对城市实现"手术刀式"的精细化管控（彭阳，申洁，2019）。

2017年，武汉市根据土地权属、现状建设质量、规划审批信息，在控制性详细规划升级项目中整理了中心城区存量土地的分布情况，并将中心城区的用地以地块为单位，把存量土地划分为"动区改造用地""静区待/在建用地""静区公园用地+生态底线""静区整治用地"4类（图3-13）。其中，"动区"表示需要拆除新建的用地，"静区"表示需要更新改造的用地。据统计，武汉中心城区宜大拆大建的区域不到50平方公里，90%属于微改造区。事实上，该时期的以老旧小区改造、社区微更新为主要内容的城市社区更新在武汉市各城区分头自行展开，星罗棋布的存量盘活工作正在有序进行中。

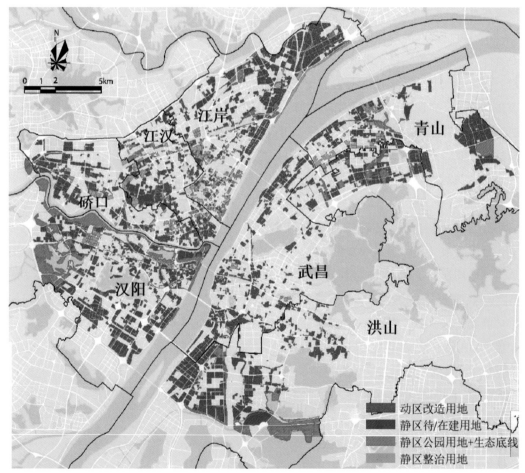

图3-13 武汉中心城区"动静区"划分
图片来源：武汉市土地利用和城市空间规划研究中心

2019年，国务院常务会议提出"部署推进城镇老旧小区改造"，旨在改善居民的居住条件。老旧小区配套设施的完善和升级成为武汉市城市微改造的主要内容，如在老旧小区加装电梯、整修立面与楼道结构等。此外，武汉市于2020年发布了《武汉市老旧小区改造三年行动计划（2019～2021年）》，主要是针对2000年以前建成的配套设施不齐全、功能不完善、公共服务及社会服务不健全的760个城镇住宅小区进行改造，涉及建筑面积约2713.95万平方米。改造范围包括小区内及小区红线外与小区直接相关的基础设施。

小区内改造主要分为三类：①基本类基础设施改造，包括水、电（含通信）、气、道路、路灯、安防、消防设施改造、违法建筑整治、生活垃圾分类、楼道修缮（含楼道照明改造）、绿化美化等11项；②提升类基础设施改造，包括停车场配建及优化、建筑本体公共部位修缮、加装电梯、功能用房建设等4项；③公共服务类设施改造，主要是在有条件的小区同步配套文体活动、养老、智慧便民等公共服务设施3项。

同时，该计划提出因地制宜选择老旧小区物业服务模式，逐步推行有偿服务，利用小区公共设施、场地开展经营，为小区公共管理及改造后管理养护提供资金保障。据统计，截至2020年1月，武汉市已经启动249个老旧小区改造，涉及居民7.95万户。其中，106个老旧小区基本完成改造（王荣海，2021）。

武汉市的老旧社区更新在武昌区的南湖街道展开了初步探索。武昌区借鉴"社区营造"的理念，以社区规划为平台，在南湖街道尝试"以社会治理创新推动社区微更新"，创新理念带动居民广泛参与到社区更新中，形成了"参与式规划"的社区更新模式，并逐步编制了武昌区老旧社区改造四年计划项目库（2018～2021年），推动武昌区的老旧社区更新工作有序开展。而后，在武昌区的示范作用带动下，江汉区以"街区开放""城市双修"的要求为指导，在循礼社区、登月社区、贯中里社区等展开老旧社区的改造更新工作，有效提升了居住社区的硬件设施品质，改善了生活环境质量，激发了居民对社区事务的参与积极性。而后，其他城区纷纷开展了一定数目的老旧社区改造。2020年，国务院提出到"十四五"规划期末，各地要力争基本完成2000年底前建成的需改造的城镇老旧小区改造任务。武汉市在2021年的政府工作报告中把"加强新老基础设施建设"列入重点工作，提出完成300个老旧小区改造的年度目标，从此拉开了全市范围内老旧社区（小区）改造全面铺开的序幕。

总体上，该阶段武汉市以挖潜存量用地为主要手段，秉持"以人为本"的原则，展开了星罗棋布的城市微更新改造行动，精准清除城市发展"死角"，进行区别化的公共服务设施配置和升级工作，通过城市土地利用方式的集约高效化、城市空间品质的功能复合化，逐步开创"国家中心城市"乃至"全球城市"建设新局面。该阶段武汉市的微更新工作不仅实现了物质空间的品质提升，多方协同的参与式社区更新模式也在该过程中孕育而生。

3.3
城市社区更新的两种典型模式

3.3.1 城市社区更新的主体

▶ 所有城市社区更新的开发建设项目都涉及多种多样的利益相关主体，如政府、原居民、开发商、金融机构、社会群众、咨询单位、设计单位、监理单位、建筑公司等。武汉城市社区更新中的核心利益主体主要有政府、开发商和社会群体。

其一，政府。政府可细分为中央政府、省级政府、市级政府、区政府等，这些主体参与更新的目的和所担任的职能有所差异，体现在：①中央及湖北省政府一方面通过分权让地方政府充分执行地方事权，通过城市增长和土地开发来拉动经济增长；另一方面，当城市开发建设或社区更新中引起的社会矛盾达到一定程度时出台土地计划指标、宏观调控等政策来限制武汉市、区级政府的行为（章征涛，刘勇，2019）。②武汉市、区级地方政府掌握辖区的土地管理权和发展决策权，在城市的开发中直接与开发商进行博弈，保障原住民的拆迁安置，一定程度上协调着多主体之间的权益关系。具体而言，包括提供合作框架、减少土地交易成本、及时推进改造进程、拆迁安置房的基础设施保障等。在社区更新过程中，政府多作为利益协调机制主体，通过制定政策，设立社区更新项目的合作框架，用相对低的成本和较高的效率推进社区更新项目，进而带动城市土地增值，提升城市空间品质，优化城市整体形象。

其二，开发商。开发商作为市场代表，凭借雄厚的资本要素，与城市政府形成增长联盟（Logan and Molotch，1976）。除了获取高额利润，开发商亦常将城市社区更新作为一个形象工程和品牌工程，由此进行品牌宣传或将其作为开拓新市场的途径。作为城市社区更新建设改造过程中主动和强有力的实施者，开发商一方面凭借雄厚的资本实力参与到城市建设活动中，以取得城市开发建设的最大优惠政策。例如，依据拆建比政策，通过增加拆除面积，以获得更多建设面积。另一方面，利用信息不对称，在依据拆迁补偿要求的前提下，尽量减少拆迁过程中的对原住民的补偿成本，进而达到企业利润最大化的目的（张侠等，2006；章征涛，刘勇，2019）。

其三，社会群体。社会群体主要指的是原住民，但也包括媒体等社会公众。①原住民。如改造的城中村村民、单位职工等房屋持有者，作为住房产权所有者和独立代理人，直接参与到城市社区更新的利益博弈中。如住在地理位置优越区域的原住民，拥有高质量资源优势使他们往往会在既定的赔偿机制基础之上提出原地还建、高额赔付等额外的补偿条件，以更好地维护自身利益，得到最优的补偿方案。②公众。公众是指与城市社区更新项目相关的市民、媒体等。作为城市社区更新项目的反馈者和经营主要的参与者、消费者，武汉市民对于城市社区更新项目所塑造的城市形象给予了较多的关注，城市社区更新项目的确定往往是以公众反映和诉求为基础的。当大众的意见达到一定程度的共识，就会形成舆论，媒体也会介入，就此形成第三方势力。这种舆论监督是贯穿在整个城市社区更新过程中的重要环节，也是作为弱势方的社会群体提出利益诉求的关键。

自改革开放以来，我国经历了影响深远的社会转型和体制转轨时期，市场力和社会力日益增强，推动武汉市的城市社区更新逐渐由政府的"一元治理"、政府与开发商的"二元治理"转向政府、开发商与社会的"多元治理"。基于城市社区更新主导主体的不同，武汉的城市社区更新整体上可以分为两种主要的更新模式：政府主导型的城市社区更新和多方参与型的城市社区更新。

3.3.2 模式一：政府主导型的"拆除重建"

有学者认为，政府主导型的城市社区更新模式，具体的操作方式一般为上级政府提出社区更新的目标和要求，规定阶段性的任务，组织专班人员进行检查验收；下级政府制定具体翔实的实施方案，成立工作机构，进行宣传动员、周密部署和现场指导（赵兴，2008）。就武汉市而言，政府主导型的城市社区更新是早期普遍的城市社区更新模式，也是长期以来武汉城市社区更新的主要模式。其主要原因在于我国土地使用制度规定政府对土地一级市场实行垄断，集体土地只有在被国家征用变为国有土地产权后，才能以出让土地使用权的形式提供给土地需求者使用。对土地使用权与开发权的掌控决定了政府在城市社区更新改造中的主导地位。

政府主导的城市社区更新模式主要的特点在于自上而下。在武汉，政府主导的城市社区更新模式又可细分为两种：一种完全由政府主导和实施的城市社区更新模式，主要发生在武汉市早期的危房改造和城中村、棚户区等物质衰退地区的更新，如早期汉口保成路及其旧里的改造；另一种是在政府的主导下，作为市场代表的开发商与城市政府结盟，进而充当城市社区更新的实施主体，如楚河汉街、二七商务核心区的更新改造等。本质上而言，这都是政府为实现改善民生和提升城市环境，采用市场推动方式，以高档的居住社区或商业街替代原本破旧脏乱的居住社区，推动城市住房改革，最终达到促进城市经济的快速增长、建立良好的城市形象等目的。

武汉市长期以来实行的政府主导型的城市社区更新模式在很大程度上丰富了城市功能、提升了城市形象。然而，该模式在实施过程中也存在诸多现实问题，主要表现在：①政府主导的模式导致市、区政府的领导意志过强，城市社区更新难以体现出居民的真实需求，致使政府出钱但社区居民不买账的情况时有发生；②由于政府对社区情况缺乏深入的了解，社区更新的方式趋于单一，未能针对特定小区进行具体问题具体分析，这也是造成武汉市诸多小区改造后面貌千篇一律的原因之一；③为了在上级政府规定的时限内完成更新建设任务，武汉市政府及下属相关部门往往在实际更新过程中干预过多，忽视了对武汉社区基层组织的培育，不利于形成社区自组织。

3.3.3 模式二：多方参与型的"保留更新"

长期以来，政府将公众参与作为城市社区更新的目标之一，但在实际的项目中却无法得到有效落实。如绪论所述，早在2000年代初，武汉便推行了"883计划"。但这种自上而下的政府计划实施忽略了自下而上的居民诉求，导致老旧社区翻新后的成果难以得到长期维护，居民对于政府主导型的社区更新模式渐渐产生了一定的抵触心理。直到2017年，武汉市步入了"以品质提升为主的城市社区微更新"阶段，以南湖街道为首个重要试点，社会公众的身影在城市社区更新的决策过程中开始显现，多方参与型的城市社区更新模式孕育而生。

在多方参与型的城市社区更新模式中，参与主体涉及政府和社会的方方面面，主要有政府部门、街道、社区规划师团队、居委会等基层组织、工程实施单位、社会组织，以及城市社区居民等。近年来，通过微信等互联网平台，武汉切实推进公众参与，加快实现城市老旧片区复兴与社区升级，城市社区更新以多方协同的参与型更新为主。在具体的城市社区更新项目中，武汉市、区政府主要发挥引导者的作用，街道则是更新项目的责任主体，社区规划师团队则是联系更新开发项目里多元主体的重要桥梁。

例如，在武汉循礼社区的更新中，武汉市江汉区房管局作为主要负责单位，负责提供改造资金、协调相关部门以及监督更新进度。而规划团队则搭建了各级政府、居民、社区规划师、社团等多元主体互动的平台，为循礼社区居民提出自身利益需求提供表达途径。除此之外，还有武汉市民办非营利性社会组织对社区居民进行培训，以期提高社区的自治水平。该模式在改善武汉老旧社区面貌、提升老旧社区形象、提高居民群众获得感和幸福感方面取得了良好的效果，得到社区居民的广泛认同。

转向强调多方参与、问题导向的社区更新模式，能够有效地调动社会资源，并在向社区还权赋能的过程中，为城市社区的优化建设提供了可持续的发展路径。

对比前述两种模式，政府主导型的"拆除重建"模式强调单向的、自上而下的政府意志在社区更新中的贯彻实施，决策权多掌握在政府手中，最终往往只是形成蓝图式规划，不利于社区的长期维护和管理。多方参与型的"保留更新"则强调自上而下、自下而上双向的有机互动，政府在该模式中主要起到引导、监督的作用，而将更多的决策权力分散到社会公众等多方主体身上，鼓励社会中的多元主体在社区更新中的参与，进而形成可持续的、动态管理的过程式规划，通过向社区还权赋能，推动社区可持续发展，其本质则是问题导向的、在政府的政治经济发展要求下，充分实现社区居民建设改造诉求的社区更新。

3.4
城市社区更新时空演化与典型模式的总结

▶　　本章立足于武汉市，通过梳理历年来城市社区的发展变化过程及其城市社区更新的演化历程，对其城市社区更新的主体与模式进行分析与归纳。

城市社区发展过程的主要特征有：

（1）社区空间布局从零星分布走向集中连片。早期武汉市的居住社区分布较为分散，而计划经济时期的社区也多作为工业园区的附属品，分散地建设在城市各个工业项目周边。直到住房市场化以来，武汉市的房地产业兴盛且土地的经济价值日益凸显，社区建设开始形成统一的规划引导，呈现分区成片的布局结构。

（2）社区类型从均质单一到异质多元。起初武汉市的城市社区多是统一的单位职工社区，组成类型单一。自改革开放以来，城市的经济发展水平不断提升、城镇化进程加速，带来了商品房市场的蓬勃发展，而收入水平的分化也直接导致了城中村、棚户区和多种形式的保障房社区出现，进一步丰富了武汉城市社区的类型。

（3）社区建设目标从"有房可住"转为"舒适宜居"。在新中国成立前以及成立初期，社会经济发展水平较低，武汉市的社区建设首要目标以满足居民的基本住房需求为主。乃至20世纪末，大量的住房建设仍是为了满足城镇化带来的中心城区大量流动人口的住房需求。近年来，武汉整体的经济水平发展到了较高阶段，提升居住环境品质、创造舒适宜居的居住条件成为社区建设的新目标。

武汉的城市社区更新的演化历程大体可分为5个阶段（表3-3）：以危房改造开启城市更新（1978年~1990年代）、改善型住房消费驱动的内城改造（1990年代中期～2000年代中期）、城市面貌提升和产业升级导向的全面改造（2000年代中期～2010年代初期）、建设国家中心城市为引领的规模化改造（2010年代初～2016年）、以品质提升为主的城市社区微更新（2017年至今）。

总体而言，武汉城市社区更新的演变过程具有三大特征：

（1）从无序走向有序。改革开放初期至20世纪末，武汉的城市社区更新是以零星、分散的城市危房改建和地产开发为主；进入21世纪后，随着武汉土地储备制度确立，城市社区更新逐步朝着规范化、有序化的方向发展。

（2）从拆除重建到小微更新。在很长的时期里，无论是早期的危房改建，还是2011年以来的"三旧"改造，武汉市的城市社区更新多以拆除重建的方式进行；但在2017年以后，城市社区更新转向以温和、渐进式的小微更新作为主要手段。

（3）从作为城市经济增长的工具转为城市品质提升的途径。在财政紧张时期，土地财政是政府重要的收入来源，与土地、房地产紧密挂钩的城市社区更新自然而然沦为城市各级政府拉动经济增长的直接工具；而在2011年后，伴随城市经济发展进入较高水平，以及武汉建设国家中心城市的愿望日益旺盛，城市社区更新开始成为城市品质提升的重要途径。

武汉市城市社区更新阶段划分 表3-3

阶段划分	以危房改造开启城市更新（1978年～1990年代）	改善型住房消费驱动的内城改造（1990年代中期～2000年代中期）	城市面貌提升和产业升级导向的全面改造（2000年代中期～2010年代初期）	建设国家中心城市为引领的规模化改造（2010年代初～2016年）	以品质提升为主的城市社区微更新（2017年至今）
时代背景	社会主义市场经济体制开始建立	土地有偿使用制度的建立；福利分房制度向市场配置方式转变；国有体制改革；金融制度改革	中国加入WTO；武汉市建立土地储备制度；房地产成为支柱产业	国家明确五个"国家中心城市"；武汉由"中部重要的中心城市"上升为"中部地区的中心城市"	我国经济步入新常态；城市存量发展时代来临；武汉步入建设"国家中心城市"的新时期
政策目标	危棚简屋改造	提升住宅品质与土地利用效率；招商引资	调整城市经济结构，实现"退二进三"；改善城市面貌	优化城市空间功能结构，建设国家中心城市	城市空间品质提升，公共服务设施完善升级
行为主体	政府主导	政府与房地产开发商合作主导	政府与房地产开发商合作主导	政府主导	多元主体参与
更新产物	单位购买保障性住房；郊区安置住房	中心商业区和交通区位优越地段的项目开发	旧城区再城市化；郊区商品房开发；重型工业企业外迁	"三旧"改造；重点功能区建设	社区微更新
模式特点	零星改造	分散建设、无序开发	中心城区与郊区开发的均衡化	大规模拆建	小规模、渐进式的"微更新"
典型案例	汉口保成路及其旧里改造	江汉路、钟家村、武昌旧城、徐东	王家墩商务区、汉正街、汉阳造文化创意产业园、楚河汉街	沿口沿江二七商务区	南湖街道华锦花园小区、新华街道循礼社区和登月小区、花楼水塔街道贯中里

武汉城市社区更新模式经历了由政府主导向多方共治的转变。改革开放以来，政府对土地开发权的掌控决定了其在城市社区更新中的主导地位，也使得政府主导型的城市社区更新模式成为长期以来武汉城市社区更新的主要模式。但随着经济社会的发展，这一模式的局限性逐渐暴露。加之居民参与公共事务决策的需求与日俱增，武汉近几年出现了较为广泛的参与型城市社区更新模式的实践，不同于先前的政府主导模式强调自上而下，参与型的城市社区更新模式重视自上而下和自下而上的有机结合，是一种从政府主导的蓝图式更新改造转向多方参与、问题导向的更新模式，能够有效地调动社会资源，向城市社区赋权增能，是一条可持续的城市社区建设发展路径。

基于本章对于武汉城市社区更新两种典型模式的总结，本书后续将分别选择典型案例进行分析，包括石桥村、楚河汉街、二七商务核心区、南湖街道华锦花园小区、新华街道登月小区、新华街道循礼社区、花楼水塔街道贯中里社区。其中，前3个案例属于政府主导型的城市社区更新模式；后4个案例属于多方参与型的城市社区更新模式。

第 4 章　石桥村："自主改造"下城中村的社区化转型

石桥村位于武汉市江岸区西南部，紧邻二环线，北依后湖大道，西起姑嫂树路，东临武汉大道。石桥村总面积为**96.09**公顷，改造前以建设用地为主，约占**83%**。改造时，地铁**6**号线（**2016**年开通）和**8**号线（**2017**年开通）已列入建设规划，交通条件便利（图**4-1**）。石桥村是一个典型的城中村，为大量的外来人口提供住所。改造前村民共计**1800**余户，户籍人口**3645**人；外来人口**6**万～**7**万人，外来人口占常住人口的**90%**以上。改造前，石桥村土地所有权归村集体所有；房屋所有权分为两类，一类是归村集体共有，如村集体办公用房，另一类则是村民自持的房屋。村民就业大多以种田养鱼为主，部分村民将房屋出租给外来人口，如汉正街搬迁来的工厂老板和员工，月租金约为**10**元/平方米，成为村民收入的主要来源之一，人均年收入约**6.4**万元（数据来自与石桥村干部的访谈，**2019**年**4**月）。

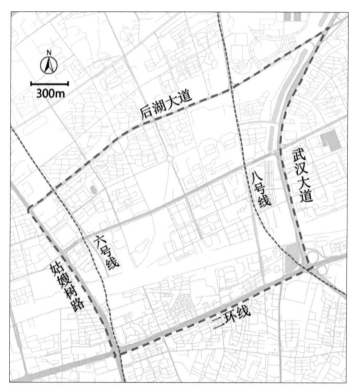

图4-1 石桥村区位图

4.1
区位重构下的因势改造

►   由于现状环境亟待改善，同时区位价值逐渐攀升，石桥村具有极大的改造潜力。首先，2005年汉正街发生火灾，约有800多家店铺、6万多人转移到石桥村，租用村民房屋成立小作坊和小服装加工企业，致使石桥村出现房屋乱搭乱建、居住环境脏乱差、租客混杂等问题，存在较大的治安隐患，因而被视为"城中村毒瘤"（图4-2），亟须进行升级改造。其次，从区位价值重构来看，石桥村所在的后湖片区属于武汉市"十三五"规划确定的三大住宅新区之一。根据规划，该区域将建设成为汉口最具成熟度与生活氛围的城市中心，各种市政服务、商业配套、办公项目和娱乐休闲产业将迅速跟进。作为四大新城之一，后湖片区先后有百步亭、南国置业、越秀地产、农工商房产等省内外大型房地产企业入驻，一直备受各大房企瞩目。此外，由于石桥村位于武汉大道控制性工程金桥大道的旁侧，在改造时又规划有两条地铁线穿过，其地理位置优越、交通便捷、商业辐射范围广，具有良好的区位优势。因此，石桥村存在的治安隐患显现出对现状进行改造的必要性和迫切性，同时优越的区位条件又为其带来了提档升级的可能性。

图4-2 石桥村改造前实景

政府为武汉市城中村制定了自主改造和统征储备两种改造方式。自主改造是指经济条件较好、村民比较富裕的村庄，通过自行或与居民入股联营组建经济实体开展改造，政府提供指导协调，相关部门依法监管的模式。统征储备是指由政府将"城中村"集体土地统一征收为国有土地，对城中村进行拆迁改造，对拆迁户进行妥善安置，腾出土地的收益用于弥补城中村改造支出。在此基础上，政府又根据实际拥有耕地的面积将城中村分为A、B、C三类。A类村是指人均农用地小于或等于0.1亩的村庄，以改制后的经济实体自行实施改造；B类村是指人均农用地大于0.1亩、小于或等于0.5亩的村庄，以项目开发方式实施改造；C类村是指人均农用地大于0.5亩的村庄，以统征储备的方式实施改造。

石桥村总面积96.09公顷，其中建设用地约占83%，农用地约占17%，人均农用地面积不到0.07亩，因此属于武汉城中村改造中的A类村，于2007年开始启动自主改造。石桥村是自主改造下城中村社区化转型的典型案例。作为武汉较为成功的城中村改造案例，石桥村的改造实践经验受到了广泛关注。同时石桥村改造也存在值得反思之处，因此本章将围绕改造过程及社区转型的结果，总结石桥村自主改造案例的经验与不足，以期为同类村庄的改造提供借鉴。

4.2
以集体经济组织为核心的自主改造：阶段与特征

4.2.1 改造主体

▶　　石桥村改造以集体经济组织为核心，以政府、市场和社会主体多方互动为特征（图4-3）。首先是村集体经济组织的改制。2000年，通过清资核产，石桥村集体经济组织改制为武汉石桥集团责任有限公司（简称"石桥集团"）。改制后，石桥集团主导全村的改造，负责从前期的拆迁、土地整合、村民安置到后期管理整个改造过程，基本做法是引入社会资本、利用村属土地进行改造资金平衡，实现改善村民生活品质、发展村庄产业的目标。在具体职责上，石桥集团一方面要辅助上级政府部门推动拆迁安置工作，另一方面要在改造中化解村民分歧，统一认识，维护村民利益。由于具有地缘、血缘纽带关系，石桥集团的主导有利于提高拆迁安置工作

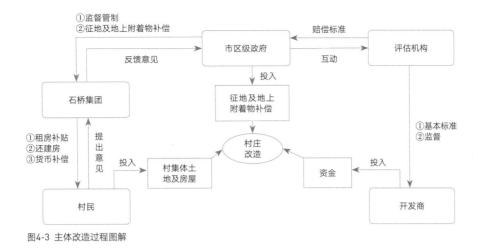

图4-3 主体改造过程图解

效率，促成改造方案的通过，并最大限度减少改造难度。

其次是政府主体，包括武汉市政府和江岸区政府。政府主体代表的是公共利益，其目标是公共利益的实现和保障，希望通过城中村改造，推进城市化进程以及改善城市经济环境和社会环境。在石桥村改造中，市、区两级政府并不直接介入改造，而是以"一村一策"为指导思想，制定税收、补贴等针对性优惠政策，政府主体也因此并未承担太大的财政负担。具体而言，武汉市政府负责城中村综合改造重大问题的决策和有关政策的制定；江岸区政府起牵头组织作用，负责组织开展旧村改造的调查摸底和成本测算、编制初步改造方案和改造规划方案、招商引资、拆迁安置等引导性工作。

再次是市场主体。虽然是石桥集团主导改造，但其财力有限，因此市场的参与是关键。最终，整个改造项目引入了武汉美联地产有限公司（简称"美联地产"）、武汉丰瑞恒房地产开发有限公司（简称"丰瑞地产"）、武汉三元房地产开发有限公司（简称"三元地产"）、泽健实业有限公司（简称"泽健实业"）4家地产公司。这些地产公司只参与土地拍卖环节、仅提供资金支持，不参与补偿标准制定、拆迁、安置等环节，通过竞得石桥村开发用地，进行房地产开发和销售，实现利益最大化。

最后社会主体，主要是石桥村村民。按A类村进行改造的前提之一是村民具有强烈的改造愿望。一方面，石桥村村民希望通过改造来改善生活环境和水平；另一方面，他们又害怕触及现有的有利和便利条件，因此村民会在改造中尽力维护自己的既得利益，并争取增量利益。

4.2.2 改造阶段：从村集体经济组织改制到土地开发

由于市场地位与经营能力等因素的制约，石桥村集体经济组织改制成为股份制有限公司是整个改造的基本前提。村集体与政府协商，通过清资核产、股份制改革以及撤村建居等工作，改制成为石桥集团。在此基础上，经双方协商，政府按照集体土地的属性征用全村的土地，将其转为国有，其中部分土地用于村民用房的还建，部分土地用作建设村集体产业用地、获得集体收益，其余部分土地则用于对外出让获取土地收益。石桥集团自行完成房屋拆除以及居民安置工作，待土地平整、获得出让收益后，从中支付征地补偿以及前期开发成本。在整个改造过程中，石桥集团获得土地出让收益，并将其用于房屋还建以及产业用地的开发；开发商获得出让地块的开发收益；政府获得基础设施配套的相关费用。

4.2.2.1 改造的准备阶段：村集体改制与土地征用

石桥村经历了清资核产股份制改革、撤村建居、土地征用3个步骤。首先，在集体经济组织的改革方面，由于传统集体经济组织不具备市场经营条件和能力，难以开展集体经济的市场化运作，只有进一步明晰产权，对其进行股份制改造，才能使村集体经济组织的经营走上良性发展轨道。于是，石桥村于2000年实行改制，具体内容是：将村集体经济组织和村委会所持有的全部集体净资产进行核算，量化入股，组建石桥集团，这些资产包括村民的宅基地按政府征用价格测算后集体留存部分入股，集体持有的现金、设施、厂房等。石桥集团的股权最后按户配置到村民，一方面考虑到每户纳入的宅基地面积，另一方面考虑到集体持有资产部分的人人均分。股份制改革后，村民变股民，参与到石桥集团的管理与监督中，享受年终分红。股份固化，但可以继承和交易。

其次，在村集体资产产权基本清晰后，2007年石桥村实行撤村改居、建立石桥花园社区等工作。撤村改居后，村民就地转为城市居民，纳入居委员会进行管理，享受城市居民待遇，参加养老、医疗、事业以及最低生活保障等城镇社会保障。例如，政府在养老金方面给予村民一定的优惠、在计划生育方面给予专门的政策等。逐渐完善的社会保障制度，缓解了村民身份转变之后的后顾之忧，从而使村民能够积极地投入到石桥村改造中去。

最后，在经历改制与村改居之后，石桥集团与政府开始协商土地征用的相关事宜。由于在《中华人民共和国土地管理法》第五次修正案通过之前，集体土地不允许直接入市流转，只有在被国家征用[①]变为国有土地产权后，方可以出让土地使用权的形式提供给土地需求者使用（张侠等，2006），因此，最后双方商定土地由政府征用，全部转为国有，进入武汉市政府土地储备库，为此后土地进入市场流通做准备。

4.2.2.2 改造实施的初始阶段：拆迁与村民安置

在达成土地征用的共识之后，石桥集团开始启动拆迁安置工作。根据《武汉市征用集体所有土地房屋拆迁管理办法》（武汉市人民政府148号令，简称148号令）等相关文件标准，石桥集团与政府协商制定了拆迁补偿安置标准，并由股东代表大会投票表决，具体包括征地补偿、安置补助、房屋还建等3个方面。

[①] 在我国城市化水平较低及城中村形成的初期阶段，政府征地是一种与农村集体组织的双赢行为：为了城市建设及经济发展的需要，政府大规模征用城市近郊农村集体土地，在此过程中以获得发展的空间。同时，政府给予农民一定的征地补偿，这对仍持有大量集体土地的村集体来说，是一笔不菲的收入，它为农村集体经济发展提供了最原始的启动资金（牛晓东，2007）。

首先是征地补偿与安置补助。征地补偿按463.5万元/公顷的标准执行，地上附着物和青苗等采取协商定价。在安置补助上，根据148号令，石桥集团确定了以7元/（平方米·月）的价格按照房屋拆迁面积对村民进行补助，用于村民入住还建房之前的住房费用，简称"过渡费"；同时，石桥集团负责农业从业人员的工作安置，并提供安置补助费。

其次是还建房的补偿标准，具体做法如下：①两人及两人以上户，经认定还建安置建筑面积在300平方米以内的，按"拆一还一"的标准安置；一人户经认定还建安置建筑面积在100平方米以内的，按"拆一还一"的标准安置；每户人均还建安置建筑面积不足50平方米的（独生子女按两人计算），可按建设成本价购足至人均50平方米。②对原房屋面积超出300～500平方米的部分（即单人户原房屋面积为400～500平方米，双人户原房屋面积为600～800平方米），村民可以选择货币补偿或房屋补偿。如果是货币补偿，则按照《市物价局市房产管理局关于印发武汉市房屋重置价格标准的通知》（武价房字〔2004〕74号）规定的房屋重置价格标准，对被拆迁人按800元/平方米的价格给予补偿；如果是房屋补偿，被拆迁人可在前述第一条补偿政策的基础上再多换100平方米的还建面积，但不可在此基础上进一步加购还建房面积。③另外，对于超标违法建筑，石桥集团只补偿其建设成本。④由于改造时一些村民对还建房政策信心不足，针对这种情况，石桥集团对拒绝实物补偿的村民，以3240元/平方米的标准提供纯货币补偿，最后共有约110户村民选择了该种补偿方式。

根据《市人民政府关于进一步加快城中村和旧城改造等工作的通知》（武政〔2009〕37号）规定，半年内完成整村拆迁的，可按还建规模的20%奖励还建面积。由于石桥村土地自2012年挂牌成交之日起，在半年内完成了整村拆迁，所以政府按照正常还建房总面积49.99万平方米20%的标准，以建筑加高的形式奖励给石桥集团9.51万平方米的还建面积。最后，还建房总面积为59.50万平方米。

4.2.2.3 改造实施的推进阶段：规划编制与土地出让

在落实征地拆迁后，石桥村改造进入了土地出让环节。石桥村整体改造方案的编制是政府、开发商、石桥集团、设计单位多方主体互动的过程（图4-4）。在规划设计方案的制定过程中，江岸区政府负责督促石桥集团组织规划编制工作；石桥集团委托武汉市规划研究院编制石桥村改造用地规划方案、珠海市规划设计研究院制定还建小区的规划设计方案，并就规划方案向设计单位提出修改意见；最后，规划设计方案由原武汉市国土资源和规划局负责审批。总体来看，在整个规划设计过程中，石桥集团为主要参与主体，与政府方、设计方等进行互动，村民参与改造方案的商讨过程。

图4-4 石桥村改造规划设计决策过程

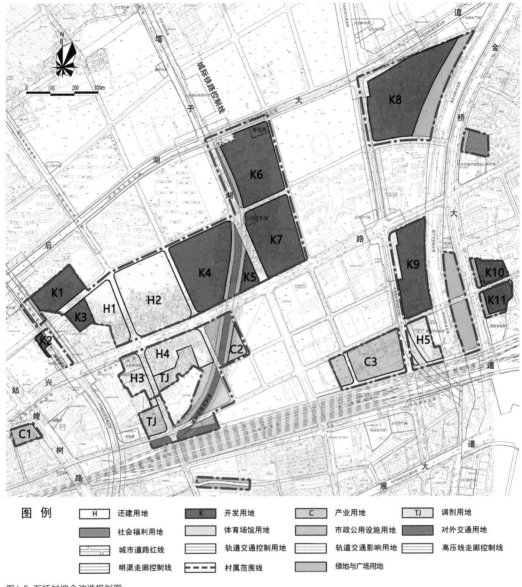

图例
- H 还建用地
- K 开发用地
- C 产业用地
- TJ 调剂用地
- 社会福利用地
- 体育场馆用地
- 市政公用设施用地
- 对外交通用地
- 城市道路红线
- 轨道交通控制用地
- 轨道交通影响用地
- 高压线走廊控制线
- 明渠走廊控制线
- 村属范围线
- 绿地与广场用地

图4-5 石桥村综合改造规划图
图片来源：武汉市规划研究院

　　根据规划，整个改造用地分为村可利用地、轨道建设用地和规划控制用地三类（图4-5）。轨道建设用地和规划控制用地这两大类用地为城市规划的强制性控制用地，面积分别为1.86公顷、29.77公顷，共占石桥村改造总用地面积的32.9%（表4-1）。

　　村可利用地包括开发用地（K）、还建用地（H）和产业用地（C）三个部分。第一，开发用地总面积为39.04公顷，占比高达40.63%，由开发商进行建设；第二，还建用地总面积为19.68公顷，占比20.48%，包括还建房用地17.15公顷、调剂用地2.53公顷；第三，产业用地总面积为5.74公顷。就产业用地面积的设定需要说明的是，根据《市规划局（市国土资源局）关于"城中村"综合改造土地房产处置及建设规划管理的实施意见（试行）》的规定，产业用地标准为劳动力人均80平方米。按照石桥村2011年劳动力1440人计算，应批复的产业用地为11.52公顷。然而，因为石桥村剩余土地不足，不能按上述标准执行。对此，政府提出，对批复不够的产业用地（即5.78公顷），按其面积的两倍（即11.56公顷）在还建与开发用地中建设商业用房，如在还建楼设置底商，以增加集体物业面积，用于出租获取收益。

石桥村改造用地规划一览表 表 4-1

用地名称（地块编码）		面积（公顷）	比例（%）
村可利用地		64.46	67.10
其中	开发用地（K）	39.04	40.63
	K1	2.53	2.63
	K2	0.26	0.27
	K3	0.99	1.03
	K4	6.88	7.16
	K5	0.76	0.79
	K6	6.23	6.48
	K7	5.89	6.13
	K8	8.57	8.92
	K9	4.62	4.81
	K10	1.14	1.19
	K11	1.17	1.22
	还建用地（H）	19.68	20.48
	H1	2.84	2.96
	H2	7.71	8.02
	H3	1.86	1.94
	H4	3.08	3.21
	H5	1.65	1.72
	调剂用地	2.53	2.63
	产业用地（C）	5.74	5.97
	C1	0.75	0.78
	C2	0.64	0.67
	C3	4.35	4.53
轨道建设用地		1.86	1.90
其中	轨道站点控制用地	1.50	1.56
	轨道交通控制用地	0.36	0.37
规划控制用地		29.77	31.00
其中	对外交通用地	3.12	3.20
	规划道路用地	13.31	13.90
	体育场馆用地	1.25	1.30
	社会福利用地	0.91	0.90
	绿化与广场用地	10.44	10.90
	市政公用设施用地	0.74	0.80
合计	—	96.09	100.00

资料来源：武汉市规划研究院。

在武汉市、区两级财政不投入的情况下，石桥村整体改造的资金主要来源于开发用地出让金以及产业用地抵押贷款。2012年，石桥村改造整合出39.04公顷开发用地，在市土地交易中心挂牌出让，挂牌底价为石桥村安置房建设成本和本宗地价之和的1.15倍。这其中多出的15%，一方面让利石桥集团，增加其后续改造资金；另一方面补偿石桥集团前期的房屋拆迁和场地平整等成本。

石桥村开发用地最终摘牌价共计29.49亿元，其中美联地产16.91亿、丰瑞地产1.86亿、三元地产4.51亿、泽健实业6.21亿，楼面地价[①]为2078元/平方米，出让情况见表4-2。在全部土地收益中，武汉市政府拨付给石桥集团26.9亿元用于征地及地上附属物补偿、安置补偿等拆迁成本费用，以及用于后续还建房产业用地的开发与建设。剩余2.59亿元的土地收益中，60%划转给江岸区财政专户储存，专用于城中村综合改造中的基础设施建设。例如，道路、排水、绿化、供水、燃气、供电、电信、邮政等；40%由武汉市政府统筹用于石桥村市政基础设施配套建设，实现"专款专用"（图4-6）。

石桥村土地出让情况表   表4-2

土地使用权人	位置	土地面积（公顷）	容积率	建筑面积（万平方米）	成交价格（万元）	楼面地价（元/平方米）	挂牌时间	土地使用年限
美联地产	江岸区石桥村A包、E包	17.05	3.08～4.10	75.00	130900	2300	2012.02.24	住宅70年
		4.62	3.75		38200	2200		
丰瑞地产	江岸区石桥村B包	2.57	1.50～4.50	3.90	18600	1608	2012.02.24	
三元地产	江岸区石桥村C包	6.23	3.31	20.60	45100	2189	2012.02.24	商服40年
泽健实业	江岸区石桥村D包	8.57	4.16	35.70	62100	1739	2012.01.20	

资料来源：原武汉市国土资源和规划局。

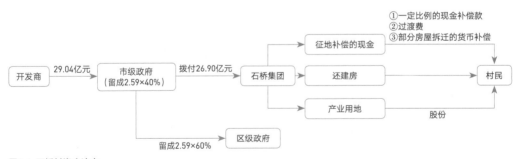

图4-6 石桥村资金流向

虽然石桥集团从土地出让中获得了大量的收益，但是在支付村民补偿后，这些资金对于后续改造而言仍然不足。因此石桥集团采用产业土地和集体资产"抵押贷款模式"，以产业用房作为抵押从银行贷款约6亿元，用于产业设施建设等后续改造。

---

① 楼面地价 = 市场摘牌价/开发建筑面积 =2949000000/1419000=2078元/平方米。

4.3
村改居：社区的多维转型

4.3.1 社区生活空间转型：品质提升，环境改善

▶ 　　与改造前石桥村设施老旧破败、房屋狭小的情况相比，还建社区整洁卫生，还建住宅整齐划一，居住环境有了明显改善；同时，规范化的底商取代了改造前杂乱无章的路边临时摊贩与沿街商铺，还建社区的商业服务配套品质大大提升。经过改造，高档居住建筑和商业街替代原有破旧、脏乱差的旧式住宅和摊贩商业，混乱分散、混杂无序、设施不足的城中村转化为了运作有序、设施完善、环境宜人的现代化城市文明社区，整体人文及治安环境明显改善（图4-7、图4-8）。城中村改造对原住民居住环境改善、空间品质优化、城市面貌提升作出了贡献。

图4-7 改造后小区内部与沿街环境

图4-8 还建用地鸟瞰图
图片来源：武汉市土地利用和城市空间规划研究中心

　　石桥村还建后的社区包括石桥花园社区一期、二期以及三期等。在社区西北方集中配置了便利店、海港海中鲜海鲜广场、维也纳酒店、石桥菜场、悦年华颐养中心、益丰大药房、新华房地产物业、武汉农商银行等完善且现代化的基础服务配套，也有专门的老年人活动中心与大片绿化休憩设施，极大地方便了居民的日常生活（图4-9）。

图4-9 石桥社区15分钟便民生活圈

4.3.2 集体经济发展转型：短期效益明显，长期有待加强

通过改造，石桥村由原先的以种养为主的传统农村聚落，转变成"以地生财、出租物业"商业繁荣的新兴生活区。一方面，石桥村建筑密度由原先的22.5%提高到30%以上，平均容积率由1.4提高到3.27。建筑密度和容积率均在合理范围内大幅升高，使存量空间得到有效更新，空间利用效率有所提高，增强了城市土地资源的合理配置，实现了土地由低效无序利用向高效集约利用的巨大转变。另一方面，与改造前约10元/（平方米·月）的房屋租金相比，2018年石桥村还建房租金高达50元/（平方米·月），村民获得的租金收益实现了近4倍的增长。与此同时，商品房价格快速上涨，远高于同时期武汉市商品房均价。在2013~2018年，房屋均价由4000元/平方米上升到11000~12000元/平方米，5年间上涨了将近2倍。

短期内，改造为石桥村带来了可观的经济效益，但石桥集团与社区的未来可持续发展存在的问题不容忽视。由于改造过程中的一些困难，如办理相关手续时间长、拆迁安置协商周期长、改造进程缓慢，导致过渡费、拆迁费等改造成本超出预期；政府拨付给石桥村的土地出让收益远低于实际所需改造成本，集团融资资金成本高，回收周期长；改造后，社区的大小社会事务成本大部分由石桥集团承担，石桥集团在发展过程中背负着较大负担，直接影响了石桥社区未来的经济发展。

4.3.3 居民生计与保障：社保逐渐完善，就业有待改善

通过改造，石桥村完成了"村改居"工作，实现了社区化转型，其主要内容可概括为以下4个方面。首先，在村委会的领导下，石桥村成立了由各层次人员代表组成的集体经济组织改制领导小组，在量化资产和明确资产处置方案的基础上制订出改制方案，并以此作

为村集体经济组织改制的依据，摒弃以往落后的集体经济管理模式，实行股份制改革，成立了石桥集团，使其成为适应社会主义市场经济管理体制、实行现代企业制度的经济实体。

其次，石桥村符合资格的村民通过户口变更登记成为城市户口，户口改登后村民依法享有当地居民应有的权利，承担应尽的义务。户口改登工作从身份上将石桥村民转变为城市居民，为下一步创建社区奠定基础。

再次，在原有村民依法转变为城市居民、村集体资产产权基本明晰后，石桥村进一步开展了撤村建居工作，对社区居民实行就近属地管理，并由新华地产担任社区物业。

最后，将社会身份已转变为城市居民的石桥原村民逐步纳入城市的社会保障系统中，享有与城市居民同样待遇的劳动就业和社会保障政策，已参加城镇职工社会保险的，继续参加城镇职工社会保险；符合参加城镇职工社会保险条件的，按规定参加城镇职工社会保险。

尽管通过撤村建居，村民们的社会保障逐渐完善，但在就业和收入方面仍有待改善。改造前村民以种田养鱼为主，游离于城市就业体系之外。作者于2019年做了问卷调查，受访群体中50岁以上的人口数占比高达76%（图4-10），这些村民知识水平普遍不高，缺乏必备的劳动技能，年龄和体力在激烈的城市劳动力市场竞争中不占优势，他们的生存能力和工作技能有限，因此改造后出现村民找工作难的情况，较多村民，尤其是40～50岁的人大多赋闲在家，仅靠房租生活。虽然石桥集团以及一些本地企业可以提供诸如安保和物业等岗位，但岗位数相对需求仍是不够的。

另一方面，村民收入结构有待完善。改造前"出租屋经济"与集体经济分红是原村民们维持生活的主要途径。改造前村民的房屋面积都较大，住房面积以151～300平方米为主，2000平方米以上的住房面积也较多（图4-11a），按照房屋月租金约10元/平方米的价格，村民的房租收入可观，再加上集体经济分红收入，村民村民维持着不错的年收入。

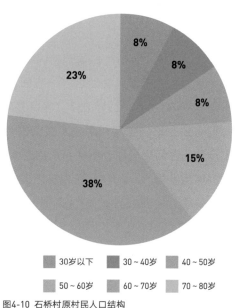

图4-10 石桥村原村民人口结构
图片来源：问卷调查

图例：
■ 30岁以下　■ 30～40岁　■ 40～50岁
■ 50～60岁　■ 60～70岁　■ 70～80岁

改造后，村民收入来源主要由还建房租金与股民分红两部分组成。在租金方面，虽然改造后的月租金单价涨至50元/平方米，但是改造后的住房面积显著降低（图4-11b）。改造后居民的居住面积以91～150平方米为主，其次是301～700平方米，这就导致石桥村村民房屋租金方面的收入相较于改造前有所减少。

在分红方面，原先集体分红主要依托土地等村集体资产的收益，改造后主要源于产业设施租金，而石桥村商业网点于2018年才开始启动，产业发展欠佳，建筑面积为11万

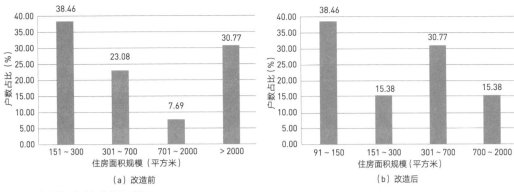

图4-11 改造前后住房规模结构对比
图片来源：作者访谈

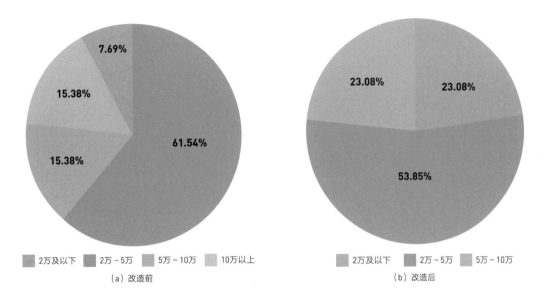

图4-12 改造前后村民人均收入对比
图片来源：作者访谈

平方米的工业园每年可收租金2000万元，村民每年分红2万~3万元，收益分红相较于改造前有所减少。整体上，村民人均年收入降至4.4万元，村民年收入相较于改造前有所下降（图4-12）。

　　总体上，作为江岸区首批改造的城中村，石桥村以集体经济组织为核心的自主改造有许多创新之处。例如，政府只提供相关政策和引导而不提供改造资金，减轻了政府负担；以集体用地转国有开发筹措改造资金，政府获得基础设施配套费用，城市形象改观，集体获得持续收益，村民改善居住条件，开发商赚取利益，实现了多赢，改变了以往政府征地开发、被征地居民生计难以保障的做法。

　　相比B类村的项目开发模式、C类村的统征储备模式，A类村采用的以村集体为核心的自行改造模式是农民较受益、政府较省心、较有效益的改造开发方式。但是石桥村自主改造也反映出目前村改居存在的普遍问题。

首先是村民的就业问题。原村民世世代代务农，即使有进城务工的，干的也是体力活，没有多少技术含量，而旧村改造使农民彻底脱离农村生存环境而融入城市生活中来，当维持生计的土地被征用后，这些农民的生活与生存面临挑战。

其次，股改企业的可持续发展面临挑战。自主改造对集体经营的能力要求较高，有能力自行改造开发的村并不多。以石桥村为例，石桥集团在资金、决策等方面稍显不足。而且，改造后的企业除了承担经济管理功能以外，仍然承担部分社会事务管理功能，这为企业后续可持续发展带来压力。

最后，改造资金短缺。由于改造工期较长、改造实际成本超出预期成本以及财政拨款不足等原因，一度导致资金短缺问题，一定程度上影响了改造的进程与质量。

5

第 5 章　楚河汉街：增长联盟主导下的多维升级

楚河汉街（简称"汉街"）位于武汉市武昌区原余家湖村地区，沿河而建，总长1500米，位于"楚河"南岸，东临东湖，西抵沙湖，南至公正路白鹭街，北到原武汉重型机床厂（后改名"武汉重型机床集团有限公司"，简称"武重"），属武汉中心城区（图5-1）。汉街项目是"武汉中央文化区"[①]的一期工程，于2009年初动工，2011年9月30日开街，目前已运营约10年。作为一个典型的旧改项目，楚河汉街项目按文化、旅游、商业、商务、居住等五大功能规划设计，建设了"汉秀"剧场、电影文化主题公园、万达电影城、名人广场、大众戏台、商业步行街、万达广场、超高层甲级写字楼及5个星级酒店等特色建筑（图5-2），于2013年全部建成。整个项目被视为"辛亥革命百年纪念"的献礼之作，是武汉市东湖沙湖连通工程（下称"东沙连通"工程）的首期项目，同时也是万达集团当时在全球投资最大的文化旅游项目。

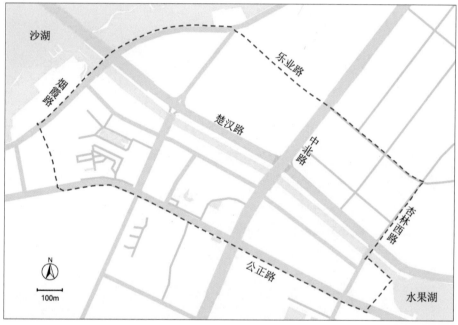

图5-1 楚河汉街规划范围图

---

① "武汉中央文化区"位于武昌区东湖和沙湖之间，地处武昌区中北路171号，规划面积1.8平方公里，总建筑面积340万平方米，地理位置相当于武汉市的几何中心。其中，武汉中央文化区一期——楚河汉街是整个武汉中央文化区改造项目的重要内容（资料来源：https://baike.baidu.com/item/%E6%AD%A6%E6%B1%89%E4%B8%AD%E5%A4%AE%E6%96%87%E5%8C%96%E5%8C%BA）。

图5-2 汉街的空间格局

5.1
国有企业蜕变与水环境治理驱动下的改造

5.1.1 改造动因

▶   改造前的汉街位于武昌区的余家湖村地区，大部分是原武汉重型机床集团有限公司（以下简称"武重"）的厂区和职工宿舍区。原住民则大部分为原武重的退休职工和武汉大学医学部（原湖北医学院，以下简称"湖医"）职工家属，以及少部分其他几个厂的家属（图5-3）。余家湖村在武汉快速发展的脚步下逐渐变为城中村，低矮的老旧住宅与周围高楼大厦格格不入。

      作为中国"一五"计划的国家重点项目之一，武重一直是制造重型、超重型机床的大型骨干国企，一度被誉为机床制造业的"亚洲明珠"。20世纪末，随着机床行业持续走低，武重发展陷入困境，1996年亏损达2000多万元。同时，厂区建筑使用寿命多为50年

图5-3 楚河汉街改造前范围示意图

左右，已到了淘汰边缘。伴随武汉"退二进三"[①]战略的推进，企业外迁势在必行。由此，2002年武重开始酝酿整体搬迁，2006年选址确定为近郊的佛祖岭，并着手筹划土地腾退和新址的建设筹款，2008年搬迁正式启动，开始了企业向数字化、高精尖的转型之路。搬迁后留在原地块的只有空荡荡的厂房和年久失修的宿舍，昭示着曾经的辉煌。余家湖村作为城中村也一度沦为武汉众所周知的"模糊地段"[②]，在品质不高的村民住宅里集聚着下岗工人、贫困阶层、农民工和流动人口（陈昆仑等，2015）。

另一方面，作为千湖之城，武汉是长江流域的重要城市，因水而生，随水而兴，但随着城市的发展其水质却备受威胁。为了解决东湖水质忧患问题，2005年10月湖北省政府发展研究中心课题组公布了《关于武汉市"大东湖"水网生态构建工程的设想》的策划方案。该方案建议将武昌地区的东湖、沙湖、北湖、杨春湖、严西湖和严东湖六大湖泊相互连通，并引入长江水，实现引江济湖、湖湖连通，从而改善武汉地区水环境。2009年该方案得到国家发改委批复，而汉街就位于该工程的重要节点之上。"大东湖"水网生态构建工程又称武汉"六湖连通"工程。上文提到汉街所在的"东沙连通"工程是"六湖连通"工程的启动工程，建设内容包括沙湖大桥、东沙大道、沙湖公园、楚河、汉街及周边疏解道路六大部分。其中，改造后的楚河水道，穿行于沙湖路、中北路、东一路等街道之间，希望可以让市民见水、亲水，并且提升城市品质。因此，汉街项目不仅是老城区衰退之下不得不进行的城市更新项目，亦是湖北省政府为解决东湖水质忧患，势在必行的生态水网工程中的重要环节。

当然，该区域也具备交通区位、文化底蕴、商业潜力、生态价值、生活价值等核心区位优势，拥有打造武昌总部商务核心区的潜力，土地增值潜能巨大。汉街所在的武昌区不仅是湖北省委、省政府所在地，也是武汉的科教文化中心。而汉街处于武昌区的中心地

---

① "退二进三"，即对土地区位要求不高的土地原始持有者通过土地资产表达自身诉求，将持有的区位条件好的土地通过置换，转让给其他开发商进行开发，以实现腾退第二产业外迁、腾出土地发展第三产业，并完成新址土地的获取以及厂房建设融资的目标。
② 所谓模糊地段是指：第一，逐渐丧失原有功能的区域；第二，逐渐被城市遗忘、遗弃的区域；第三，若不经过改造，乃至重建就会失去使用价值，从而使城市出现无明确功能的区域（IgnasideSola-Morales，1996）。

段，临近湖北省政府所在的水果湖地区，介于武昌城市主干道之间，西起沙湖路，北靠中北路，南临洪山广场，附近的友谊大道和沙湖上的高架桥、水果湖隧道均已通车，交通区位优势明显。汉街项目竣工后将东湖风景区、中北路商务区、武昌滨江商务区串成一体，形成一个庞大的东沙商圈。

由此可见，楚河汉街项目不仅是武汉市的旧改项目，而且是湖北省政府一直关心的重要开发项目，同时也是中央直接批复的"大东湖"水网生态构建工程的首期项目。因此，湖北省政府深度介入该改造项目，并与开发商达成盟友关系，推进项目改造进程，这一点将在下文进行详细介绍。

5.1.2 参与主体

楚河汉街改造过程包括了三方利益主体，分别以各级政府、开发商和原土地持有者，以及拆迁户和社会公众媒体为代表的社会主体（图5-4），在中央及省级政府与开发商所组成的增长联盟主导下进行更新改造。

5.1.2.1 增长联盟

开发商持有资本及运营资源，而政府手握权力和政策主导权，两方基于各自的利益考虑达成合作开发伙伴，也就是本案例中的增长联盟。一方面，万达集团所代表的开发商是本项目的出资者、设计者、执行者和管理者，不可或缺且具有一定的主导性，其主要诉求在于土地再开发利润和集团品牌塑造。另一方面，省级政府作为政策主导者，对于下级地方政府占据指导地位和主动权，其追求的主要是城市空间再开发带来的形象提升、功能塑造、经济利益等。此外，市区级地方政府掌握开发区域的土地管理权、政策决策权，同时

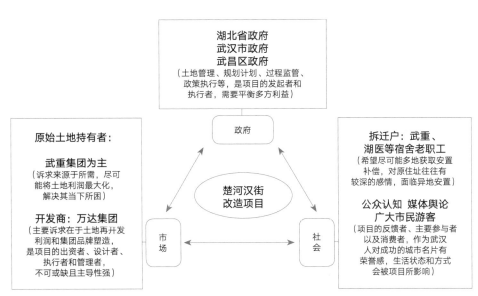

图5-4 楚河汉街改造过程中的各方利益主体界定

代表大多数人民的利益，在上级政府的领导下直接参与项目构想并行使监督职能，在区域开发中直接与开发商博弈，平衡各方利益和诉求。同时，在本次改造项目中，开发商与湖北省政府组成的增长联盟，切实推动改造，这包括提供合作框架、领导利益协调、减少土地交易成本、及时推进改造进程以及保障出租安置房的基础设施等。而市区级政府主要是配合省级政府安排工作。

5.1.2.2 利益主体及社会主体

原始产权利益主体包括原始土地持有者和被拆迁的原住民。一方面，以武重集团为主的原始土地持有者出让土地，诉求主要来源于其经营状态的需求和解决当下所困，需要充分利用国家的产业政策以及地方政府的优惠政策，希望在推进土地资产经营上实现利润最大化、避免资产流失，实现"退二进三"与搬迁新址的目标。另一方面，被拆迁的原住民主要是武重、湖医等单位的退休老职工，以及部分余家湖村民，他们希望尽可能多的获取城市化过程中土地产生的利益，是改造中安置补偿的核心对象。

公众是指对该项目有所反馈的广大武汉市民及游客，项目的确定往往是以公众反映和诉求为基础。作为项目的反馈者和经营主要的参与者、消费者，当大众的意见达到一定程度的共识，就会形成舆论，再加上媒体的介入，从而形成第三方势力。因此，这种舆论监督是贯穿整个地方营造过程的重要力量，也是弱势方扭转局势的关键。

5.2
改造的三个阶段：基于增长联盟的多主体互动

▶　　汉街改造由2005年开始，至2013年12月全部工程基本完工，大致可分为3个阶段：土地整备阶段（2005～2007年）、拆迁安置阶段（2008～2009年）和项目打造阶段（2009～2013年）。本节将围绕多主体之间的互动对汉街的改造阶段展开详细分析。

5.2.1 土地整备阶段（2005 ～ 2007 年）

2005年前后，汉街所在区域的土地开始进入收储阶段。市区级政府以"地方融资平台"为主体，依托地产集团、城投公司等主体进行融资，以解决地方财力不足的问题①，支付武重国有土地拆迁安置、集体土地征收补偿等收储费用。武重将位于中心城区的790亩厂址土地与位于市郊东湖高新区佛祖岭产业园的890多亩土地进行置换，即市郊的土地作为新厂区，老厂区土地由土地储备机构进行收储，同时经过整理，将所形成的"熟地"交付市土地交易中心，投入市场（张京祥等，2007；周飞舟等，2018）。整备后的土地分两批进入市场：2007年1月，第一批土地进入武汉市土地市场进行公开拍卖，经多家企业竞拍，由豫园商城以35.02亿元拍得，成为当时的"地王"②。扣除政府税费、规费和新厂址征地费用13亿元，剩余22亿元用于武重搬迁、购置新设备和技术改进升级。第二批为万达集团在2010年8月以总价76亿拍得的46.85公顷土地，即"楚河汉街"项目所在地。根据原武汉市国土资源和规划局资料显示，"楚河汉街"核心地块［P（2010）088］共拍出44亿元，成为当时武汉单宗土地交易金额最高的地块，万达集团也成为武汉全市拿地总价"地王"③。

在土地整备阶段的主要相关博弈利益主体为原始土地持有者和政府，而开发商主要是通过市场获取土地。土地持有者的博弈成本为土地产权，政府则手握政策制定主动权和新土地资源，开发商提供资金促进市场的运作。从结果上看，政府在这个阶段的获益主要有：在土地流转中获得收益；彻底根除了老厂址环境污染问题；老厂址的再开发，为促进该中心城区的更新发展提供了可能性。对于武重集团来说，不仅在一级市场的置换中得到更高的收益，拍出天价"地王"，解决了搬迁问题，度过发展瓶颈期，也促进了企业设备更新和技术改进。对比很多东北老厂区的土地"砸锅卖铁"似的出让方式，武重不仅获得了经济收益还有新的土地以及政府的扶持。总的来说，虽然提案由原始土地持有者提出，但武汉市政府在此过程中起着主导作用，组织和引导了整个政策的框架制定和执行（图5-5）。

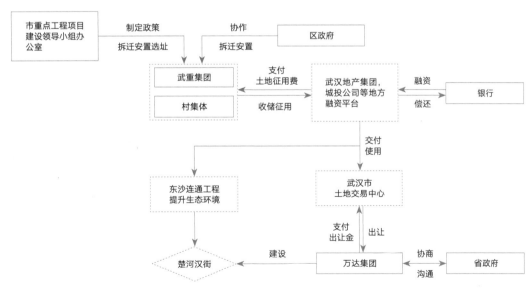

图5-5 汉街建设主体及其互动格局

---

① 2016年财政部等四部委联合发文《关于规范土地储备和资金管理等相关问题的通知》，规范土地储备管理，叫停了此类做法。
② 资料来源：豫园商城武昌地王：年内或推首期。http://bj.house.sina.com.cn（访问：2018-6-20）。
③ 资料来源：2010年地王驿动政策频调，武汉土地成交总价502.95亿。http://newhouse.wuhan.fang.com/2010-12-24/4258238_5.htm?ztzh_uuid=pc_201012/wuhantudichubei.html（访问：2018-6-20）。

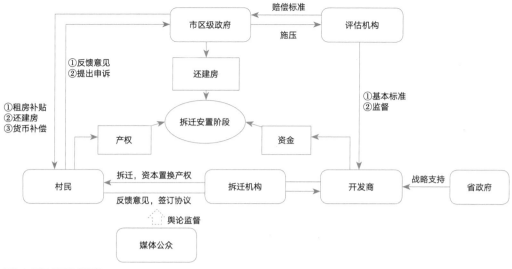

图5-6 拆迁安置阶段图解

5.2.2 拆迁安置阶段（2008 ～ 2009 年）

汉街拆迁安置阶段是整个项目改造过程中矛盾较为突出的阶段，呈现出不均衡博弈的特征（图5-6）。本阶段的参与者主要为在项目打造中占据一定主导地位的省政府和万达集团组成的增长联盟、市级政府、区级政府以及原住民。其中，原住民在改造进程中处于相对弱势的地位。

5.2.2.1 增长联盟主导的方案制定

万达集团和湖北省政府组成增长联盟在开发中占主导地位。从开发商层面来说，万达集团通过委托拆迁机构（武汉市佳欣房屋拆迁事务所）完成该区域房屋拆除工作，自身仅提供资金上的支持，根据被拆迁原住民的特殊性给以一些奖励式补助，但是横向比较同类型改造项目，其实万达集团让利较小。开发商在这一时期掌握了极大的主动权，通过委托其他机构实施具体拆迁程序，把自己放在了风险相对较小的位置。从省政府层面来说，在拆迁过程中作为万达集团的盟友，湖北省政府一方面利用上位政治权力推动市、区政府单位的工作，负责改造项目的监督管理，另一方面起到协调原住民和开发商之间的摩擦、安抚民众情绪的作用。总结以上两个层面，在拆迁安置阶段，开发商万达集团基于政府出台的标准和评估机构的结果来制定补偿方案，湖北省政府则给以支持，从而保证拆迁安置方案如期顺利进行。

武汉市和武昌区政府的角色主要是实施者和落实者：既要面对上一级政府的压力，也要应对来自一线拆迁过程中的维稳与舆情问题。尤其在拆迁后期，剩余拆迁户的诉求多变乃至漫天要价，部分远超政策标准；有的拆迁户对还建房区位或房屋结构不满意，拒绝签订协议；有的投诉上访，要求获得高价货币补偿及安置房指标；有的要求还建商业门面房，等等。受访者表示，原住民多为老武重人，工龄在35以上，为武重发展作出过贡献，但现在退休了，社会经济地位大不如前，很多甚至有经济困难。例如，原住民多与子女同住，有的三代同堂挤在不足50平方米的房子里。按照6000元/平方米补偿，一家只能分到30万元左右。为了保证拆迁任务按期完成，区政府在东沙成立工作专班，将工作任务分解到个人，进行思想动员，推进拆迁工作。

5.2.2.2 拆迁概况与标准

余家湖村原住民的基本情况有所差异。武重所在的余家湖村多为简易的、低质量的砖混房屋，而且以武重退休职工为代表的原住民工资收入很低。根据访谈可知，武重的退休工资低至每月仅1000多元，最高的也不过2000多元。相对而言，湖北医学院家属区的居民个人工资较高，基本达到4000元以上，而且房屋面积较大。

拆迁工作主要由上文提到的武汉市佳欣房屋拆迁事务所和市区级政府拆迁办负责推进。基于原住民基本情况的差别，拆迁方根据拆迁标准和房屋所在区域的具体情况进行差异化补偿。在拆迁指标制定的过程中，首先是由武汉市博兴房地产评估有限公司评估，确定汉街拆迁安置项目的拆迁安置标准为450万元/公顷，拆迁补偿平均标准为5786元/平方米（表5-1），拆迁安置包括就地安置和异地安置两种。在具体拆迁过程中，拆迁方对每一户基本都预留了相应的安置房源，且面积都比被拆迁房大20%以上，并根据其收入和家庭承受能力提供补偿建议：拆迁面积较大、经济能力较好的家庭建议补差价就地还建；户型小人员多、经济能力又有限的家庭，建议选择拆赔比更高的房子进行异地还建。对于选择较远区域（如军威苑）、异地还建的原住民，在实际拆迁补偿过程中拆迁方会以高达1∶1.4的拆赔比予以补偿。此外，拆迁方还根据本区域的情况设置了其他赔付项目，如小户型补贴、困难户补贴、拆迁奖励等差异化补偿方式（表5-2）。

最终，本区域内所有原住民在2009年底搬迁完毕，拆迁面积达125万平方米。10个地块新建拆迁还建房13663套（武重居民7000户左右，老湖医居民3000多户），其中，华腾园3648套、锦绣江南四期192套还建房分别于2011年5月、10月交房；其他8个项目提供还建房9823套。

楚河汉街项目拆迁安置标准及概况   表5-1

安置标准	面积（公顷）					土地补偿和安置补助费用（万元）	安置标准（万元/公顷）	人口安置				拆迁补偿标准（元/平方米）
	耕地	农用地	建设用地	未利用地	总用地			房屋拆迁总面积（平方米）	实物安置面积（平方米）	面积差（平方米）	房屋拆迁补偿费（万元）	
部分安置合计	—	5.10	26.44	—	31.53	14189.65	450.00	162547.76	130256.02	32291.73	18686.55	5786.00

资料来源：原武汉市国土资源和规划局征收土地报告。

基本补助项目			
证载面积（平方米）	44.62	证载面积补偿（元）	243045.14
无证面积（平方米）	R（夹层、阳台等）	无证面积补偿（元）	R/2×5447×85%
装修拆旧补偿（元）	8924.00	搬迁补助费（元）	800.00
过渡期限内 （两年）过渡费（元）	17134.08	逾期过渡费（元/月）	1338.60
其他补助项目			
小户型拆迁补助（元）	4680.00	拆迁奖励（元）	15000.00
安置情况			
还建房	锦绣中北	还建房面积（平方米）	62.78
房款（元）	317709.00	拆赔比	1：1.4
还建均价（元/平方米）	5000.00	—	—

资料来源：拆迁协议和合同书。

在拆迁安置阶段，尽管多方利益主体看似达成了一定的共识，但也存在赔偿力度稍显不足等问题。在存量更新时期，对于楚河汉街改造项目这种可以带来众多良性效应且处于极具潜力的核心地段的项目，虽然项目拆迁安置赔偿都在政策标准之上，且提供了多样化的补偿政策，但是对比一线城市甚至武汉市很多城中村开发项目的高额补偿，原住民出现不满情绪甚至抗议。

此外，还建后的生活保障仍有待提升。作者在后续调查访问中发现，部分还建房项目在审批、监督环节存在不足，且有住房隔声差、日照不足等情况，这说明还建房的质量和还建户后续生活的保障仍然有待提升。

总体上，本阶段博弈的参与者主要有由湖北省政府和万达集团所组成的增长联盟、市级和区级政府以及原住民。其中开发商提供改造资金并得到省政府甚至中央的支持，所以在标准制定和补偿落实上都占据了绝对话语权，而执行则落在了市级、区级政府拆迁办和拆迁机构上。虽然在拆迁补偿过程中，尽可能地提高补偿标准，考虑拆迁户的差异化特征，但多层级、不均衡的权力架构使得与原住民的沟通机制未能充分建立，原住民在改造进程中处于相对弱势的地位。

5.2.3 项目打造阶段（2009 ~ 2013 年）

在项目打造阶段，主要的博弈在于政府和开发商之间（图5-7）。市区级政府是楚河汉街改造项目设计构想的提出者，但由于万达集团的增长联盟伙伴为级别更高的省政府，再加上万达集团本身也具有非常成熟的运营模式，使得万达集团以主导者的身份参与整个项目打造阶段，并在项目的最终方案确定上掌握话语权。

5.2.3.1 政府的构想：生态人文价值为核心的更新

市级、区级政府对楚河汉街其实是已有相关规划设计及较为成熟的想法。首先，市

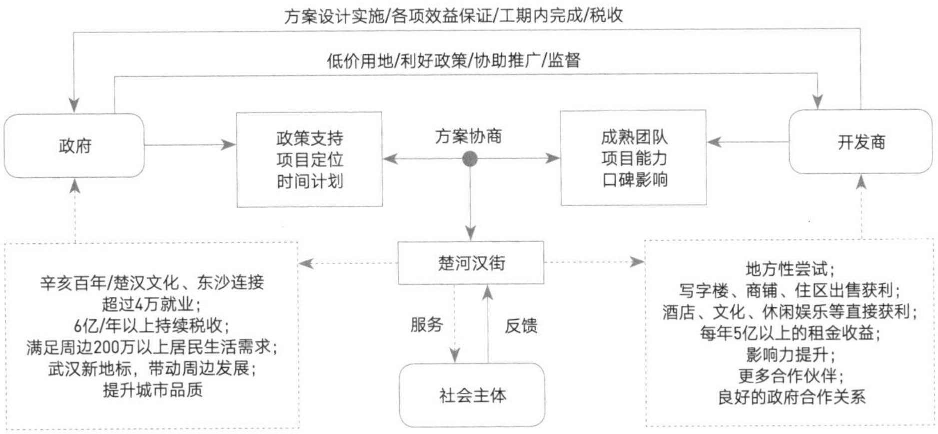

图5-7 项目打造阶段解析

级、区级政府对楚河汉街改造项目的考虑主要是提升生态环境，如前所提到的"大东湖"水网生态构建工程计划在2009年确定，2010开工，2011年7月完成"东沙连通"工程。其次，作为对当时国家"十二五"规划纲要的回应，武汉市政府打算以"楚汉文化"为核心打造汉街，为其提供财政扶植、税收优惠等多方面政策支持。第三，武汉市规划研究院的设计方案将汉街设计为一条开敞式的生态景观河道，沿河设置生态绿化和湿地景观。第四，武昌区政府则有意建设一条媲美汉口"汉正街"的步行街，将其作为武昌区的名片工程，打造区域服务业聚集区，带动区域发展。综合以上可以发现，政府的出发点实际是"河"，其重点和先导为生态效应和景观效应，逐渐延展出提升城市功能的设想，并且在万达集团开始设计前，政府的规划设计部门已经耗费人力、物力形成了比较成熟的设计方案和预期。

5.2.3.2 万达集团的考虑：战略转型与经济利益追求

万达集团在项目打造过程中占据主导地位，对汉街项目的诉求是多方面的：一方面是巩固其在武汉的口碑，另一方面是实现其从"房地产开发"向"城市运营商"转型的战略。当然，经济收益也是万达集团的主要考虑。此外，万达集团也在尝试通过汉街项目实现由"综合体建筑建造"向"综合功能区域运营"的方向转型。

最终方案的设计由万达集团的设计团队、国际设计师弗兰克·德贡等完成。出于对汉街的多元价值诉求的考虑，在功能上综合了文化、旅游、商业、商务、居住等五个方面。作为中央文化区，楚河汉街方案比较重视文化娱乐设施的设置，而原有地方政府的部分设计构想并未被充分考虑（表5-3）。例如，生态水岸（楚河）的驳岸设计被弱化；在建筑风格方面，最终定位于"首义文化"风格，围绕"民国""现代""欧洲"等关键词，这与区政府原计划的"楚汉"风格、"清明上河图"有很大区别。总体上，万达集团的设计定位更多服务于商业开发和时尚感的营造。

方案调整时间	调整内容			
	万达广场	秀场	电影文化乐园	酒店
2009.09.08	选址调整至楚河北侧	首次确定剧场，传统型	—	首次确定3个（六星/五星/五星）
2010.05.18	项目商圈	—	—	—
2010.07.26	选址调整至汉街中部	确定为秀场	—	增加至4个
2010.09.29	—	—	首次确定该地块为"游乐园"	—
2010.12.27	1. 项目中部 2. 北侧增加国际名品店	—	调整该地块为"极地馆"	增加至5个
2011.05.28	1. 取消国际名品店 2. 定位为奢侈品店	首次确定"红灯笼"造型	首次确定"室内电影文化乐园"，"编钟"造型	—
2011.08.06	全步行街模式	—	—	调整为4个

资料来源：历次规划设计方案整理。

5.3
增长联盟主导下的多维升级

5.3.1 积极的市场回应

▶　　楚河汉街不仅是城市历史文化和生态景观工程，也是成功的商业空间，经济社会综合效应十分显著。作为武汉中央文化区的一期工程，汉街项目在整个公众群体中引起了极大的好评，成为武昌区休闲娱乐的新据点，尤其在年轻人中好评度很高。2011年9月30日，汉街开业后，国庆假期吸引客流超过200万人，成为全国假期人流排名前三的热点区域。根据客流量统计，楚河汉街周一到周五客流量、平均15万人次，周六、周日日均客流量约30万人次，节假日的高峰人流达到日均两三百万人次。根据微博签到指数，楚河汉街在开业至今的签到高达五万次，已经远远超过武汉市其他特色商业街。例如，古街昙华林和武汉天地[①]。

────────────

① 资料来源：微博签到数据更新到 2019 年 1 月 8 日。

总体上，楚河汉街实现了地段的商业化与资本运作，带来经济活力。例如，2011年楚河汉街商铺的认购权炒到100万元/个，平均租金为150元/（平方米·月）。楚河汉街汇聚了国内品牌旗舰店43家，进驻品牌129个（表5-4），其中38家首次入驻武汉[①]。统计资料显示，汉街租赁情况良好，店铺出租率在96%以上，每年楚河汉街带来的出租收益达1.2亿元左右，累计超过5亿元（表5-5）。同时，商业出售面积20万平方米，写字楼出售面积45万平方米，住宅出售面积155万平方米，销售达12亿元[②]。在此背景下，楚河汉街也成为武汉房价最高的地段之一，"绅士化"明显。2016年，汉街项目商业出售面积20万平方米，均价4万~5万元/平方米（周边均价2万~2.5万元/平方米）；写字楼出售面积45万平方米，均价1.8万元/平方米（周边均价1.2万元/平方米）；住宅出售面积155万平方米，均价1.6万~2万元/平方米（周边均价1万~1.5万元/平方米），前两次开盘销售逾12亿元。

楚河汉街租赁基本情况   表 5-4

店铺级别	店铺品牌代表	店铺面积（平方米）	租金范围（元/平方米·月）	免租期
主力店	湘鄂情，蜡像馆	1000~5000	40~80	6~9个月
次主力店	GAP，H&M，ZARA	140~600	100~220	3~6个月
其他店铺	都可、哈根达斯	100~500	180~440	无

楚河汉街租赁收益情况统计   表 5-5

计租总面积（平方米）	104997.02	—	相关商户数量（个）	135
年份	标准租金（元）	免租额（元）	实际租金（元）	计划实收租金（元）
2011	141507398.64	106242478.24	35264920.40	32827755.52
2012	143347338.32	5504378.30	137842960.02	64839632.48
2013	145963270.34	33052102.00	112911168.34	126960303.83
2014	120285176.04	0.00	120285176.04	115620932.33
2015	130713179.50	0.00	130713179.50	122908459.36
合计	681816362.80	144798958.50	537017404.30	463157083.50

本次改造项目涉及的安置房大都为商品房，房价均一路攀升。例如，锦绣江南小区均价由1.9万元/平方米（2016年）涨至2.9万元/平方米（2021年），原地还建的凯德1818中心

① 资料来源：武汉楚河汉街135天招满129个品牌 招商策略独家解析 http://hb.winshang.com/news-524793.html（访问：2018.06.16）。
② 资料来源：武汉市万达楚河汉街经营模式分析 https://wenku.baidu.com/view/3e979539da38376bae1faee9.html（访问：2019.01.08）。

由1.6万元/平方米（2016年）涨至3万元/平方米（2021年），最为偏远但是拆赔比最高的军威苑也由1万元/平方米左右（2016年）涨至约1.5万元/平方米（2021年）。并且，所有还建房均两证齐全，可以出售，有利于还建房的进一步增值。由此可见，这次项目还建质量较高，被拆迁居民是有所获利的。

5.3.2 生活改善的原住民

2016年，作者分别对异地安置小区的居民（主要是华腾园和军威苑）和原地还建的居民（凯德1818中心）进行了满意度调查和访谈。通过对异地还建小区的走访了解到，与改造前环境衰退的旧厂区相比，异地还建的社区均配有现代化的基础设施、专门的老年人活动中心（图5-8）、大片的绿化（图5-9）和休憩设施，周边公共服务设施齐全，居民生活品质大幅提升。因为拆迁还建的集中度较高，居民间的关系也很和睦，老街坊们常常一起打牌唠嗑，小区氛围良好。

我们的问卷调查显示，异地还建具有以下4个特征：第一，还建社区存在老龄化现象。因为本项目涉及的被拆迁人大多是退休老职工，经过拆迁，原本儿女寄居在家里的情况有所减少，居民家庭结构发生了变化，80%受访者为60岁以上老人（且大都75岁以上），90%的受访者表示家里有老人（来源：访谈资料，访谈时间：2016年4月）。针对社区老龄化特点，还建的小区很多都设置了老年人活动中心和他们可以进行集会活动的场地。

第二，对于当时的拆迁条件，大部分受访居民表示可以接受，并且最希望原地还

图5-8 华腾园社区武重集团退休职工活动中心

图5-9 锦绣江南小区
图片来源：网络资料。

建。76%的居民表示当时对拆迁条件可以接受或很满意，85%表示最希望得到就地安置的机会。意料之外的是，当时抵触情绪很激烈的居民们，现在回看却大都觉得是可以接受的。

第三，大部分居民认为拆迁带来了更好的生活品质。86%的受调查者都认为生活质量得到了明显提高，虽然熟悉新环境有压力，感情上也对原住地心存不舍，但是相比原住地设施老旧、房屋狭小、绿化缺乏的居住环境，还建社区的居住环境更好、生活质量提高是大部分被拆迁者的共识。

第四，受访居民表达了对汉街改造项目的自豪。93%的受访者表达了对汉街规划的认可，表示很满意或者还不错。88%表示如果自己安排旅行日程，一定会带外地朋友去汉街。76%认为作为原住民和武汉人，为汉街能作为新地标感到很自豪。而较为意外的是对汉街价值的认可上，文化效益和生态效益认可度最高，其次是城市更新作用，选择经济效益的最少。原住民对汉街的评价，也一定程度上说明了社会对汉街的认可程度较高。需要补充的是，在访谈中被拆迁人还提到在拆迁的时候并不知道会建汉街，只知道"东沙连通"工程和住区开发，并表示如果知道是打造汉街中央文化区这样的项目会相对更加愿意搬出。

此外，作者也走访了原地还建的凯德1818社区。通过对原地还建居民的访谈了解到，原地还建的优点主要心理情感上的满足。尽管原地还建的拆赔比相对最低，但是原地还建的机会很少，能争取到这样机会的居民在心理上有一定的优越感，也被很多老朋友羡慕。

同时，调查也发现了一些不足之处。例如，就小区本身而言，第一，建设时间较晚，居民只能在外租房过渡。第二，由于大部分居民是异地还建，少部分就地还建的居民与原住区街坊邻居之间分离，失去了必要的社会联系，难以适应新的居住环境。访谈中的一个原住民在改造后为了可以和老朋友更亲近些，一直租住在还建户最多的华腾园。第三，与小区内作为商品房公开出售的几栋楼相比，还建房的居住条件相对较差，还建的三栋楼均为43层超高住宅，容积率高，采光不好，全部朝北，且紧邻马路，较为吵闹，却要承担相同的物业管理费用。

就周边环境而言，随着汉街对周围的带动，有受访者指出小区及周边都是高端商业住宅综合体，虽然修建了凯德广场和大型超市，看似方便许多，但问题是周边环境的日常消费水平超出了还建户的承受能力。

5.3.3 多维度的治理成效

汉街所实现的治理成效是多维度的（表5-6）。首先，汉街项目带来了巨大的地方经济收益：汉街提供了超过4万个就业岗位和每年6亿以上的财政税收，满足了周边200多万武昌居民的消费需求，并在一定程度上为周边区域解决了就业问题。其次，生态层面的效益也是明显的。"楚河"是"东沙连通"工程的一个核心部分。作为一条人工河，"楚河"贯穿武汉中央文化区东西两端，全长2.2公里，是国务院批准的"大东湖"水网生态构建工程的主体。"楚河"水面宽度40～70米，加上滨河绿化及道路宽度达到150米。滨河景观带绿树成荫、步移景换，为市民提供了一个环境优美的休闲场所。最后，项目背景是武汉庆祝辛亥革命百年，汉街从形态到功能都服务于"辛亥百年"的文化内涵，满足了城市大事件的需要。因此，可以说汉街增大了武昌区乃至武汉的影响力，提升了城市品牌形象。

更为重要的是，通过改造项目，地方政府成功再造了新的"治理空间"。一方面，汉街的建成实现了省、市政府打造"中央文化区"的战略愿景，提升了城市整体功能，实现了区位价值。从"厂区"到"商街"的转型，落实了"退二进三"战略，解决了武重所面临的发展困境、资金困局，使得原有国家单位的存量土地资产得以"流动"活化。项目实施之后，地处汉街的各个社区形成了由物业管理、居委会和业主委员会等所构成的完备的"治理空间"。

利益主体	角色	收益
政府	1. 提供合作基本框架； 2. 利益协调机制主体； 3. 监督推进项目进程； 4. 组织拆迁安置补偿等	1. 低成本高回报城市更新，带来未来的可观税收； 2. 生态工程，提升城市品质； 3. 带动城市发展，成为文化旅游地标名片，提供就业机会； 4. 降低管理成本，城市管理更加有序
开发商	1. 土地交易主体； 2. 项目决策主体； 3. 制定拆迁安置标准主体	1. 物业租售利润； 2. 品牌口碑； 3. 企业转型
原始土地持有者	地方营造土地基础提供者	1. 新的更大面积的土地； 2. 搬迁设备更新费用； 3. 企业竞争力提升，摆脱困境
原住民	维护既得利益，配合改造方案的实施	1. 补偿大于120%的安置房，提供过渡期安置费； 2. 居住环境改善，社会福利及公共设施提升

　　楚河汉街项目在增长联盟主导下完成了由原有衰败的"厂区"向繁华的万达"商街"转型。作为政府主体，湖北省政府、市区级政府深度参与改造全过程，把握整体方向，实现新的"治理空间再造"，提升了城市整体品质与功能。作为市场主体，万达集团的介入促成了新空间营造的落实。汉街由城市边缘空间向核心转型，打造了新的消费空间、城市标志和符号，适应了新的消费需求。汉街项目实现了空间的市场化与资本化。作为结果，武重得以解决下岗职工、产业升级问题，实现了衰败社区的复兴与活化。此外，处于相对弱势地位的原住民虽然对拆迁补偿机制及还建后的情况存在一定异议，但整体获益颇丰，对汉街改造表示满意。由此可见，楚河汉街的成功改造并非单纯的市场力量，也包含地方政府的深度介入、城市发展的特定历史要求以及基层社会的现实需要，共同构成评价空间再生产及其效应的必要视角。

第 6 章　二七商务核心区：多元目标导向下的"地方政府企业家主义"治理

二七商务核心区（简称"核心区"）位于武广—江汉路商业商务核心区以北，与武昌滨江商务区、青山滨江商务区隔江相望。核心区规划范围北至建设渠路，南抵头道街，东临沿江大道，西至解放大道，规划总用地面积约**83.60**公顷。核心区是汉口沿江二七商务区（简称二七商务区）1~4期储备土地，也是二七商务区的重点开发区域（图6-1），是武汉市近期发展的七大商务核心区[①]之一。核心区所在地原为"国字头"骨干企业江岸车辆厂用地，紧邻武汉天地商务区，周边的商业商务片区还有江汉路步行街、永清街片、香港路片、三阳路片等，商业氛围非常浓厚。同时，医疗、教育等公共服务设施的配套已较为完善成熟。核心区土地是中心城区内的稀缺土地资源，不仅位于临江一线的绝佳区位，而且还是武汉二环线内为数不多的能够整体开发、整体打造的地块之一，是未来"新江岸"的重点功能区，具有优越的发展基础。

图6-1 二七商务核心区区位图

---

① 武汉七大商务核心区：武汉中央商务区、汉正街中央服务区、二七商务区、四新会展商务区、武昌滨江商务区、青山滨江商务区、杨春湖商务区。

二七商务核心区改造前用地性质以居住用地、铁路用地和城市建设用地为主（图6-2、表6-1）：居住用地位于解放大道和沿江大道一线，用地面积约26.68公顷，占总用地的31.92%；其中，除滨江苑三期（约3.98公顷）建设质量较好外，其余均为建设质量较差的三类居住用地（约22.70公顷）。铁路用地为原京广铁路过江战备控制线，该用地呈"Y"字形由南至北贯穿规划范围，用地面积约20.35公顷，占总用地的24.34%。城市建设用地位于规划范围中部，以江岸车辆厂、无线电五厂等用地为主，面积32.84公顷，约占总用地的39.28%。其他零星用地约3.73公顷，占总用地的4.46%，其中，解放大道、沿江大道等城市道路用地约2.59公顷；二七小学、林祥谦学校等教育科研用地约0.93公顷；头道街供电用地约0.21公顷。

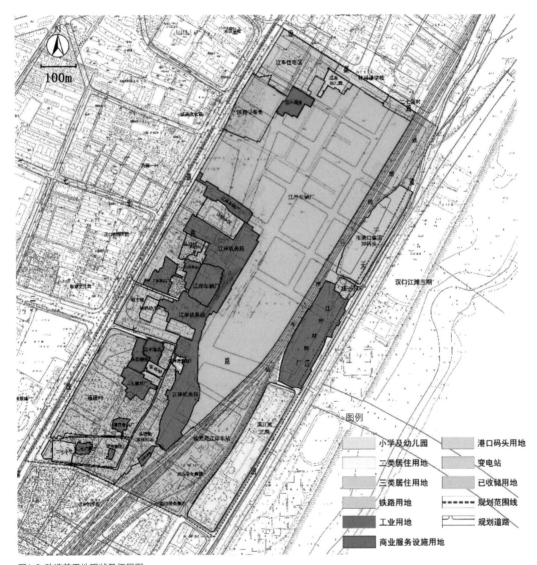

图6-2 改造前用地现状及权属图
图片来源：《武汉汉口沿江二七商务核心区修建性详细规划》

用地性质		用地规模 / 公顷	占比 /%
居住用地		26.68	31.92
其中	二类居住用地	3.98	—
	三类居住用地	22.70	—
铁路用地		20.35	24.34
城市建设用地		32.84	39.28
城市道路用地		2.59	
教育科研用地		0.93	4.46
供电用地		0.21	
合计		83.60	100.00

资料来源:《武汉汉口沿江二七商务核心区实施性规划》。

6.1
国家中心城市建设驱动的商务区打造

6.1.1 改造动因

▶　　景观资源丰富、水运交通便捷、城市功能集聚的"两江四岸"区域是武汉建设国家中心城市和国际化大都市的引擎发展片区。武汉市由于长江与汉江的交汇形成了特殊的行政区划,汉口、汉阳、武昌"三镇"鼎立,形成隔江相望的格局。其中,汉口沿江区域是武汉市商贸发展的起源地,也是武汉"两江四岸"地区的重要组成部分。随着武汉市"退二进三"战略的实施,汉口沿江"国字头"骨干企业江岸车辆厂整体搬迁至武汉市江夏区,为汉口沿江北部区域腾挪出大量的集中可开发土地资源,成为二七商务区发展的基础。

　　2010年武汉进入构建重点功能区时期,二七商务区成为政府要重点打造的国家级商务区,其中核心区的建设是二七商务区的重点开发区域。2010年,武汉市土地整理储备中心(简称"市土地储备中心")开始进行二七商务区项目的资金平衡土地收益测算工作。

　　2012年,武汉市编制完成《武汉市建设国家中心城市重点功能区体系规划》,提出主城区内规划编制的重点要由保证规划覆盖转向功能提升优化。城市用地的集约化利用、功能优化、片区化改造成为当时城市建设的重点课题（盛洪涛等，2014）。规划中提到的武汉市七大商务核心区不仅是武汉建设国家中心城市的重要空间载体，还是武汉补齐高端功能短板、提升城市综合实力的有力保障。在武汉市大力推进重点功能区建设的背景下，二七商务区的更新改造因此成为江岸区政府的重要政治任务。

2012年下半年，武汉市以二七商务区为试点，一改传统规划中"规划方案与市场需求背离、形态设计与市政建设脱离、地上设计与地下空间分离"的现象，针对武汉市具体的发展阶段和发展特点，实行"一体化设计、一体化建设"，并总结提炼了"规划统筹、土地支撑、空间落实、计划保障"的"二七模式"，在全市范围内进行大规模推广（盛洪涛等，2014）。

总体上，二七商务区优越的区位条件和周边浓厚的商业氛围为其带来了提档升级的可能性，"国字头"骨干企业江岸车辆厂的搬迁为其更新带来了契机。在武汉以重点功能区为抓手建设国家中心城市的背景下，二七商务区的更新改造成为"实施性规划"实践的试点区域。

6.1.2 政府主导、市场参与的更新过程

二七商务区改造不仅是提升城市功能、改善城市风貌、传承历史文脉的物质空间更新过程，更是协调各方利益、厘清主体关系的城市治理过程。具体看来，其改造主体包括政府（包括市级、区级政府各职能部门及规划编制机构、土地收储部门、政府投融资平台）、市场主体（各房地产开发商）、社会公众（旧城居民）。

政府主体中，市级、区级政府各职能部门及规划编制机构在二七商务区更新中承担着不同的角色分工（表6-2）。市级、区级政府搭建政府综合操作平台，建立拆迁与资金专用账户，统一使用资金，进行拆迁和城市基础设施的整体开发建设。同时，江岸区委区政府、原武汉市国土资源和规划局（现"武汉市自然资源和规划局"，简称"市规划局"）、武汉市自然资源和规划局江岸分局（简称"区规划局"）、市土地储备中心，以及规划设计机构等部门和单位共同成立联合工作专班，实行联动的一体化工作机制，共同负责功能区的规划编制和实施工作，为规划编制和实施提供了保障。江岸区委、区政府负责总体实施计划的制定，并对规划编制进展情况进行定期审查，调度规划实施的工作进度，组织居民的拆迁安置工作；市级、区级规划局则负责规划的编制及审查，把控规划设计方向，并与区委、区政府协调，在商务区规划建设方向上统一思想、达成共识，同时还进行了规划编制的技术指导及建设项目的审批工作；武汉市土地利用和城市空间规划研究中心（简称"地空中心"）负责统筹二七商务区的规划方案编制，邀请国际知名设计机构共同参与。

其中，值得指出的是市土地储备中心是核心区土地的一级开发主体，其最重要的职能就是把控土地供应时序与建设时序的合理性，以最大化土地收益并降低基础设施建设成本。作为核心区土地经营的监督者，市土地储备中心在土地供应环节，与江岸区政府及职

能部门联合，为各个供地单元制定了严格的出让条件，一定程度上配合政府设定了开发商的准入门槛，为地块后期开发的经济、社会效益提供保障，对核心区土地开发整体收益情况的好坏起到关键作用。

政府各职能部门在二七商务区更新中的职能分工　　　　　　　　　　　　　　　　　　　表 6-2

部门	二七商务区更新职能分工
武汉市自然资源和规划局	组织编制控制性详细规划细则，负责规划审查、规划技术指导、建设项目审批等工作
江岸区人民政府 江岸区属各职能部门	1．总体实施计划，参与规划编制审查，组织拆迁安置及维稳工作，协调解决实施建设中的相关问题，负责招商引资工作； 2．主要负责旧城居民的拆迁安置以及维护稳定等工作，同时负责区域内基础设施建设的组织工作，各部门通力合作，协调解决相关问题
武汉市自然资源和规划局江岸分局	负责工作联络、信息收集及传达、会议组织等工作
武汉市土地利用和城市空间规划研究中心	负责规划编制总体思路和项目组织，整理并传达政府部门及规划管理部门的多方意见，协调管理、设计、业主各方需求
武汉市土地整理储备中心	把控土地供应时序与建设时序的合理性，以最大化土地收益及降低基础设施建设成本，与江岸区政府及职能部门联合，为各个供地单元制定了严格的出让条件，一定程度上配合政府设定了开发商的准入门槛

此外，武汉2049投资发展有限公司（简称"二零四九公司"）是本次改造过程最为关键的参与主体之一。作为政府为武汉城市建设而组建的融资平台之一，二零四九公司在二七商务区资源配置和筹融资方面发挥了重要作用，协助政府干预并组织二七商务区的建设，是政府在市场中的代理人。二零四九公司作为政府出资方代表，其原始资金来源于市土地储备中心和地空中心，一方是土地经营的监督者，一方是政府工作的实施者，这体现出了地方政府对核心区资源配置和资金筹措方面的重视。

市场主体方面，主要包括参与基础设施建设、参与土地二级开发两类企业。2017年，由二零四九公司、中建三局集团有限公司（简称"中建三局"）、中信泰富（中国）投资有限公司（简称"中信泰富公司"）联合投资成立"武汉滨江基础设施建设发展有限公司"，以PPP模式参与二七商务区的设施建设、投资、维护及管理。其中，二零四九公司已在上文有所介绍，故不再赘述，此处仅对中建三局和中信泰富公司加以介绍。中建三局在基础设施、地下空间及城市综合开发方面具备较强的技术与资源优势，且在武汉布局多年，承担了多类大型项目，为武汉市城市发展作出了贡献，所以由中建三局这类具有国资背景且综合实力较强的企业来承担基础设施建设是较为合理的选择。中信泰富公司除了投入资金参与前期基础设施建设，还在二级开发中竞得最大地块（详见后续分析），足见其对该项目的重视。除了中信泰富公司以外，参与核心区土地二级开发的企业还有周大福集团、武汉伟鹏房地产开发建筑有限公司、国华人寿保险股份有限公司、泰康人寿保险有限责任公司4个土地受让方。参与二级土地开发的这5家房地产开发商都具备较强的资金实力和资源整合能力，且在武汉有各自的商业发展战略布局和丰富的资源优势。

社会主体是指改造中涉及拆迁的3312户旧城居民。改造前，居民们大多生活在建筑质量差、设施老化的单位社区或自建私房内，普遍有改善生活条件的强烈诉求，希望能分享城市更新的利益。改造后，核心区的居民们多被安置到武汉二环线外、三环线内的还建房小区，居住环境得到了一定改善。然而，在核心区更新的过程中，居民们并没有太多参与机会，并且话语权也较少，所以在这种情况下，旧城居民也就不可避免地与政府部门设置的拆迁办产生矛盾与分歧。

6.2
分阶段的主体互动过程

▶   在核心区旧城更新的过程中，各治理主体协调合作，以促进资源整合与利益分配，各治理主体的互动主要体现在征收拆迁安置与土地储备、规划编制与基础设施建设、土地出让与建设融资的过程中。

6.2.1 征收拆迁安置与土地储备阶段

6.2.1.1 征收拆迁安置

根据地籍权属，核心区规划范围内土地划分为厂矿企业用地、社会征收拆迁用地、城中村用地、地铁打包用地、保留用地和城市道路等（表6-3）。其中，征收用地约74.04公顷（不含现状道路、保留用地），总拆迁面积约97.02万平方米。社会拆迁用地主要是以个人为单位进行征收的部分，包括福建村、转车楼一村、徐州一村、徐州二村等住宅社区，以及头道街沿线居民自建的1~3层零散住宅区，用地约18.54公顷，主要为20世纪80年代建设的7~8层住宅楼和2~3层居民自建私房。厂矿企业用地主要为以企业为单位进行统一征收的部分，包括省铁路局江岸站场、南车江岸车辆厂、市无线电五厂等，厂矿企业用地约53.10公顷。打包用地为地铁集团临徐州新村站已收储用地，面积约2.07公顷，规划范围内含1处连城村开发用地，面积约0.33公顷。2015年初，核心区已全部拆迁完成。

征收用地类型	征收用地规模（公顷）	备注
社会拆迁用地	18.54	福建村、转车楼、徐州一村、徐州二村、扬子小区等
厂矿企业用地	53.10	武汉铁路局江岸车站、江岸车辆厂、无线电五厂、二七塑胶厂等
打包用地	2.07	地铁集团收储用地
城中村用地	0.33	连城村开发用地
保留用地	5.21	滨江苑三期、二七小学、头道街现状变电站等
道路用地	4.35	含规划范围内部现状支路
合计	83.60	——

为了高效地解决居民房屋的征收拆迁与还建安置，区政府负责统筹核心区补偿标准制定、征收拆迁、还建安置、分期开发与审批国有土地等工作，市政府负责审批城中村和打包项目补偿安置标准。具体措施有以下三个方面：①将江岸区保障房计划与功能区改造捆绑，定向供给被拆迁居民中的低收入群体；②收购适配的中低价商品房实施就近安置，按照被征收房屋与产权调换房屋市场价值结算差价；③建立跨区域安置补偿机制，结合武汉"1+6"新城组群规划、快速路和轨道交通建设，建立跨区补充机制，吸引被拆迁人群转移到新城生活；异地安置房屋面积，以被征收与产权调换房屋区位价格比值乘以被征收产权房屋面积核算。

区政府征收拆迁与还建安置措施的具体执行者是江岸区二七街道办事处下设的征收拆迁办公室。"当时所有拆迁的居民都需要去街道的拆迁办登记，先登记可以获得奖励。（来源：访谈资料，访谈日期：2019年4月）"被征收人可以选择货币补偿，或是房屋产权调换[①]的方式进行补偿（表6-4）。在货币补偿方面，拆迁办定下了核心区的两类拆迁补偿价格：一类是单元房如商品房、公房等，拆迁价格为8600～9000元/平方米；另一类是城中村私房，二层及以内有房屋产权证的拆迁价格为8500元/平方米左右，三层以上价格为正常拆迁价格的85%。在房屋产权调换方面，拆迁办选定了鼎盛华城、汉口新城、后湖尚都一品、紫御公馆、幸福时代、御花园、金桥一号、利腾国际等还建房源（图6-3），多集中在二环线和三环线之间，还建房均价为6000～8600元/平方米，还建面积为44～152平方米。核心区拆迁时，许多还建房源还无法投入使用，于是，拆迁办以25元/平方米的价格补偿给居民拆迁过渡费，补偿时间为两年半，以抵偿居民入住还建房之前的租房费用。

---

① 房屋产权调换指的是拆迁人用自己建造或购买的房屋产权与被拆迁人的房屋进行产权调换，并按被拆迁房屋的评估价和调换房屋的市场价进行差价结算的行为（资料来源：https://baike.baidu.com/item/%E6%88%BF%E5%B1%8B%E4%BA%A7%E6%9D%83%E8%B0%83%E6%8D%A2/6618912?fr=aladdin，访问日期：2021 年 3 月 19 日）。

原房屋类型	①货币补偿价格	②房屋产权调换
单元房（商品房、公房）	8600～9000元/平方米	还建房源：鼎盛华城、汉口新城、胜强锅炉厂、区福利院、同安家园旁、后湖尚都一品、紫御公馆、幸福时代、御花园、金桥一号等，丹水池看守所、农业药械厂、空军457医院等还建房源还建房均价6000～8600元/平方米，还建面积44～152平方米。过渡费：25元/平方米（两年半）
城中村私房	两层及以下：8500元/平方米左右；三层以上：85折；综合拆迁价格：10500～11000元/平方米	

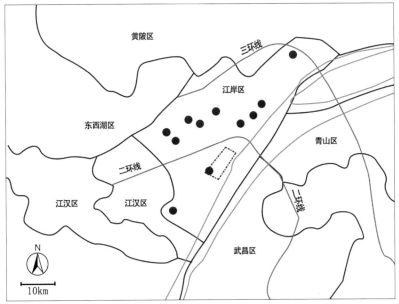

图6-3 还建房空间区位

核心区的拆迁安置过程中，虽然区政府制定了较为高效合理的措施，但在这些措施具体实施过程中，部分居民也出现了一些不满情绪。根据访谈，拆迁安置出现的问题主要有：居民没有充分的时间准备搬迁、拆迁过渡费无法满足居民基本租房需求、基础设施及公共服务设施配套不完善等。

6.2.1.2 土地储备

二七商务区的土地储备和整理工作由市土地储备中心统筹。二七商务区成片成规模的土地储备，始于2007年由武汉地铁集团有限公司和市土地储备中心推动的黄浦大街以北、新建和黄家墩等南部区域的拆迁。核心区是二七商务区1～4期储备土地。2010年初，二七商务区临近老京广线的一期启动储备，主要由城中村、企业、仓库货场等组成，土地整备规模及难度相对较小。2010年5月，二期土地储备工作启动，主要由单位住房和私房构成，用地面积约18.79万平方米，主要用于居住、绿地、停车场及中山大道延长线等道路建设。2012年，三期启动土地储备，三期的土地规划总用地面积约13.77万平方米，规划将用于居

图6-4 二七滨江商务区土地分期整备状况
图片来源：《武汉汉口沿江二七商务核心区修建性详细规划》

住、中小学、道路建设等用途，规划容积率不超过2.2。2013年，四期启动土地储备，规划用地面积约16.81万平方米，主要用于居住、商业金融、体育场、铁路、道路及行政办公用地（图6-4）。

在二七商务区更新的土地整备过程中，规划编制部门为土地储备和公共设施投资进行了成本估算工作。土地储备成本总计估算209.87亿元，其中包括核心区土地成本124.2亿元，补偿给搬迁企业的资金约22亿元，补偿给铁路局的资金约25亿元，补偿给地铁集团的资金6.32亿元，补偿给区教育局的资金2.86亿元，用于黄埔泵站的资金平衡需要2亿元，以及前期设计费0.13亿元等费用。土地储备工作由政府和土地储备整理中心完成。

6.2.2 规划编制与基础设施建设阶段

6.2.2.1 规划编制

规划编制阶段，市国土资源和规划局联合江岸区政府组织了核心区深化设计工作，采取"本地+国际"的形式，以武汉市土地利用和城市空间规划研究中心（简称"地空中心"）

为编制平台，邀请美国SOM公司、AECOM（艾奕康）公司、世邦魏理仕以及日本日建设计公司等国际顶级机构组成设计营，编制完成了《二七商务核心区实施性规划》和《二七商务核心区修建性详细规划》，于2014年10月15日上报市规划局审议并通过。核心区可开发总用地约51.7公顷，改造后的地块以居住和商业为主（图6-5），其中商业服务业设施用地约28公顷，居住用地约12公顷，绿地9.14公顷。商业服务业用地紧密联系轨道站点、公交站点，围绕中央公园和中心标志塔楼紧凑布局，临解放大道一线布置商业和商务用地。居住用地围绕商业、商务核心布置。临近建设渠路规划了一所24班小学，保留并扩大临解放大道一线的二七小学。保留二七路以南临江一线的滨江苑住宅用地。片区公园绿地围绕"Y"形绿轴布置，沿现状铁路走廊设置一条控制绿带，中央公园占地5.3公顷，复合户外剧场、地下停车、商业配套等多种功能。

　　规划目标上，核心区以商业效益最大化为目标组织功能布局，形成组团或邻里社区，并制定开发阶段性目标。规划提出"提、退、增、减"的集约用地布局，借鉴国内外城市的发展经验，并结合武汉市建设国家中心城市的商务、商业发展需求及发展前景，合理预

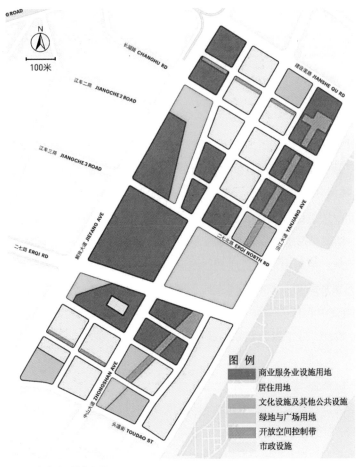

图6-5 改造后用地布局图
图片来源：《武汉汉口沿江二七商务核心区修建性详细规划》

图6-6 江滩公园
图片来源：网络资料http://www.kaixian.tv/gd/2017/0924/131427.html

测用地规模和开发建设容量，引导核心区的功能集聚，外围及周边区域的布局则应疏密结合、整体平衡（陈韦等，2013）。在发展商务主导功能区的基础上，依托工业遗迹及江滩公园（图6-6）建设休闲文化娱乐设施，规划将核心区的建设目标定位为"聚集国际企业总部、地区企业总部，提供国际化高端商业及文化休闲功能，打造一个功能混合、公交导向、适宜步行、低碳可持续的国际总部商务区"。

值得注意的是，与楚河汉街"点状"改造过程中，开发商深度参与甚至主导规划编制不同，核心区的规划编制由政府部门主导，遵循"一体化设计"模式。在该阶段，开发商并没有介入，地空中心作为统筹协调部门，整理并传达政府部门及规划管理部门多方意见，协调管理、设计、业主各方需求，起到了关键作用。

6.2.2.2 基础设施建设

核心区的基础设施建设与整个二七商务区同步进行。商务区投资估算总计71.17亿元，包括地下空间25.72亿元，道路工程26.74亿元，市政设施10.24亿元，绿化景观1.47亿元，音乐厅7亿元。

资料显示，二七商务区的公共（基础）设施建设工作由"武汉滨江基础设施建设发展有限公司"统筹，包括承担二七商务区基础设施投资、建设、维护及管理等。该公司由中建三局、中信泰富公司以及政府出资方代表——二零四九公司共同出资成立。政府为了控制项目整体进程、保障项目实施质量，在基础设施建设时期，便出资参与项目基础设施的建设，并帮助项目融资。与一般旧城更新只在基础设施建设阶段采用PPP模式不同，二零四九公司作为政府的代理人以PPP模式，从基础设施建设到后期的开发，全程参与到核心区的建设中，对社会资本进行吸收与整合并拓宽融资渠道（图6-7），这是政府财政制度改革、治理能力提升的重要体现。

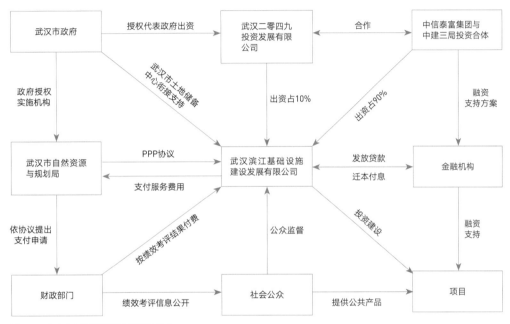

图6-7 二七商务区基础设施建设PPP模式

6.2.3 土地出让与建设融资阶段

2014年，二七商务区的实施性规划编制工作及土地征收工作完成后，江岸区政府协助区商务局积极开展了招商工作，发放《武汉市二七沿江商务区投资意向表》，重点对接世界500强、中国500强及行业领军企业。2015年，核心区开始土地挂牌出让工作，核心区的5个打包开发单元先后出让给上海汇业实业有限公司、武汉硅创置业有限公司、武汉平华置业有限公司、中信泰富（中国）投资有限公司以及武汉东瑞置业有限公司（图6-8、表6-5）。

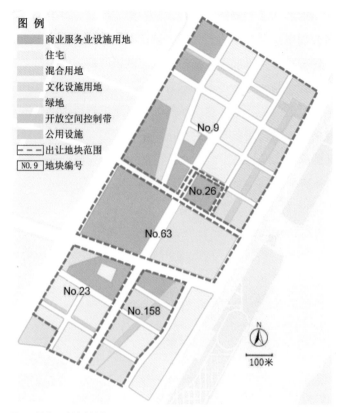

图6-8 核心区土地出让情况

核心区土地出让情况 表 6-5

竞得人	出让地块编号	容积率	建筑面积（平方米）	出让面积（平方米）	总价（万元）	楼面地价（元/平方米）	出让方式
上海汇业实业有限公司（周大福集团子公司）	NO.63	3.76	438244	116460	147500	3550	现场挂牌
武汉硅创置业有限公司（伟鹏+国海证券+万科）	NO.23	6.10	431500	70740	390000	9038	
武汉平华置业有限公司（国华人寿保险股份有限公司控股）	NO.158	6.18	402132.6	65070	326000	8107	现场挂牌
中信泰富（中国）投资有限公司	NO.9	5.12	1173000	229040	992000	8457	
武汉东瑞置业有限公司	NO.26	12.84	200304	15580	150000	7489	

　　2015年7月，周大福旗下子公司上海汇业实业有限公司以14.75亿元购得NO.63地块，楼面地价3550元/平方米，此项目委托新世界地产进行运营及管理[①]。NO.63地块处于核心区的地理中心，区位条件极好，但相应的，市土地储备中心为该地块定下的出让条件也很高，

[①] 几经波折终成交 周大福 15 亿底价拿下武汉二七滨江地块，https://mp.weixin.qq.com/s/A-79AsDLiCu46Hw5C_3v6w，2015.07.29。

要求竞得人必须自持全部酒店（含酒店式公寓）和不小于6万平方米的商业面积，以及自持不小于12万平方米的办公面积并不少于10年；且交地之日起1年内开工建设，3年内竣工。相较于一般的房地产开发商，周大福集团的操盘能力更加稳定，而旗下的新世界（中国）有限公司，作为最早进入内地的港资开发商之一，自1992年进驻武汉以来，一直深度参与武汉社会经济发展，先后投资武汉天河国际机场、长江二桥、新世界国贸大厦、光谷新世界等建设项目，并携手武汉市政府开发武汉最大的安居工程——常青花园，成为在武汉投资最多的港商。新世界（中国）有限公司凭借着新世界集团的资源和武汉市政府的支持，为武汉超过50%的外资外事企业提供商业服务，与美领馆、法领馆等国际机构建立长期合作关系，深耕于武汉的城市运营之路[①]。所以，该地块被上海汇业实业有限公司竞得，也是武汉市政府对新世界集团在武汉进行第三轮城市建设投资的支持与信任。

2016年5月5日，武汉硅创置业有限公司竞得了二七滨江NO.23号地块，成交金额为底价39亿元，楼面地价为9038元/平方米。该地块出让条件为：要求引进1家（含）以上国际性金融服务企业的中国区域总部，3家（含）以上全国性或区域性金融服务机构，且开发商需要自持该项目商业、商务部分8年以上，对开发商的资金实力和运营能力有较高要求。

2017年1月24日，武汉平华置业有限公司以32.6亿元的底价竞得NO.158号地块。武汉平华置业有限公司是国华人寿保险股份有限公司于2017年1月成立的全资子公司。在国华人寿的战略布局中，此地块将作为国华人寿总部所在地，打造在武汉投资的首个大型商业综合体项目，成为武汉"新江岸"区域的金融中心，这与土地出让条件补充公告相契合：竞得人必须自持70%以上的商业、商务部分10年以上，期间不能销售转让；引入3家及以上全国性金融机构的区域总部或控股子公司，并且必须是由"一行三会"颁发过许可证的；至少引进1家世界500强金融机构的区域总部；要求建设标志性商务办公塔楼，且建筑高度不低于300米。

2017年2月7日，中信泰富（中国）投资有限公司以99.2亿元底价竞得二七滨江NO.9号地块。地块出让条件非常严苛，要求竞买人须为2016年美国《财富》杂志公布的世界500强企业，并引入2家（含）以上世界500强企业的区域总部，1个月内在江岸区完成注册入驻。同时，引入6家（含）以上"一行三会"颁发过经营许可证的全国性保险公司等金融机构区域总部。作为核心区规模最大、出让价格最高的地块，中信泰富滨江金融城的建设对整个二七商务区的发展至关重要。严苛的地块出让条件，表现了政府对该项目的重视，而政府投融资平台——武汉二零四九投资发展有限公司的全过程参与，也让该项目进程按照既定方向有序发展。具体来看，武汉二零四九投资发展有限公司参股建设中信泰富滨江金融城的项目公司——"武汉泰富二零四九商业发展有限公司"，并持股30%；还在商务区基础设施建设公司——"武汉滨江基础设施建设发展有限公司"中占有10%的股份。由此可见，地方政府有全程参与并掌控二七商务区建设发展的意愿。

2017年3月，位于核心区北片的NO.26号地块被武汉东瑞置业有限公司以底价15亿竞

① 26年匠心深耕 新世界将为大武汉更新新地标，https://wh.house.qq.com/a/20180517/029006.htm，2018.05.17。

得，楼面价为7498元/平方米，地块规划净用地面积为15580平方米，容积率约12.84，主体建筑高度不低于245米。根据江岸区人民政府意见，地块竞买人须承诺引入一家全国性专业互联网保险公司法人总部，并提交与该总部签订的合作协议，一个月内完成该金融总部的注册入驻；地块成交后，竞得人须自持至少10万平方米的商务办公物业，且竣工验收后10年内不得转让，10年后不得分割转让。

6.3
"地方政府企业家主义"的运作模式

6.3.1 核心区更新的运作特征

▶ 核心区的更新是城市空间资源的重构，而推动空间重构的则是多元利益主体互动的城市治理过程。从核心区的征收拆迁安置与土地储备、规划编制与基础设施建设，到土地出让与建设融资的整个过程中，政府一直具有主导地位，引导非政府主体的参与，并平衡相关利益，维护旧城更新的可持续运作。本小节将剖析治理主体互动过程的运作特征。

6.3.1.1 特征一：公权力与市场力充分结合，共同实现城市更新的多元目标

政府与市场主体互动的过程，是公权力充分介入市场开发的过程，地方政府对城市空间资源的垄断，强化了其对房地产市场的干预和控制。融资平台公司作为政府参与并主导旧城再开发全过程的工具或者代理人，向上与政府及各职能部门对接，成为政府部门强有力的政策执行者，向下与房地产开发商联合投资，吸收整合社会资本并拓宽融资渠道。"政府-市场"主体为核心区更新项目的经济效益提供了有力保障，更新过程中的利益分配也最大限度地满足了"政府-市场"主体的需求。

核心区规模最大、最具发展前景，对商务区成功与否至关重要的片区，是中信泰富滨江金融城地块，政府将该地块出让给中信

泰富，一方面是因为具有国资背景的企业具备较强的资源整合能力，能够与政府通力合作保障该地块的成功发展，另一方面是因为中信泰富参股了短期内无法产生直接经济效益的基础设施建设项目公司，表达了其对武汉市城市建设领域的支持。在中信泰富投资到二七商务区的基础设施建设和旧城开发的同时，政府平台二零四九公司与之形成了合作伙伴关系，以PPP的模式分别参股基础设施建设项目公司和中信泰富滨江金融城开发项目公司，足见政府对中信泰富地块开发的积极参与。核心区其他地块的出让，也是政府主导并干预的结果：新世界地产和伟鹏地产都是深耕武汉房地产市场20余年的老牌房企，国华人寿和泰康人寿则是具备投资能力且在武汉有长远战略布局的险资企业，各开发商都与武汉市政府有合作协议或在武汉市城市建设领域有明显的资源优势，都有能力与武汉市政府配合，达成建设国家中心城市的目标。所以，政府部门与土地储备部门配合，为每个开发商"量身定制"了规划开发条件，以保证土地出让过程的可控性。

由此可见，在核心区打造的过程中，政府虽与市场形成合作关系，但占据绝对主导地位。"一体化"的开发模式、高准入门槛以及政府出资成立的融资平台的全程参与，无不说明政府对于该区域的改造目标不仅仅是短期的经济收益，更是为了提升城市功能、服务于国家中心城市的建设。

6.3.1.2 特征二：公权力与社会力不对等，城市更新的社会效益待提升

社会公众与政府和市场主体在利益互动中的话语权不对等，导致拆迁安置的结果与政府预期有一定偏差。就核心区更新的改造初衷来看，市级、区级政府虽有自己的经济利益和政治利益考量，但并不与社会利益对立，而是希望在实现经济效益的同时也保障社会效益。而现实情况是，政府采取了一系列措施来安置补偿旧城居民，但是却没有办法完全落实，边缘化的居民们也缺乏自下而上反映利益诉求的途径。政策下达后，对于基层落实的监督力度有待强化，在城市更新利益共享中难以兼顾，相对忽略了社会公众的利益诉求，使得社会公众处于弱势地位。

6.3.2 核心区更新的运作模式

核心区更新的运作过程是政府主体（包括政府各部门、土地储备中心以及融资平台）、市场主体（竞得土地的5个开发商）和社会公众（旧城居民）之间相互作用的结果，各自运作的机制如下：

政府主体体现出了治理的"企业化"倾向。作为绝对主导者，区政府和各职能部门体现出了"企业家精神"，采取了创新、进取的行动方式，以经济增长为目标，但同时也具备维护社会利益的基本职能。对外，一方面为了实现与市场主体的利益平衡，设置政府平台公司全程参与土地经营与项目融资，形成稳定有力的公私合作伙伴关系，另一方面为了维护社会稳定，制定了一系列高效拆迁安置措施，然而监管不力导致措施落实性较差；对

内，一方面要组织市、区自然资源和规划局以及规划编制单位的工作展开，另一方面与直接面向市场的市土地储备中心联合，为保障旧城更新效益而设定严格的开发商准入门槛。

市场主体是核心区经济发展的直接推动者。对外，各大企业提供实体资本进入旧城更新，与政府建立良好公私合作伙伴关系，对旧城片区的经济效益产生颠覆性的影响，而且市场化运作的过程也影响到了政府的制度建设和行为方式，促进政府治理方式的"企业化"转向。例如，政府为了让优质资本进入核心区建设，对"汉口滨江国际商务区基础设施PPP项目"采用公开招标的方式，并在招标公告中表明政府方将参股项目公司。对内，各大企业的参与也是基于对自身商业利益提升和版图扩张的追求，以及对企业社会责任的履行。

社会主体被置于核心区更新的次要参与者地位，没有任何权力资源和资本资源，仅仅是空间的原本使用者。社会主体渴望其利益诉求能被政府部门重视，并担任城市治理监督者的角色，但结果往往背道而驰。例如，由于拆迁安置补偿政策落实性差以及居民缺乏自下而上表达诉求的渠道，导致社会主体话语权被剥夺，引发社会不公。

总体上，三类治理主体的互动构成了核心区更新的"地方政府企业家主义"模式（图6-9）。政府主体改变了传统的管理方式，在与市场的协调、合作中走向更加高效的"企业化"城市治理方式，为城市发展带来巨大的经济效益，但在追求经济利益的同时相对忽略了社会利益的表达；市场主体在更新项目中带来资本的参与，但其"入场券"的获得还需依靠政府政策的支持，其在与政府的合作中追求利益并促进了政府治理方式的变革；社会公众在城市治理过程中无法充分自下而上地表达自身利益诉求，不可避免地与政府部门产生分歧。

现阶段武汉市的旧城更新在政府的引导下，基于"公私合作"展开，政府部门利用其垄断土地一级市场的优势，在土地经营和建设融资中引入市场资本，借用旧城更新等手段来推动武汉市的经济发展和城市建设，并在这个过程中表现出了创新、进取的"企业家精神"。与只在基础设施建设阶段运用公私合作伙伴关系的旧城更新运作模式不同，二七商

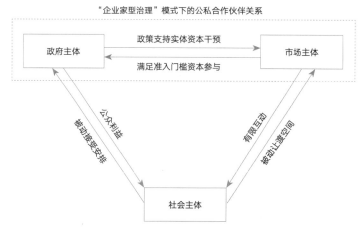

图6-9 "地方政府企业家主义"模式下的主体互动关系

务区更新的"企业化"运作模式中，政府在从土地整备到土地出让、开发的全过程中都保持着绝对主导的地位，利用地块本身条件的优势，设置土地市场的准入门槛以吸引并整合优质市场资本，政府充分利用市场手段，以融资平台公司的实际资本干预到更新项目中，更加类似于企业的运营，深刻体现了所谓"计划为中心、市场为工具"的"政府企业家主义"。然而政府在与市场充分合作的同时，受到的公共约束较少，存在忽视公众利益的问题。

综上所述，相比楚河汉街中开发商主导性强的特点，二七商务区凸显了2010年代以来，政府以建设国家中心城市为目标，进而以打造重点功能区来推动城市社区更新。市级、区级政府和各开发商为了实现各自的利益诉求形成增长联盟，在积极互动的过程中促进城市发展。政府主动引导开发商资金的进入，实现地块功能向生产服务业转型；并通过设置较高的规划条件来形成开发商的准入门槛，保证产业高质量发展。同时，"企业化"的政府也是开发商强有力的合作方，依托自己的投融资平台，以PPP模式全程参与到核心区的土地开发运营过程，把控项目按既定方向打造，驱动汉口滨江片区的城市更新。土地竞得者都是招商运营实力和开发资金实力兼备的开发商，为核心区的开发带来实质性的资本；比较特殊的是，各开发商都具备带动武汉经济发展与金融创新的能力，且与武汉市政府有密切合作关系。至此，我们也可以看到，这一阶段的城市更新目标更加多元化，在看重"增长"或经济利益的同时，政府更加注重城市功能的培育，以及长期的城市发展目标的实现。

7

第 7 章　南湖街道华锦花园小区
改造：三微融合的初步
探索

如第3章所述，在很长一段时间，我国的城市更新都是以拆除重建为主，保留更新为辅。早期的保留更新也基本上是政府自上而下主导的，如前面提到的，武汉旨于老旧小区基础设施和环境品质提升的883计划。这种单纯的政府供给往往带来"政府买单、居民不买账"，推进困难的局面，长效也难以保障。如，武汉在"十三五"开局的前两年，还是以这种方式在推进"幸福社区"建设，但数据显示，该时段内拆除重建的进度达到五年计划目标的27.6%，但保留整治的进度不到前者一半。老旧小区改造亟待新的创举。

为此，武昌区率先示范，于2017年开始引领武汉市的此项探索，塑造了三微融合（微规划、微改造、微治理）推动老旧小区改造的新模式。其中，微规划，即以小区为基本单元，着眼于小区品质改善的细微进行改造；微改造，是在微规划基础上，从细微处着手，通过保护、整治、修缮、活化，挖掘和发挥本底要素，大力开展修补工作，让小区空间更加精致；微治理，即在党建引领的基础上，充分调动和赋予居民参与公共事务的能力，培育社区内生发展动力。三微融合，则是三者的协同互促。

7.1
三微融合改造探索的背景

7.1.1 武昌先行：以微规划、微改造促进微治理

▶　　武昌区是武汉江南的中心城区，历史悠久，其城区建设和发展较不平衡，既有设施齐全、充满活力的新区，又有配套老化、空间拥挤的老城区。全区共有住宅小区686个，其中2000年以前建设的老旧小区便有428个，占62.39%。这些老旧小区大多面临市政基础设施配套落后、空间环境品质衰退等问题。而随着经济、社会的发展，居民对生活品质的要求在不断提高，因此，事关居民幸福和谐生活的矛盾也在逐步增多，为基层工作带来了较大压力。老旧小区问题亟待从两端着手予以化解：改造老旧小区提升空间品质、延缓小区衰退步伐，适度缓解基层矛盾；赋能基层组织，提升基层组织化解矛盾的能力。

在社区治理方面，武昌区一直走在武汉市乃至全国的前列，曾获"全国和谐社区建设示范城区""首批全国社会工作服务示范

地区""第二批全国社区治理和服务创新实验区""全省和谐社区建设示范城区"等称号。2014～2017年，在全国第二批社区治理和服务创新实验区的创建中，武昌区以"理顺职能关系、完善社区多元治理"为主题，推进了"区、街道和社区"治理综合配套体系改革；通过行政管理体系优化和社会工作体系建构，基本实现了党委领导、政府负责、社会协同、公众参与、法治保障的多元社区治理格局，形成了基层社会整体性治理的体系框架，为社区治理能力和服务水平的提升做好了顶层制度设计。但居民在推进社区建设与管理中的主体性不够，居民参与的广泛性和积极性不强，参与式社会动员的系统性不健全，因此，深度推进治理能力和服务水平的提升，仍需在机制内容上予以完善，需要从微观尺度探索治理模式。

就社区建设而言，武昌区也逐渐认识到传统的以大拆大建为服务对象的城市规划与满足人民的本体性需求间不匹配，政府单一投入的反复性、滞后性、有限性、局部性与大量老旧小区品质提升工作的艰巨性、迫切性、长期性、广泛性不匹配，重投入、轻管理的社区规划建设模式与社区品质持续提升必要性间的不匹配。为此，创新社区规划与实施的模式，适应社会发展的时代要求、百姓需求，使居民从"旁观的你"变成"参与的我"，需要从微观尺度着手，探索以人为本的更新改造模式。

因此，社区治理与社区建设应该协同起来。建成环境是社会关系的载体，是社会结构的表达。社区改造既应尊重既有社会关系和结构，也应引导社会关系的正向构建。为此，武昌区首先提出从微观尺度着手，探索社区品质与基层社会治理能力互促增进的模式与经验，以期因地制宜地发挥新老城区优势，不断满足群众多元化、小众化、个性化需求，有效提升社区环境品质，并通过推动治理资源和治理重心向社区下沉，提升社区自治、共治能力，更加高效解决群众身边的问题。这种探索具体可概述为：借鉴参与式规划的理念，以社区规划为平台，调动社区居民、各级政府、政府职能部门等相关主体的广泛参与，力求实现规划方案的共谋、方案实施的共建、建设成果的共享以及长效管理的共治。

7.1.2 南湖街道：1990 年代初逐步建成的住区

武昌区老旧小区改造以南湖街道先行试点。该街道所在地原来是武昌南湖机场用地，是始建于1936年的军用机场，占地约4000多亩。新中国成立后，该机场改为民用，并于1951年8月作为武汉首个民用机场开始起降飞机。1980年代中期，该机场是湖北省最大的民用航空港，也是国内航空干线的重要枢纽之一。随着武汉天河国际机场建成启用，南湖机场逐步退出历史舞台。

1994年，南湖机场搬迁后，该片区被整体出售给宝安地产公司进行居住开发，拟打造"南湖花园城"。由于拿地规模过大以及政策对开发时间的要求，宝安地产面临巨大的资金压力，所拿地块因此被分片出售给多家开发商，如武汉市房管局的下属企业武汉市住宅开发公司等。最早，该片区由紫阳街道代管。2003年9月，武昌区成立南湖花园文明示范区指导委员会，由其作为区政府派出机构，履行管理职责。2004年4月，南湖花园管理办公室成立，辖区人口6404人，面积2.64平方千米，管理着祥和、宁静、宝安、松涛、中央花园、华锦6个社区居委会。2006年5月，经武汉市政府批准，武昌区南湖街道办事处正式挂牌成立。可见，南湖街道是武昌区较为年轻的街道，也是武昌区较早成片开发的纯居住区。

2000年以前，南湖街道的土地基本都是以经济适用房、安居房和廉租房的性质开发的，进入21世纪，商品房的开发比重逐渐增加。其中，经济适用房等具有一定福利性质的住房，其建设质量和设施配套标准等相对商品住房而言，有所偏低。随着时间推移，建筑开始老化，给水排水、道路、停车等市政设施以及为老人、儿童服务的公共设施配套不足的问题凸显，已越来越难以满足人口增长和居民生活水平提高的需求。2016年7月，一场暴雨席卷武汉，南湖街道作为老旧居住区，由于地下排水管网年久失修，其迅速被暴雨淹成孤岛，直至10余天后雨水才全部消退。该类事件，一方面暴露出老旧小区改造的迫切性，另一方面也揭示出基层面对突发事件处理能力的有限性。

南湖街道作为武昌区最大的居住区和老旧小区集中地，自然成为首个试验田。为了试点需要，街道和社区在综合考虑小区性质、规模、治理现状等方面后，选择了代表3种类型的3个社区的7个小区，包括：社区规模相对较大、房屋类型多样（建设年份差异，经济适用房、保障房和商品房融合）的小区，如将要深度分析的华锦小区；社区环境品质亟待改善，难以满足居民日常刚性需求的、亟需"雪中送炭"的安居房小区；规模较大、居民素质较高、需求水平较高的、属于锦上添花的中高档小区。

7.1.3 微改造规划的工作组织模式

南湖街道三微融合的老旧小区改造是以"区（级政府）、街道（办事处）、社区（居委会、居民、业主委员会等组织）联动"型工作组织模式展开的。区政府及相关职能部门、街道办和社区居委三级主体分工协作，经由自上而下和自下而上的往复过程，构建上下联动的工作机制（图7-1）。区级层面负责政策制定、实施、协调、统筹全过程，并由分管民政的副区长主抓；规划主管部门（原武汉市国土资源与规划局武昌分局）负责社区规划的编制和验收，然后由区建设主管部门负责实施，其他相关职能部门配合；南湖街道办事处作为落实此项工作的下级政府主体，主要负责上、下各主体之间的统筹、协调工作，如，配合武昌区政府落实政策，对接社区居委会及其他相关社会组织、企业单位等。社区居委会作为政府最基层的管理机构主要负责配合该社区的该项工作的实施、统筹辖区内社区规划与改造的具体事宜、协调居民及其他相关单位。整个试点工作在规划阶段经历了自上而下统一思想、社区横向联动编制规划、自下而上意见征询3个阶段，再由建设部门实施规划。

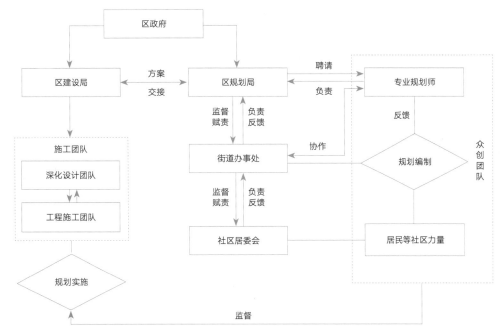

图7-1 区、街、社区联动型工作模式图

　　规划编制环节是专业规划师引导的"众创",分3个步骤:首先,自上而下统一思想。区级选定试点街道,街道选定试点社区。区规划主管部门选聘专业规划师团队,逐步将其介绍给街道和社区,统一工作思想和目的。就南湖街道而言,其形成了"书记决策、主任负责、分管副主任和科长落实"的分工体系。街道进而动员社区居委会书记,由其动员社区相关主体和居民,协助专业规划师的规划编制。

　　其次,横向联动"众创"改造方案。专业规划师拟定标准,由居委会招选社区业委会、物管、居民代表等,构成"众创团队",在专业规划师主导下,以工作坊形式开展参与式规划。规划分现状调研、联合设计、方案征询3个阶段,每阶段又包括系列主题活动,每场主题活动由专业规划师发起、居委会召集成员,争取对讨论内容达成共识。专业规划师通过现状调研,使居民系统认识社区优缺点,对现状痛点达成共识,并凝练改进方向,敲定拟改造区块。针对这些区块,专业规划师引导"众创团队"开展联合设计。多轮讨论后,专业规划师编制方案,发起更大范围的方案公众征询。

　　最后,自下而上意见征询。方案完成后,专业规划师逐级向街道、区级部门汇报,展现居民诉求,征询各级政府意见。专业规划师据此完善方案,提请"众创团队"讨论修改,如此往复,最后敲定规划方案,由规划局组织验收。

　　在规划方案获批后,街道根据规划方案分批向建设部门申报立项,区建设部门进而组织方案深化设计、工程招标、施工监督和竣工验收。

7.2
华锦花园小区微改造规划的过程与方案

▶ 华锦花园小区由武汉市住宅开发公司于1999年分四期开发建设完成，共有77栋、209个单元、12429人，总建筑面积约34万平方米；是融合经济适用房、廉租房和商品房的规模较大的居住小区（图7-2）。其中，一期位于小区的西北，二期位于小区的西南，是最早建成的容积率为1.5的经济适用房。三期位于小区的东北，四期位于小区的东南，是2005～2008年中期陆续建成的商品房，容积率为1.8。这四期由东西向的车行主干道和南北向的人行广场分割。华锦花园小区的中央是小区的中心广场，其西侧是华锦社区居委会的办公场地和居民服务设施集聚地。广场以南则是一所小学，小学的西南角则是廉租房。这四期分别代表了不同时代背景住区建设的风格：在小区内部，一期、二期、三期是开放式的，其中三期配建地下停

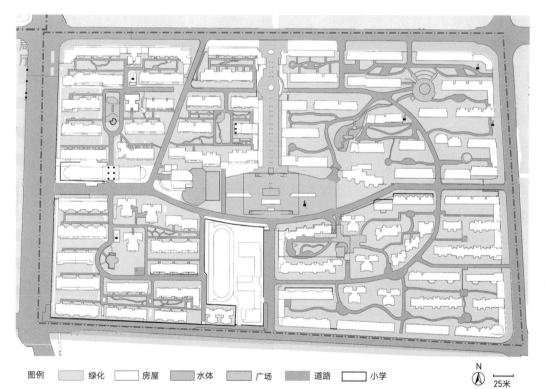

图例 ▢绿化 ▢房屋 ▢水体 ▢广场 ▢道路 ▢小学

N
25米

图7-2 华锦花园小区现状图

车场；四期则另设围墙和门禁，成为小区中的"小区"。因此，华锦花园小区是一个房屋类型较为复合的小区。

华锦花园小区4个片区由统一的物业管理公司管理，但由于房屋性质、建设时序、建设品质、配套等方面的差别，物业管理服务的收费存在差异，体现为一期、二期最低，三期其次，四期最高。不同片区面临着不同程度的衰退状况，以一期、二期为最。华锦花园小区的改造规划开启于2017年年初，并于2019年底实施完毕。如果根据国家2020年初规定的老旧小区是2000年前建成的，那么华锦花园小区只有一期、二期勉强可算为老旧小区，但由于是武昌区为先行试点，改造范围包括了整个小区。

华锦花园小区微改造的规划编制工作由专业规划团队主导，调动社区居民、社区相关组织代表人员等，以工作坊的形式开展。规划团队通过组织为期4个月的规划编制活动，以具有创造力的合作方式，达成对社区未来发展的共识，并制定切实可行的改造方案、行动策略和治理制度。具体包括搭建工作坊、"发现社区"系列活动、"联合设计"系列活动以及社区规划师制度建设这4个阶段（表7-1）。

活动开展情况 | | | | 表7-1

项目阶段	活动事项	活动内容	成果形式	活动参与者
搭建工作坊		1. 沟通项目计划； 2. 落实工作坊成员、驻地； 3. 安排"发现社区""发现社区规划师"活动		
"现状调研"系列活动	实地踏勘 集中座谈 与社区居民代表进行一对一座谈 问卷调查 现状调研成果汇报	1. 围绕社区文化、社区治理、景观环境、公共空间、道路交通、设施配套等方面进行实地踏勘，并收集居民意见，形成现状调研报告； 2. 向居民汇报，凝聚居民对重点改进方向的共识，确定改造区块	1. 访谈纪要； 2. 问卷调查表； 3. 现状调研报告	1. 社区居民代表； 2. 项目团队
"联合设计"系列活动	规划团队与社区居民代表对接设计系列活动 开展联合设计 多方讨论，形成设计方案 设计方案公众咨询	1. 规划团队出具重点项目包的设计意向和图纸，与社区居民代表对接，由居民代表分组自行研讨； 2. 规划团队与社区居民代表进行联合设计，将后者的构思与意向可视化展现； 3. 规划团队编制设计方案并与社区居民代表进行商讨修改； 4. 方案敲定后，进行公众咨询； 5. 按照咨询意见修改后编制最后方案	1. 阶段性的设计图纸和方案； 2. 初步方案定稿； 3. 最终社区微更新与设施配套的方案	1. 街道办事处相关领导； 2. 社区居委会相关人员； 3. 业委会成员； 4. 社区居民代表（社区规划师）； 5. 规划团队； 6. 物业公司代表
社区规划师制度建设	聘请社区规划师拟定后续工作制度与方案	1. 成立社区规划师组织； 2. 将社区规划师转变为规划实施中的"社区监理师"，赋予其角色； 3. 改造完成后，建立社区长效管理的机制	1. 建立社区组织； 2. 形成规章制度	1. 社区居民委员会； 2. 参与规划过程的社区居民代表； 3. 其他社区居民

7.2.1 搭建工作坊

专业规划团队首先与华锦社区居民委员会对接此项工作，就区政府、区规划主管部门和南湖街道办事处对这项工作的部署达成共识，包括工作背景的介绍、工作计划的共同拟定、落实相对固定的工作坊场地，然后开启寻找社区规划师计划，即由社区居委会根据专业规划团队提出的遴选要求选择社区居民代表。遴选要求包括两方面：一是，覆盖整个小区，覆盖全年龄段；二是，具备居民骨干的特征，即具有公益心、较为理性、热心社区发展事业以及最好具有规划相关专业背景。最终，整个华锦花园小区陆陆续续参与整个规划过程的社区居民代表总计约60人，以55岁以上的群体为主，少部分为中青年。这些居民代表几乎是一个楼栋一人。

华锦花园小区形成了以这些居民代表为主体，专业规划团队为组织者，社区居委会成员为纽带、协调员，社区业委会成员、物业公司成员为支撑，武昌区规划主管部门代表与街道办事处相关工作人员为观察员、协调员的规划工作坊。每个人被赋予相应的身份，扮演相应的角色，为共同谋划规划方案的编制工作奠定了基础。工作坊的活动基本上由专业规划团队发起，并按计划实施。首先便是动员居民代表带着任务，去重新认识他们的小区，从公共视野出发，发现小区需要进一步改造提升的方方面面，即开启"发现社区"系列活动（图7-3）。

图7-3 社区居民代表与"发现社区"活动介绍

7.2.2 全方位把脉社区，确定改造意向

在居民代表自行"发现社区"后，下一阶段是专业规划团队与他们共同开展社区调研，全面、深度地认识社区。专业规划团队与社区居民代表等工作坊成员分组，围绕景观环

境、道路交通、公共空间、设施配套、社区文化与社会治理等6个方面开展实地踏勘工作，以让全体工作坊成员有目的地了解社区基本现状；在进行了3次实地踏勘基础上，专业规划团队对社区居民代表（约48人）进行一对一的访谈工作；在对访谈记录进行梳理的基础上，制定社区改造调查问卷，并在每个楼栋随机抽取2~3户家庭发放调查问卷。最后，专业规划团队综合实地踏勘、一对一访谈（表7-2）、分析问卷调查的结果（图7-4），对社区现状进行全方位把握，梳理出华锦花园小区改造提升中的痛点、难点，并划分轻重层次，找准急需解决的重要方向和空间节点。

一对一访谈结果 表7-2

空间问题	具体问题	反映频次
景观环境	1. 房前屋后植被的配置与维护较差	32/48
	2. 亲水水体质量差	17/48
	3. 圈地种菜现象严重	7/48
公共空间	1. 中心广场空间利用率低	38/48
	2. 网球场闲置	33/48
	3. 大型室内外活动空间匮乏	28/48
	4. 组团内游园利用率低	12/48
	5. 架空层利用率低	5/48
道路交通	1. 机动车位匮乏	43/48
	2. 人车混行	31/48
	3. 道路铺装破损	12/48
	4. 非机动车无序摆放	4/48
设施配套	1. 儿童设施少且老化	32/48
	2. 社区监控较少	21/48
	3. 缺乏社区形象标志	12/48
	4. 环卫设施杂乱	10/48
	5. 健身器材老旧，维护较差	8/48
	6. 路灯损坏、路障损坏或缺乏	4/48

在全方位梳理现状调研资料之后，专业规划团队通过展示、汇报和研讨等多种形式，与居民代表等工作坊成员沟通交流。在此项活动的初始阶段，居民代表都是以个人为中心反映其关注的改造方面，但活动之后，他们基本都能从公共利益的角度认识到小区问题的主次。因此，此过程是专业规划团队以外部人身份、以专业视角认识社区的过程，同时更是居民代表们就社区现状特征、现状痛难点、改造意向，凝聚共识的过程。这为后续拟定重点改造空间、重点改造项目奠定基础。

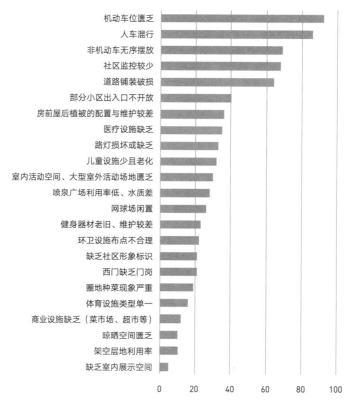

机动车位匮乏
人车混行
非机动车无序摆放
社区监控较少
道路铺装破损
部分小区出入口不开放
房前屋后植被的配置与维护较差
医疗设施缺乏
路灯损坏或缺乏
儿童设施少且老化
室内活动空间、大型室外活动场地匮乏
喷泉广场利用率低、水质差
网球场闲置
健身器材老旧、维护较差
环卫设施布点不合理
缺乏社区形象标识
西门缺乏门岗
圈地种菜现象严重
体育设施类型单一
商业设施缺乏（菜市场、超市等）
晾晒空间匮乏
架空层地利用率
缺乏室内展示空间

图7-4 问卷调查结果

通过"发现社区"活动，华锦花园小区的现状问题与改进意向大体体现在以下4个方面（具体见表7-3）：

一是，道路交通问题严重，反应在道路交通组织、停车空间等两个方面。在道路交通组织上，目前小区交通主要依赖一条东西向的主干道进出，分期建设的组团之间道路交通断头路多，组团之间更是未能系统化组织起来，因此早晚高峰会带来交通拥堵和社会矛盾。此外，机动车通行路线与人行路线重叠，相互影响，带来安全隐患。在停车空间上，共识是现状道路两侧无序停车混乱，既有停车位（只有三期有地下停车库）严重不足，因此停车占用绿化和公共空间的问题异常突出。非机动车的停放也大多无序，存在较多废弃非机动车的堆放场地，造成空间的浪费。此方面的改进意向则是梳理道路交通，拓宽路面，还居民人行通道，增加和规范停车位。

二是，公共空间利用率不高。作为大型居住小区，华锦花园小区的公共空间相对集中、成体系，但面临不同程度的老化和不适应居民的日常生活需要。如位于小区中央的中心广场，除了在开发商销售楼盘时经常启用外，现已废弃，时常积水；有着同样问题的是中心广场东西两侧的拱柱建设在观景池上，每逢下雨变成水池，带来安全隐患；而中心广场以西和以东是小区公共设施集中地，如社区居委办公楼、幼儿园，但周边闲置绿地较多，利用率较低；此外便是各个组团的公园闲置老化严重。为此，活化公共空间，增强其居民活动适应性，提高利用效率是居民普遍的意向。

三是，景观环境有待提升。这主要体现在一期、二期房前屋后的绿地上。因时常用作停车以及高大乔木缺乏修剪从而遮挡阳光，绿植难以成活，绿地变泥地；其次是三期的景观水体，因小区在规划建设时未考虑其流通性，日积月累已经变成了一潭死水，成为垃圾的倾倒场，水体污染严重。此外，是小区西门紧邻地铁站，是人行的主要入口，也是形象展示窗口，但目前景观性不强。改进意向是修剪乔木、增加绿植、改善水体以及建设西门牌坊。

四是，公共设施配套不够。这主要体现在儿童与老人的活动设施与场地不够，设施布置的点位不合理，如社区居委会办公楼是儿童和老人活动最为频繁的场地，但没有配备相应的设施，东侧的幼儿园也同样如此。因此改进的意向是增加设施供给、优化设施布局。

华锦花园小区的具体问题及改进意向 表 7-3

调研内容	具体问题	改进意向
道路交通	1．社区大量出入口关闭，导致小区内车辆通行缓慢	1．开放部分出入口
	2．小区内人车混行，小学上下学期间交通拥堵	2．完善步行系统
	3．社区道路为双行道，但因停车占用通行路面宽度窄，通行不畅	3．部分道路改为单行线
	4．机动车停车杂乱，占用道路空间，阻碍道路通行	4．梳理停车系统
	5．部分关闭的出入口前存在非机动车停车占用的现象	5．利用架空层增设非机动车位
	6．道路面坑洼断裂，造成安全隐患	6．定位破损位置，进行路面养护
公共空间	1．南湖一小西侧围墙空间单调，未利用充分	1．围墙美化（涂鸦），周边空间做人行道
	2-1 中心广场空间零碎； 2-2 法制长廊使用率低	2-1 整合广场空间； 2-2 长廊增加展示、科普空间
	3．居委会东侧网球场几近废弃	3．结合南部绿地，做成功能复合的活动场所
	4．一期小游园构筑物破损，无顶棚影响下雨天使用	4．构筑物加顶、修缮维护铺装及绿化
	5．二期小游园构筑物破损，空间利用不充分	5．重新进行空间规划，修缮凉亭等构筑物
	6．四期部分小广场空间利用率低	6．广场空间重新空间规划，结合绿化、各类设施布置
景观环境	1．一期、二期由于修路和缺乏维护，土壤外翻严重，灌木缺乏修剪	1．增补草坪
	2．组团绿地被停车侵占	2．增加灌木或围栏，保护绿地
	3．临近消防出入口处，乱堆垃圾杂物，停车侵占	3．清理场地，恢复植被或改做停车场
	4．四期房前屋后，圈地种菜现象明显，侵占公共空间	4．杜绝种菜现象，恢复绿地
	5．中心广场叠水景观水体干涸无使用，存在安全隐患	5．选择恢复水体使用或者适当删减水体空间改做活动场地
	6．三期水系喷泉停止使用，且亲水水质较差	6．中心广场改做活动场地；营造亲水小景盘活水系
	7．四期入口处水体干涸无使用	7．改做儿童活动场地

调研内容	具体问题	改进意向
配套设施	1. 北门春天故事石碑处余秋雨题词价值彰显不充分	1. 重新设计步行街入口景观，突出题词价值
	2. 西门小区车行主入口形象不佳	2. 重新打造社区门户形象
	3. 南门建筑垃圾露天堆放，占用车行出入口，影响环境	3. 建设垃圾堆放房
	4. 二期小游园体育设施处夜晚没有灯光，使用率低	4. 增加环境配套设施，加强设施使用率
	5. 居委会儿童设施老旧，安全隐患大	5. 更新设施，提升周边环境
	6. 三期儿童设施位置偏僻，沙坑废弃，周边设施配套不足，导致设施使用率低	6. 提升周边环境配套，打造系统性儿童娱乐设施区
	7. 四期健身设施分布在车行道路两侧，安全系数低	7. 将健身设施布置在统一地块，保障安全

7.2.3 多方众规改造方案

基于上一阶段就现状问题和改进意向达成的共识，专业规划团队与居民代表们共同敲定了改造地块和项目，即改造项目包（表7-4）。专业规划团队针对每个项目包拟定规划设计任务书，包括划定改造地块边界、明确现状问题、确定改造目标。进而，专业规划团队召集工作坊成员，围绕每个项目包，开展4轮"联合设计"系列活动。此项活动也是培训居民的活动（图7-5）：在第一轮活动中，居民代表主要谈大体改造想法；在第二轮中，专业规划团队给出意向图供其参考，再由居民代表针对性地给出改造意见，然后专业规划团队拿出初步设计草案；第三轮，由专业规划师代表向居民代表讲解设计草案，共同探讨草案的修改；第四轮，由专业规划师拿出初步完整设计方案，再由工作坊成员讨论，敲定初步改造方案。工作坊的往复"联合设计"后使居民深度参与进来，一方面学习了如何将改造问题转化为改造方案的过程，另一方面也对如何改造有深度的认知，便于后期监督实施。如此，改造方案实现了兼具专业性和群众性的目标，不再是专业规划师现状调查后的"闭门造车"和精英式供给。

华锦花园小区项目包

表 7-4

项目包序号	项目包名称	解决问题	改进方向
1	中心广场拱柱区场地改造	1. 水体景观空间利用率低； 2. 活动空间缺乏	1. 减少水体景观； 2. 增加平地活动空间； 3. 根据需求引入活动功能
2	中心广场叠水景观的优化	1. 空间使用率低； 2. 景观不佳	1. 减少水体景观； 2. 引入新景观设计； 3. 根据需求打造舞台等功能

项目包 序号	项目包 名称	解决问题	改进方向
3	道路交通系统 梳理与改造	1. 停车位不足； 2. 人车混行	1. 系统性梳理主要道路； 2. 增加人行道； 3. 利用闲置空间规划停车位； 4. 刷黑机动车道
4	西大门建设	西门主要入口形象不佳	根据社区特色进行人行、车行入口空间设计
5	居委会与网球场 周边整体优化	1. 网球场空间浪费； 2. 游泳池使用率低； 3. 儿童设施老旧； 4. 居委会露天平台利用率低	1. 总体规划，打造居民室内外活动空间系统； 2. 网球场根据需求进行再利用或重新改造； 3. 居委会楼露天平台根据需求进行设计
6	幼儿园南侧儿童 活动区建设	地段良好但空间闲置	打造儿童娱乐区
7	三期中心广场提 质改造	1. 中心广场利用率低； 2. 室外活动空间不足	整体规划成为休闲活动场地
8	一期、二期组团 公园提质	1. 健身、休憩设施老化； 2. 廊架等构筑物破损	对场地进行整体规划，增加景观设计

图7-5 居民代表与规划团队开展联合设计

图7-6 改造方案公众咨询与投票

　　如果说初步改造方案融入了居民的诉求，那么接下来的工作则是更广泛地征求方案意见。一是，专业规划团队向街道办事处、区规划主管部门、区政府的分管领导汇报方案，听取其意见，然后根据意见进行深化与完善，形成可以对外公布的改造方案；二是，采用线上和线下两种方式，开展方案的公众咨询，以更广泛听取小区居民意见（图7-6）。如此往复两轮后确定中期规划设计成果。

　　此后，专业规划团队再次向街道办事处、武昌区各职能部门汇报方案，形成最终改造规划设计方案（图7-7），进而编制各项目包的成本预算，敲定各个项目包施工的时序。改造方案大体如下：

　　（1）项目包一，对中心广场拱柱进行场地改造，包括适度修缮拱柱，填平水池，赋予场地相应的活动功能，如利用柱廊摆放乒乓球台等。

　　（2）项目包二，中心广场叠水景观区改造，包括在水池表面加盖木质面板，形成活动平台。保留叠水功能，修缮叠水景观台阶。平日可放置花坛，由居民认捐、认管。

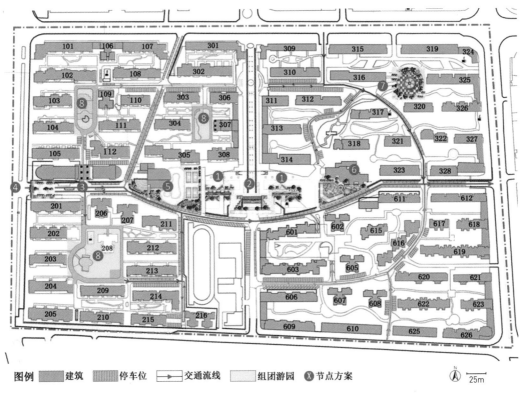

图例 ▮ 建筑 ▨ 停车位 ⟶ 交通流线 ▢ 组团游园 Ⓧ 节点方案 　　　N↑ 25m

图7-7 华锦花园小区改造方案（图面编号与表7-4项目包序号一致）

（3）项目包三，道路交通系统改造，包括打通每个组团的堵点，建立组团内部的循环交通路线，形成组团车行微循环。除西侧到居委会大楼段仍保留双向交通外，其余都为单向车行、单面停车。利用房前屋后的部分闲置用地，增加机动车位；清理废弃非机动车，将其所占停车空间利用起来，适当增加非机动车停车位。

（4）项目包四，改造小区西门入口，建设小区牌楼。

（5）项目包五，居委会大楼周边改造。包括改造居委会大楼南侧连接中心广场的道路沿线，将现有闲置绿地改为人行通道和健身场地，增加休闲桌椅，提供居民休闲活动场地。

（6）项目包六，改造幼儿园南侧的闲置绿地为综合的儿童活动场地，设置廊架、滑滑梯、塑胶地面等，打造成儿童和老人集聚区。

（7）项目包七和八，改造一、二、三期组团公园，将废弃的设施、破损的场地进行改造，植入桌椅等休闲设施，使其更贴近居民日常需求。

7.2.4 社区规划师组织的培育

在规划方案敲定后，专业规划团队也开始逐步引导社区探索有利于规划实施和实施后进行共同管理的共建、共治制度建设。首先是建立"社区规划师"等社群组织，由社区居民委员会将规划过程中表现突出、热心为社区出力、掌握规划基本原理和要点的居民聘任

图7-8 华锦花园小区社区规划师聘用仪式

为"社区规划师",并广泛宣传,吸引更多优秀居民骨干加入,发展壮大"社区规划师"组织(图7-8)。这些群体可以成为改造施工中的"监理师"、协调员,还可成为改造完成后的社区维护者。在改造完成后,华锦花园小区依托这些社区规划师们打造了社区改造相关的路演节目,向广大居民群体进行了宣传。

其次,专业规划团队也引导社区居民代表就规划实施过程中的协调与监督,就改造后的设施、场地维护等进行制度建设,力求实现规划实施中的共建、共治,真正做到将规划方案的落实嵌入社区的社会治理体系中,保障方案实施与长效管理。如,引导物业公司投资建设停车位,增加小区公益性收入,用于持续自发性的改造;提出道路交通管理的实施方案,配合早晚高峰增开部分小区出入口;再如,探讨场地绿植的认领、认管等制度。

7.3
华锦花园小区改造的结果与评价

▶ 社区改造方案编制完成后，区规划主管部门组织了专家评审验收。其后则由武昌区建设主管部门统筹规划实施工作，包括组织改造项目立项，申请"幸福社区"建设专项资金；聘请施工图设计单位开展规划方案的深化设计；对幸福社区维修改造工程进行施工单位招标。2018年5月，施工单位开始进行华锦花园小区改造施工的前期准备工作，并在同年6月正式拉开了改造的序幕。

7.3.1 改造方案实施的结果

截至2021年初，华锦花园小区的8个项目包，改造完成了6个，项目包四和项目包七未实施。首先，由于建设资金来源于政府财政资金，而小区西门的牌坊建设被认为有形象工程之嫌，实际使用价值不突出，因此不予实施。其次是三期组团的广场改造，现状是下沉式硬质铺装，同时具有喷泉功能，规划方案是将场地铺平，留出喷泉泉眼，以增加公共活动空间的利用率，但由于居民担心该空间会被机动车占用，而引发一定的争议，因此项目未予以实施。其他项目具体实施情况如下：

（1）项目包一：中心广场两侧的拱柱改造（图7-9、图7-10）。

（a）改造前   （b）改造后

图7-9 中心广场东侧拱柱场地改造前后对比

（a）改造前　　　　　　　　　　　　　　　　　　（b）改造后

图7-10 中心广场西侧拱柱场地改造前后对比

规划方案中东侧拱柱场地做两级台阶，平面形态为两个弧形曲面，台阶高度约为15厘米。改造保留了两级台阶，但平面形态变成了简单的矩形，同时台阶高度达30～40厘米。因此，台阶实用性不足；西侧拱柱规划是将场地填平，然后借用拱柱的顶，打造一个向外延伸的遮阳棚。改造施工中，施工人员仍试图将场地建成东侧样子，但被社区规划师们发现，进而在多方沟通后，还原成了平整状态。而遮阳棚，由于安全原因则未实施。

（2）项目包二：中心广场叠水景观改造（图7-11）。规划方案将水池上盖木质板材，板材与台阶处留出缝隙，确保叠水能流入水池。改造添加了木质板材，将其搭建成了活动场地，但未能留出缝隙，因此雨水便会从台阶流到地面，叠水原先的功能彻底丧失。如今，此处成为儿童攀爬的去处，但也存在一定的安全隐患。

（a）改造前　　　　　　　　　　　　　　　　　　（b）改造后

图7-11 中心广场叠水景观改造前后对比

（3）项目包三：道路交通系统改造（图7-12、图7-13）。此项目包得以较好地实施，包括对整个道路进行了刷黑，划定了路面停车位，打通了堵点，建立了小区机动车通行的微循环。此外，物业公司也出资新建了百余个停车位，缓解了停车压力。

（a）改造前　　　　　　　　　　　　　　　　（b）改造后

图7-12 社区道路交通及停车优化改造前后对比

图7-13 物业公司新建的停车位

（4）项目包四：居委会大楼周边场地改造（图7-14）。此项目得以较好实施，包括理顺居委会大楼到中心广场的人行通道，使人行更加安全、便捷；利用边角的闲置绿地建设健身场地，添加休闲座椅等。

（a）改造前　　　　　　　　　　　　　　　　　　（b）改造后

图7-14 网球场南部片区公共空间改造前后对比

（5）项目包五：幼儿园南侧儿童活动空间改造。该项目是规划的重点项目，也是小区居民需求最高的，但改造并未按照规划方案完整实施，包括：场地外围通透顶棚的廊架只是做了一个雏形；场地中间塑胶地面的儿童设施未配备；场地周边的绿植未落实，人行步道等硬质铺装只做了一半（图7-15、图7-16）。整个项目包完成率只有70%，然而正是这剩余的30%影响着场地的使用。由于未严格完成，场地的维护和后续管理也未及时跟上，以至于新建不久的设施变得陈旧。

图7-15 幼儿园南侧儿童活动区规划方案效果图

（a）改造前　　　　　　　　　　　　　　　　　　（b）改造后

图7-16 幼儿园南侧儿童活动区改造前后对比

（6）项目包六：一、二期组团公共空间的品质提升（图7-17、图7-18）。该项目得以较好实施，包括翻新了设施、重建了人行步道、更换了地面铺装、增加了休闲座椅和健身设施等。

（a）改造前　　　　　　　　　　　　　　　　　　　（b）改造后

图7-17　一期组团游园提质改造前后对比

图7-18　二期组团游园的改造后

7.3.2 改造实施的组织工作

华锦花园小区改造规划的效果以及改造方案实施结果的好与坏，可从改造实施的组织工作中有所洞见。方案实施过程中的参与主体除了施工方、委托施工的区建设主管部门外，还包括社区居民委员会、物业公司、业主委员会以及参与前期规划的"社区规划师"们。由于前期在规划编制中的参与，他们都极为重视改造的实施，极为期待改造的效果，因此也积极发挥了自己应有的作用。

7.3.2.1 社区层面各群体的积极组织、协调与投入

社区居委会作为政府的基层代表，在方案实施过程中起到监督施工方、协调社区居民等群体的工作，包括如下方面：

施工准备阶段，组织物业公司、业主委员会、社区规划师与施工单位召开对接会，明确施工过程中的角色分工；以对接会的形式搭建各参与主体沟通协调的平台，有利于社区各方主体，尤其是社区规划师们监督施工方的施工质量，提出问题，解决问题。如，华锦社区居委会Z书记所说："老旧社区改造相当于家庭装修而不是新房子装修，是'住在里面装修'，所以涉及多类人群、多类复杂的协调问题，施工方由于不了解小区居民生活规律、设施管网铺设等社区现状情况，如单独施工，可能会造成较大的安全隐患及社会冲突。因此需要与物业公司进行充分配合和对接""道路刷黑日子未选好，由于下雨影响，七八天小区内不能进车和停放车辆，1000多台车辆，对周边交通影响较大，并由居委会与交警方面协调，停放在小区外围车辆未被贴条"。

社区规划师在规划编制阶段，充当了社区广大居民的传声筒，负责将社区居民的真正改造诉求反映出来。

在规划实施阶段，他们则作为"监理师"监督与协调施工。具体体现在居民秩序维护、规划设施监督两个方面。在协调居民、维护改造秩序方面，主要体现在道路交通改造时。在道路刷黑时，施工单位原计划4天完成，由于下雨有所延迟，最终用时10天。有些居民在原计划的4天内将车停在了单位，几天后将车开回来时发现道路依然没有刷黑，表示非常不理解并想强行进入社区。社区物业虽出面解释，但居民仍有抵触心理。于是，社区规划师们争做志愿者，在每天下班高峰期，把守社区的各个出入口，与居民进行沟通。由于社区规划师本身就是社区居民，使得他们在与其他居民的沟通中更容易得到认可。在规划实施监督方面，他们也起到了重要作用。例如，道路刷黑时，一位具有工程施工专业背景的社区规划师自发监督施工，在道路黏合度等方面提出了见解并受到采纳。此外，一些社区规划师，自发购买矿泉水等物品送给施工队，一定程度上提高了施工质量。

除了协调与监督工作外，社区居委会、业主委员会和物业公司也积极出资参与改造工作，彰显出政府资金投入对社会资本的带动作用。例如，中央广场叠水景观区的台阶，原方案设计为绿化景观，但施工方未予以实施。而后，社区居委会购买了仿绿材质

并将其铺设在台阶上，自发进行美化建设。

业主委员会、物业公司也如此。例如，由业委会牵头，出动公共维修基金，物业公司进行具体操作，对小区监控、消防等进行了改造，对一、二、四期单元门进行改造。如前面已经提到的，物业公司投资建设了停车位，增加了公共收益，再利用公共收益为社区其他方面的改善提供资金。

总体而言，为保证改造工作的顺利推进，社区居民委员会发挥了统筹、协调的引领角色。物业公司、业主委员会也依据自身优势和管理权限，积极参与到社区规划实施当中。社区规划师在规划编制结束后的实施阶段，转变为"社区监理师"和"社区志愿者"，活跃在社区的方方面面。最重要的是，在社区规划实施结束后，社区居民委员会、物业公司、业主建立起了社区更新长效机制，形成了自发式的社区更新机构和模式，为社区更新的成果维护和可持续发展打下了坚实基础。

7.3.2.2 建设工作组织过程中协调不够

规划实施结果也反映出建设环节的协调工作存在一定不足：

首先体现在规划方案与深化设计方案之间协调得不够。在规划方案验收之后，专业规划团队未继续介入方案的深化设计与实施之中。武昌区建设主管部门根据规划方案，另请了深化设计团队。深化设计团队自行开展了社区调研，出于对规划可行性、项目实施难易度等方面的考虑，在深化设计中对规划方案进行了改造内容增减。由于在修改时，未与南湖街道办事处、规划团队、社区居民委员会和社区居民进行足够的沟通，一些修改恰恰是居民所反对的。这也一定程度上导致后续施工中，出现与规划方案不一致、要求返工的问题，如中心广场西侧的拱柱由台阶变成平地。

其次是施工中上下协调渠道不畅、沟通不够。如，施工单位对现状电力、给水排水管网等了解不够，与居民对接协调不足，导致施工过程遭受的阻力颇多、投诉不断。在施工中，居民有监督、有反馈，然而施工人员则只认工程委托方、只认深化设计图纸，因此存在一些僵持的局面。居民监督，发现问题，向施工人员反映，施工人员向上反馈，自上而下解决问题的渠道不畅通。因此，一些新增的或与规划方案不同的项目按图纸做了，成本支付了，要返工需要额外的成本。在额外经费没有来源的情况下，实施了的项目也难以再返工，成为后续矛盾点。典型案例，如华锦花园小区幼儿园南侧的儿童活动空间改造。此外，还有施工队伍施工质量参差不齐的问题。华锦花园小区已实施的6个项目包，分别由3个施工队伍完成，组团公园由一家施工队实施，相对较好；但中心广场和儿童活动区则由另一家实施，效果却截然不同。

如南湖街道办事处Y科长所说："由于施工过程中投诉过多，施工队自己也意识到（问题的严重性）。因此，从去年（2018年）开始，武昌区建设主管部门开始与我们（南湖街道办事处）对接，今年（2019年）就更规范了，只要我们不敲定，他们就不出图纸，就不能招投标，出图纸之前须经过街道办事处负责人签字才能生效。"

这两个方面协调不足，也在一定程度上影响了华锦花园小区改造规划的实施，一定程度上造成了一些项目的烂尾，浪费了资金，成为社会矛盾的焦点。

7.4
改造的经验与反思

▶　南湖街道华锦花园小区社区更新充分展现了三微融合的作用。通过一套完整的参与式社区规划，社区居民、社区组织、各级政府都被充分动员起来，参与到规划方案的编制中来，最终形成了以居民需求为本，兼顾各方利益的规划方案；规划阶段的共谋，促进了社区规划师这一社群组织的建立，他们积极参与到社区改造的共建中，积极开展监督与协调工作，发挥了主人翁精神。这充分说明了居民是有参与社区公共事务治理意愿的，只待有效的平台、有用的抓手、有力的机制去激发；也说明社区更新可以兼顾社区空间环境与治理能力的双重提升。

作为武汉市乃至湖北省第一个"吃螃蟹"的社区，华锦花园小区的三微融合改造得到了广泛关注，在得到居民广泛认可的同时，也得到了武昌区、武汉市政府的高度肯定，受到人民网、《湖北日报》等主流媒体的广泛报道，也一举成为2020年全国社会治理创新优秀案例。

7.4.1 可借鉴的主要经验

华锦花园小区改造主要有以下4点经验值得借鉴：

（1）拟定了满足群众需求，同时体现专业水平、真正可以落地的方案。以往"精英式规划"往往脱离群众，但社区居民作为城市规划服务的终端主体，对城市与社区建设最有发言权。规划编制需要"从群众中来，到群众中去"，让公众参与，广泛听取吸纳各方意见，方可最大限度地避免其脱离社会需求的问题，使其更加科学合理、更具人本性、更具可操作性。这在老旧小区改造背景下尤为如此，因为任何空间都是社会关系（利益）的载体，脱离社会现实、没有理顺社会关系的改造规划显然难以付诸实施。

（2）通过参与式规划，增进了居民对社区的情感与奉献精神。提升社区居民幸福感是社区建设的内在要求，改善民生旨在增强人民福祉。在原有的自上而下的社区管理模式下，居民难免存在被动接受与感受社区变化的难言之隐。而发动社区居民投入到社区的规划与建设中，能使他们由"旁观的你"变为"参与的我"，使其以社区生活的创造者与参与者的身份，去主动建构对社区的认同感、归属感、幸福感，以更强大的内生动力去实现对美好生活的向往。

（3）培养社区规划师等社群组织，有效提升居民的治理能力。社区规划师相对专业规划师的优势在于他们更了解社区公共资源现状，了解社区发展需要解决的问题。通过在社区规划阶段选拔、培养社区规划师，专业规划团队为华锦花园小区后续建设与维护打造了一支精干队伍。在社区发展与建设中，他们充分发挥了至少3个角色：第一，以社区为平台，在政府主导的社区建设项目中，搭建政府与广大居民沟通对话的渠道，发挥参谋协助作用；第二，在社区各类民生项目的实施过程中，提供实施建议，并监督、评议这些项目的实施情况，提出改进意见；第三，在各类社区建设完成后，制定相关制度以实现共治与共享。因此，社区规划师可为社区的长期可持续发展提供一定的支撑。

（4）政府财政资金的投入撬动了社会资本，产生了一定的乘数效应。首先，参与式社区规划改变了以往单纯政府自上而下供给模式中供给与需求不一致的状况，使居民有更多渠道和方式充分表达自己的需求，使政府以需求为引导进行资金投入，更有针对性，使有限的资金用到了实处，能在一定程度上改变以往"政府买单、居民不买账"的问题。其次，配合政府投入的改造，社区居民委员会，尤其是业主委员会和物业公司也积极地投入资金进行自发性的改造，并带来公共收益的增加，进而用到其他社区提升的方方面面，展现了正向循环的苗头。

7.4.2 有待进一步完善的方面

华锦花园小区的改造也展现出一些不足，值得进一步思考与探索，主要有以下4点：

（1）区政府层面各职能部门之间的有效协同有待加强。如规划方案的编制如何能严格转化为深化设计图纸？这有赖于规划主管部门和建设主管部门的有效衔接，或规划设计团队一并完成规划方案与深化设计图纸的编制。即便是后者，也需要两个部门协同落实规划设计单位。

（2）街道政府在规划方案的编制与实施中，应发挥同等重要的主导作用。街道政府是区政府与社区之间的媒介，唯有发挥其角色，才能畅通上传、下达，成为上下有序协作的渠道。然后便是建立有效的协同机制，如街道政府应发挥统筹规划方案编制与工程施工的作用。如前面所提到的，由于未充分发挥南湖街道办在施工协调中的作用，带来了一些社会矛盾，因此街道与区建设主管部门进行沟通，承担起了方案审查等相关职能，最终深化设计方案需要由街道办事处主任签字，方能施工。这一制度的建立，保证了后续施工顺利进行，同时减少了居民的投诉数量。

（3）基于改造全过程的共同缔造有待强化，尤其是共建与建后共治。华锦花园小区改造中，专业规划团队的引导切实履行了方案的共同谋划，但深化设计过程中与施工过程中的共建机制稍显薄弱。虽然社区居委会在施工中做了一定的统筹，但并没有一个完整的环节，让社区规划师们了解深化设计方案，了解施工内容，以及商讨相关事项，因此出现深化设计方案对规划方案的一些不必要的改动。其次，在改造完成后的共治上，仍有待制度化。华锦花园小区的社区规划师，还只是社区内部的聘用，但并没有上升到一个组织，更没有获得民政等部门自上而下的认定。目前，这项工作依然还只是社区层面的自我探索阶段，没有政府自上而下的制度安排，其正式性、可持续性难以保证。此外，为确保共谋、共建、共治、共享的实现，探索贯穿始终的社区营造和工作坊工作机制是有必要的，这有利于为社区持续赋能。而在华锦花园小区，专业规划团队只被邀请介入了共谋，而后续工作中，专业力量的介入则仍显不够。

（4）"微改造"相比2020年国家启动的老旧小区改造，改造的内容有限，偏向修补。"补丁式"的改造也带来系统性不强的弊端。一是改造点位与社区整体环境的衔接往往需要加强；二是会造成一定的社会不公平，同一个小区，但改造投入和效果不一，居民享受的好处不一；三是社区环境是一个综合系统工程，局部的改造也有"短板效应"，如地面环境改造需要考虑与地下市政管网等设施的衔接，考虑其容量。

第8章 新华街道登月小区改造：
全过程协同的共同缔造

继武昌区之后，武汉市江汉区也于2018年初开始了社区微更新模式的实践探索，从新华街道办率先试点。从微观尺度着手，通过更具人本意义的老旧小区改造，探索基层社会治理能力与社区品质互促增进的模式与经验，最终提升居民幸福感、归属感和获得感。新华街道取水楼社区的登月小区是江汉区第一个完成微改造施工并通过验收的小区。本章聚焦登月小区的改造规划与实施，总结梳理其探索社区治理能力与社区品质互促提升的经验。

8.1
社区现状：空间品质衰退的开放型小区

▶ 新华路320～328号社区（简称"登月小区"）位于新华街道，西临新华路，东邻小南湖公园（图8-1）。登月小区建成于1985年，当时周边均为厂房，原产权为东垦集团、晴川公司、泾河饮料厂共同所有，属于单位职工福利住房。1989年起，该片区东侧的登月大厦开始建设，随着土地有偿使用制度的建立，福利分房制度开始向市场配置转变。住房需求驱动的土地开发在该小区周边逐步开展。登月小区周边的厂房开始外迁，该地块土地产权被个人买断。小区

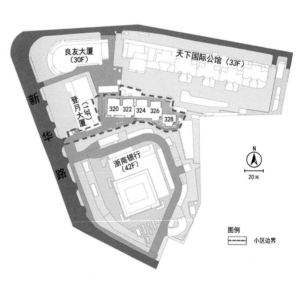

图8-1 登月小区区位图

南侧原为低矮厂房，厂房被拆除后在原址上于2013年建成浙商银行大楼。小区北侧的天下国际公馆于2007年建成，为高层住宅。登月小区东侧的登月大厦共13层、高40余米，南侧的浙商银行大楼共42层、高130余米，北侧的天下国际公馆均为高100余米的公寓，西侧原本通向小南湖公园的通道被阻隔。随着周边工业用地的改造，整个小区淹没在高楼之中，唯一出入口位于登月大厦西侧的新华路上。

作为1980年代建成的国有企业单位住区，随着原单位的外迁和周边环境的变化，许多问题逐步呈现出来。登月小区占地约0.8公顷，房屋建筑面积约1万平方米，每栋均为8层，5个单元，现有106户居民，320人。现有居民年龄主要集中在50~70岁，人口老龄化严重。其中，空巢家庭和独居家庭的占比过半。小区居民56%为退休人员，另有24%为自由职业者，而且租户的比重也很高。登月小区的5栋建筑中，320栋和322栋为原汉口饮料厂的员工福利房，324~328栋为原船舶检验厂的员工福利房，再加上外来租户，整个小区人员构成较为复杂。由于小区既没有业主委员会也无物业公司管理，又无法构建起自主管理组织，社区活力日渐衰退。随着物质环境与配套设施的老化，早期的设施与标准很难适应居民当下的需求。

规划团队通过实地调研、居民访谈、问卷调查，发现登月小区存在一些待改善的环境问题（图8-2）。一是长久困扰居民出行的机动车和非机动车停车问题。由于土地产权归属和物业管理问题，本就不宽敞的小区出入通道和消防用地全部被周边大厦相关车辆占用，影响了小区居民的通行便利，同时造成了极大的消防安全隐患。住在320栋和322栋一楼的居民为了阻止外来车主将车辆停在自家门前，将花坛、杂物等作为障碍物摆放在窗台外。这一举动不仅增加了车主与居民的矛盾，也使本就不宽敞的场地更加杂乱。为了停放车辆，登月大厦还在小区的西北角紧贴着320栋居民楼建了一个车库。受到场地限制，车库不仅利用率低还对小区的步行流线造成了影响。由于近几年共享单车的推广，小区内自行车乱停乱放现象也屡禁不止。社区原有的非机动车棚由于位置偏僻几乎无人使用，并且，很多有电动车的居民为了方便就从自家窗台牵线到一楼给车充电，这种行为既不安全也不美观。

二是登月小区的公共活动空间受各种违搭乱建的蚕食所剩无几。320栋和322栋的南侧原本是一片楼间的开敞空间（土地使用权属于登月大厦的业主），但车辆停放、杂物堆砌、垃圾回收箱的不合理摆放等一系列因素使场地环境变得混乱。走入登月小区的北侧巷道，会发现许多违建和随意停放的自行车。由于登月小区长期以来没有物业和业主委员会管理，部分一楼的居民自行将阳台扩建、楼间空地围合，把原本的公共空间划归到自己的私人使用范围，还有居民将废弃的停车棚或者转角的灰色空间据为己有，堆放杂物。因此，小区仅剩一条供行人通行的断头狭窄小巷作为公共空间。

三是登月小区的配套设施管理存在漏洞。社区唯一的垃圾回收箱位于出入通道的入口，四周没有围挡，影响小区环境的清洁和观感。由于缺少固定的公共晾晒场地，部分一楼的居民选择自己搭线或支架晾晒被褥，具有一定的危险性，也在一定程度上破坏了社区整体的美感。另外，社区的路灯、门禁、排水口等也有待改善。由于周边建设导致房屋整体下沉，加上主干路新华路的路面增高等多方面原因，小区内外路面落差接近1米。每逢下雨，由于地下管网内低外高，小区内积水很难外排，给居民的生活带来了极大的不便。另外，通过访谈和调查问卷，规划团队还收集到大量关于小区缺乏健身设施、休憩桌椅等意见。

四是登月小区的景观环境品质较差。小区有三面都被高楼簇拥，高耸的院墙与栅栏使空间更显狭窄。其东北角原有一排灌木和两棵乔木，但在北侧墙体加固后就鲜有人打理，久而久之处于半荒废状态。住在一楼的部分居民出于个人喜好会在自家窗台外种植一些花卉，但在缺乏打理的情况下，空间显得凌乱。小区南侧巷道长期处于半私人使用状态，一楼居民的杂物家具堆积形成的死角每到夏季会滋生蚊虫。

五是登月小区的建筑外立面和配套设施老化严重。在经历了30多年的风化后，房屋外墙面都有一定程度的褪色、开裂。居民们私建的构筑物悬在空中，存在很大安全隐患。由于老房子没有统一安装配套设施，居民自主安装在阳台上的遮雨棚、晾晒架参差不齐，抽油烟机的排风扇以及空调外机架也大多有腐化生锈的情况，存在安全隐患。由于没有物业公司维护，楼栋楼梯间的栏杆扶手都存在一定程度的老化脱落。登月小区房屋由于年久失修，顶楼隔热层和防水层已完全侵蚀损坏，且楼顶平台没有楼梯上下，只能从天井处搭梯子爬上去，维修起来十分困难，顶楼居民家家户户都存在渗水、漏水的问题。

调查表明，登月小区具有4项特质：①小区无物业公司无业委会管理。小区产权不属于原单位后，原有单位管理模式解体。伴随着物质空间环境品质的退化，租住比不断增加，人员构成日益复杂，使基于集体行动的社区自主管理能力趋弱。②开放型小区。由于没有

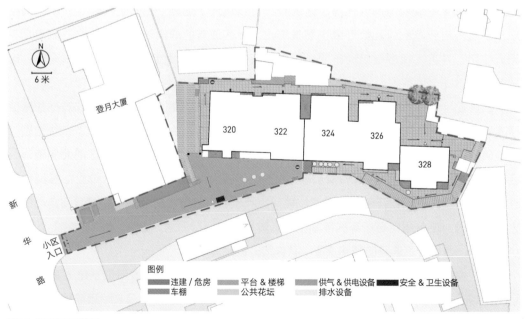

图8-2 登月小区现状图

物业公司管理，小区对所有人开放，近年来发生了多起入室盗窃事件，居民的人身财产面临一定的危险。③空间品质衰退型小区。小区已建成30余年，建筑老化、违搭乱盖、公共活动空间匮乏等问题日渐凸显。由于5个单元楼栋原为两家单位的职工宿舍，住在东侧（324~328栋）的船舶检验厂职工在322栋和324栋之间自行砌了一堵高达2.5米的砖墙。这使本就狭窄的出行通道成为断头路，通行更加不畅。④老龄化小区。现居住在登月小区的居民，除租户外，人口年龄主要集中在51~70岁，空巢老人的比例也很高，但小区的空间环境缺乏对老年人的关怀。

8.2
改造诉求与组织方式：街道主导下的"共同缔造"

8.2.1 改造诉求：推动"三微融合"，实现"共同缔造"

▶ 登月小区是无物业、无业委会管理的开放型老旧小区，存在一定的空间品质衰退、人口构成复杂、老龄化等问题。但由于它的面积相对较小，可控性较强，故新华街道办选择其作为试点，以"美丽社区，共同缔造"为规划理念，开展"共谋、共建、共评、共管、共享"的参与式社区规划，优化提升这片湮没在现代住区和办公楼宇之中的老旧小区的空间环境、社区品质与治理水平。

登月小区属于取水楼社区居委会的管辖范围，社区居民委员会从登月小区的角度提出了相应的改造诉求：①登月小区是已经建成30余年的老旧社区，是城市规划中的"静区"，只能进行微小空间的修补；②由于建成环境背后是大量复杂的既得利益，需求因人而异，故希望能在更新中化解分歧、凝聚居民们的共识；③希望能通过本次改造，形成一个有助于群体共识形成的互动协商体系，帮助登月小区成立自主管理组织。

因此，本次社区规划的出发点可以理解为："微规划"引领"微改造"与"微治理"，推动"三微融合"；以规划为协商平台，着眼于社区全局，聚焦小微空间的品质提升，编制改造方案；在规划编制与实施过程中，以点带面地挖掘社区能人，通过多方参与促进互信，以互信增进紧密的社会关系，培育社区可持续优化的内生动力；通过重点项目建设和先导群体的参与，逐渐以"小微"促"全局"，壮大社群组织，推动社区全面自主地更新、维护与管理，助力社区实现"共建、共评、共管"的目标。

8.2.2 组织方式：街道主导、区配合、社区全面参与

鉴于上述客观条件与各方提出的诉求，新华街道办提出要进行参与式社区规划，强调利益协商的平台作用，力求形成融合政府自上而下的意志和居民自下而上的诉求，并同时符合规划专业要求的方案。本项目的关联主体主要有江汉区委区政府、区房管局、新华街道办事处、取水楼社区居委会、社区居民代表和规划团队，组织模式为"街道主导、区配合、社区全面参与"。工作模式是以新华街道为主导，取水楼社区在街道的要求下全面参与，江汉区委区政府负责统筹。在该组织模式中，江汉区住房保障与房屋管理局（简称区房管局）代表区委区政府负责推进老旧小区改造工作，覆盖从规划到建设的全过程，其他职能部门参与配合。新华街道向区政府争取改造项目立项，主导规划、建设与后期营造。街道为了开展这项工作，成立了专门的工作组，并聘请专业规划师，对接取水楼社区，主导登月小区的改造规划。同时，街道办事处也聘请了乐仁乐助这一社会创新机构（简称"社工组织"）对前期的规划编制工作进行跟踪记录，帮助培育社区内生组织，以便在后期的维护与管理上可以实现一定程度的自主（图8-3）。

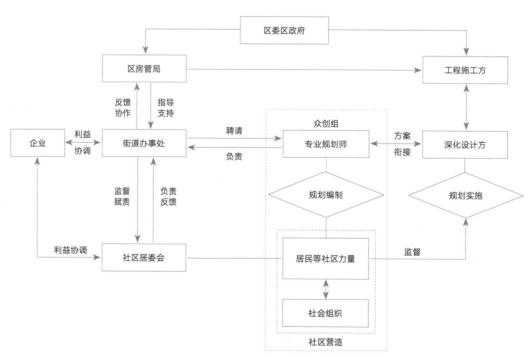

图8-3 组织方式：街道主导、区配合、社区全面参与

此项目的组织方式具体表现在以下3个方面：

（1）规划团队负责指导社区规划的有序实施。登月小区更新规划中，规划编制由专业规划师主导。专业规划师下沉社区，成立"众创团队"，以参与式理念、方法和路径开展工作。专业规划师引导"众创团队"以工作坊的形式推进现状调研、现状问题摸查与改进方向拟定、重点区块联合设计、方案征询等工作，协调社区多样化的利益诉求。专业规划师负责聚焦社区发展中的突出问题，形成社区规划的流程、方案、成果和建设标准，指导社区规划研究和编制工作。

（2）政府全力统筹规划编制，协调各方利益。在登月小区的更新过程中，如需要与辖区企业、区房管局等职能部门的利益协调，则由街道主导，专业规划师配合完成。在规划方案深化设计与施工阶段，由街道聘请深化设计方，并请区职能部门落实工程建设方，专业规划师、深化设计方、工程建设方进行规划方案的全面深入对接，以确保规划方案的可实施性。江汉区政府、新华街道办和取水楼社区以"改善居民生活品质、推动社区微更新、提升社区形象"为目标，使社区朝着人性化、绿色化、共享化、可持续化的方向发展。

（3）居民自治促进自下而上的社区治理。登月小区的居民在规划编制与规划实施的全部过程中，分别充当了"社区规划师""施工监理师"等角色，广泛地参与到社区改造中，通过集中发展诉求、拟订方案、落实行动组织等方面，切实提高了社区规划和建设工作的有效性。在规划方案敲定后的社区营造活动中，社工组织将前期参与规划编制的居民代表发动起来，自主监督施工。施工完成后，在社工组织调动下，居民们进行一系列共建、共管活动，社区的凝聚力得到提升。

8.3
共谋改造方案：以居民共识促共建

▶ 登月小区通过规划编制中4个依次推进的阶段和系列活动，寻求现状问题、改造方向、规划设计方案上的共识，朝着小区改造共谋、共建、共治、共享的方向推进。

8.3.1 发掘社区规划师，搭建工作坊

首先，新华街道办召集取水楼社区居委会和专业规划师进行初步

磋商，围绕本规划的目的、理念、思路和工作计划形成统一认识，明确由取水楼居委会协同专业规划师开展工作，由街道办统筹、协调。然后由取水楼居委会在登月小区5个单元、各个年龄段征集具有公益心、关心社区发展且具有一定文化教育水平的居民代表，参加由专业规划师主持的项目背景和工作计划介绍的集中宣讲，结合案例开展初步培训。培训结束后，由专业规划师、街道办事处、社区居委会、居民代表等组成的"规划工作坊"初步构建完成。其后取水楼居委会进一步落实场地和工作计划。最后，居委会以住区为单元，借助社区公众号、微信群和居民代表等多渠道，广泛宣传本规划的工作计划等事宜，并积极调动居民开展"发现社区"与"发现社区规划师"等主题活动，落实参与规划的社区成员代表，敲定全部工作坊成员（图8-4）。

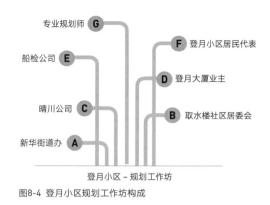

图8-4 登月小区规划工作坊构成

8.3.2 全方位把脉社区，确定改造意向

为确保后期拆违、改造工作的顺利，专业规划师在街道办副主任、社区居委会书记和居民代表的带领下，对片区进行实地踏勘，在现状图上标注、定位并附上实景照片。团队根据现场调研的结果制作深度访谈提纲，围绕社区发展的历史、优缺点、痛难点、改造方向等，一对一地深度访谈居民代表（图8-5）。团队归纳整合深度访谈收集到的信息，确定

图8-5 居民代表座谈

抽样调查问卷内容，并在社区居委会的帮助下按照每个单元10户家庭的标准发放问卷。调研期间专业规划师共进行实地踏勘6次，一对一访谈16人，回收有效调查问卷50余份。

　　规划团队对实地踏勘、一对一访谈、问卷调查的结果进行整理和分析，绘制图纸、制作PPT，向工作坊成员汇报，引导大家对现状症结和改造意向进行讨论。在首次工作坊座谈会上，专业规划师和居民代表们就社区整体改造规划及关系到居民利益的问题进行了热烈的讨论。对于改造中可能遇到的难点，譬如拆除322栋和324栋间的围墙、协调登月大厦停车等问题集思广益，最后收集并整理了居民代表的建设性意见20余条。经过多轮汇报、研讨，工作坊成员就小区发展现状、改造提升中的痛点和难点，予以重点改造的空间节点及改造意向等形成统一认识（表8-1）。

具体问题和改造意向　　　　　　　　　　　　　　　　　　　　　　　　　　　　　　　表8-1

	具体问题	改进意向
道路交通	1. 入口处机动车停车占用道路和公共活动空间，阻碍道路通行	1. 保障道路安全，把停车问题解决掉，设置入口门禁
	2. 现状车库设施陈旧老化且妨碍消防行车	2. 打通消防通道，在原位置改建立体停车车库
	3. 南侧巷道上非机动车随意停放，占用道路和公共活动空间，阻碍道路通行	3. 车棚需求不大，可以考虑拆除一部分
	4. 328栋门前广场共享单车随意停放，占用公共活动空间	4. 在建筑东侧集中设置非机动车停车库
公共空间	1. 小区入口处道路空间狭小，景观性差	1. 拆除违建、规范路边停车，设置景观
	2. 楼前公共空间缺少公共设施； 3. 缺少绿化荫蔽，地面铺装单一	2. 清除堆放的杂物，设置休憩空间和健身器材
	4. 巷道空间铺装条件良好，但空间被杂物堆积以及电线较杂乱	3. 清除违建； 4. 整理室外电缆
	5. 328栋门前废弃空间场地条件良好，有待开发； 6. 建筑南侧公共空间活动丰富且自发形成微绿化景观，但缺乏一定的引导	5. 改造成小区活动中心（如棋牌室）
配套设施	1. 室外电缆排线杂乱，存在消防安全隐患； 2. 照明、监控设备数量不足	整理室外电缆，加设两处路灯和一处监控
景观环境	1. 现存花坛陈旧老化，并未体现其应有功能	1. 修缮花坛，种植观赏性花卉
	2. 现存树木周围环境杂乱，并未最大化体现其价值	2. 多设置绿化植被，清理场地，增加座椅等设施
建筑空间	1. 违建建筑破坏小区环境且存在安全隐患	1. 拆除部分违建
	2. 建筑立面杂乱	2. 立面粉刷，规整电线，规范晾晒行为
	3. 楼梯间外立面破损严重	3. 清理楼梯间环境，修缮配套设施

8.3.3 开展"联合设计"，达成方案共识

规划团队根据居民提出的改造重点和建议进行项目包的设计，并在每轮方案完成后向居民代表进行汇报进行讨论和沟通，经过多轮联合设计后形成草案。设计草案主要围绕以下5个问题展开。

8.3.3.1 区停车位使用权归属问题

在最初的规划设计中，居民提出小区入口需要增设机动车门禁以及改造出行通道和停车场，但这涉及土地权属与功能转换的问题。登月大厦相关管理人员认为改造后，场地受到限制将不能再停放车辆会损害其利益，故否决了这一方案。专业规划师参考附近社区车辆停放方式，试图利用立体停车场增加车位，保持改造前后可用停车位不变。取水楼社区居委会联系厂家实地测量后，发现原车库地下有不能承重的市政设施，故立体停车方案不得已被放弃。为此，专业规划师提出与登月大厦协商，进行用地的功能置换，将地面停车外迁，腾出空间，在不改变权属的情况下，用作大厦和居民共用的活动场所，实行出入口的人车分流。

由于方案的实施取决于企业是否认同，新华街道办、专业规划师经过与登月大厦管理者的多轮协商，了解到解决停车问题是其基本诉求。街道办通过与辖区内社会停车场经营方协商，将车位以较低的租金出租给登月大厦办公人员，解决了企业顾虑。因此，大厦负责人同意，在不改变所有权的情况下，将地块改为居民公共活动场地。原登月大厦的门卫室原为待拆危房，作为回馈，街道办等各级政府同意保留并予以修缮。社区入口改造方案经过专业规划师、取水楼社区居委会和登月大厦业主的多轮沟通协商后，最终达成一致。

8.3.3.2 社区公共空间利用问题

"小区客厅"的改造是本次微更新的重点之一，其中涉及协调居民意见的部分较为复杂（图8-6）。小区只有环绕建筑的一圈宽2～3米的狭长地带，作为开敞空间，四周被办公楼宇和新建的高层住宅包围，是被孤立起来的一块区域。由于面向城市道路没有自己的出入口，企业车辆与小区居民共用一个交通出入口，紧邻小区环形地带和交通出入口是企业的地面停车场。如此，小区居民的日常出行和活动空间极为有限，老人和小孩几乎不敢下楼玩耍。最初专业规划师在现场调研分析后就指出322～324栋间的围墙对社区整体的消防安全有极大影响，有必要打通。这堵墙位于小区入口开敞空间的东侧，也是分割原船舶检验公司与饮料厂住房的边界，由于它的存在，小区324～328栋南面的巷道就成了"死胡同"。久而久之，巷道的公共空间被一楼的住户占为私用。出于安全和美观的考虑，专业规划师和社区居委会在联合设计讨论会上努力协调船检公司的居民代表，试图说服他们拆除围墙。在看到整体改造效果图后，居民代表被打动，同意动员楼栋其他居民打通通道。最终大家就围墙的拆除问题达成一致。与此同时，为了"小区客厅"

设计方案的可行性，联合设计中社区居委会和专业规划师多次与一楼居民代表沟通，在充分考虑他们的意见后确定了最终的方案。

8.3.3.3 片区北侧入户巷道拆违问题

登月小区北侧巷道翻新方案的确定相对简单。专业规划师在调研巷道现状后分析归纳其主要问题在于违建占据了过多公共空间，加上非机动车随意停放，使本就不宽敞的过道更显局促。由于涉及拆违问题，在联合设计中社区工作人员和专业规划师与居民代表进行了大量沟通，最终达成一致意见。为了避免在场地清理后楼间空地再被占用，大家集思广益，最后决定通过增加景观绿化来提升环境品质。

8.3.3.4 原物业用房改造问题

登月小区原活动中心的改造是本次微更新的另一个重点，包括原物业用房改造、非机动车棚改造和配套设施安置。最初的计划是将登月小区原物业用房拆除，在原址上重新搭建一个二层小楼供居民休闲使用。随后，社区查明该建筑属于违建，一旦拆除便无法重建。为了保留这栋建筑及其功能，社区决定在原有基础上对房屋进行翻修。而另一处违建位于小区东北角，原来是居民自建的小仓库，用于堆放杂物和自家车辆。在看到整体改造效果图后，居民代表十分认同拆除自建棚，统一建设非机动车停放点。在敲定规划范围内违建的去留后，专业规划师征集居民意见，结合实际情况设置了晾晒点和公共活动设施，实现了空间利用最大化。

8.3.3.5 片区南侧休闲空间改造问题

登月小区南侧巷道翻新方案获得了居民的一致认可。打造小区环状步行通道的最后一环是打通其南侧一隅。专业规划师在现状调研中发现这个角落主要是一片废弃的非机动车棚，堆放着大量杂物。虽然有居民自己种植的植物，但没有规划，给人凌乱的感觉。鉴于改造方案中已将非机动车棚设置在东北角，原有的车棚可以拆除，腾出的空间可以被改造成景观小品，设置座椅和晾晒的公共空间。原居民种植盆栽的位置也得以保留，进行了统一规划，用于花草种植的场地，既自由又有序。相对于西侧的"小区客厅"，此处更加安静。

专业规划师在确定方案后，新华街道办提请区房管局和其他相关职能部门召开了微改造项目推进协调工作会议，会议听取了专业规划师有关登月小区微改造方案需要协调的事项和概预算等情况汇报。专业规划师针对会议提出的意见进行方案深化和完善，形成最终方案。最终方案敲定前，专业规划师与居民代表的联合设计共计5次。最终设计方案定稿后，取水楼居委会向社区居民进行广泛宣传，结合现场公示和网络展示等方式，发动居民对项目包进行投票，最终遴选出居民认同程度高的项目包列入实施计划。最后，专业规划师与取水楼社区居委会、新华街道办进行沟通，在考虑符合各方整体工作计划的基础上，初步敲定可以实施的项目包。

基于社区存在的问题和居民的诉求，本次微改造的目标是将登月小区打造成"适宜养

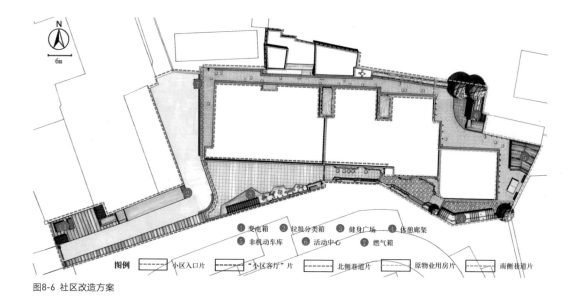

图例 ┈┈┈ 小区入口片　┈┈┈ "小区客厅"片　┈┈┈ 北侧巷道片　┈┈┈ 原物业用房片　┈┈┈ 南侧巷道片

❶ 变电箱　❷ 垃圾分类箱　❸ 健身广场　❹ 休憩廊架
❺ 非机动车库　❻ 活动中心　❼ 燃气箱

图8-6 社区改造方案

老与可持续自治"的精致社区（图8-6）。主要改造项目包如下：

（1）社区入口改造：设置车辆通行栏杆，保证车辆进出有序，单独设置人行入口实现人车分流；设置人行道，运用一定高差与车行道分隔，并设置护栏保障行人安全。

（2）打造"小区客厅"：场地设廊架遮挡风雨和日晒，以木条作为主要的座椅材质，座椅可单边憩坐也可对面而坐；应居民需求在公共活动空间布置健身器材；改装美化憩坐空间和健身空间的地面铺装，使其作为功能区分界线，营造场所氛围；运用植物绿化，增加绿色空间；墙面预留空白涂鸦区以便后期居民共同打造社区靓丽风景。

（3）片区北侧入户巷道翻新：为破败小屋设计建筑外立面，重新粉刷建筑，合理利用建筑的使用功能设置室外休憩平台；设置宅间绿地，丰富巷道旁花坛；通过调整后的路面高差，在巷道两侧铺设雨水沟渠，使得雨水向道路两侧排出，减缓洪涝。

（4）原物业用房场地改造：打造公共花池，种植可观赏花卉，并由居民认领、认管、认养；沿围墙设计社区展览架，用于日常消息的发布以及活动展览；原物业用房改建为社区活动中心；根据居民需求结合场地环境，设计1处户外乒乓球台；为便利社区居民停车出行，设置非机动车停车装置，配套电动车充电桩。

（5）片区南侧巷道改造。根据场地尺度及场地限制，设计中主要采取小庭院的设计手法。充分发挥居民自主性打造公共花圃，倡导居民自行认领进行植栽；石子小路与砖铺装形成对比，形成多变景观环境；户外座椅保留了原有葡萄架等景观元素，丰富空间层次；葡萄架与入户空间过渡处加设木平台，便于休息憩坐。

（6）320～328栋建筑外立面改造：结合周边环境和实际需求，对楼梯外墙面进行粉刷，清理排气扇口，拆除自搭衣架并统一安装伸缩衣架，统一安装空调外机罩、雨棚。针对第五立面屋顶，在建筑屋顶铺设防水、砂浆以及保护层，解决雨天漏水问题。

8.3.4 协调政府多方意见，敲定最终实施方案

在街道层面初步拟定实施方案后，工作坊将参与社区前期规划方案设计的居民代表聘请为社区规划师，打造社区内生组织。由于改造涉及多个职能部门，新华街道办就展现居民诉求的改造方案征求部门意见。如居民日常生活所急需解决的上水、下水与漏水问题，需要与区水务部门对接；园林绿化需要与园林部门对接；规划方案需要听取武汉市自然资源规划局江汉区分局的意见；违建拆除与后续管理等需要征得城管部门意见，等等。此外，方案敲定后，还需发改部门立项，工程实施的经费预算需江汉区分管副区长和区委、区政府会议审议。这些"对上"的工作，基本由街道提请区房管局来协调。而协调利益的平台和焦点则是规划方案及其实施。在自上而下征求意见的过程中，专业规划师充分展现了居民诉求，维护了其基本利益，也听取了区级各方的建议，对方案进行完善，最后再到社区征询居民同意。利益协商的尺度，被再一次上移，形成了居民和政府间的利益共识，进一步确保了方案的可实施性。

8.4
方案实施中共建与长效"共管"机制的创建

▶ 通过前期的规划方案共谋，各方利益得以平衡，形成了改造共识。此后小区改造进入了共建环节。规划方案实施期间，参与主体主要为取水楼社区、新华街道社会工作服务中心以及前期选拔的社区规划师。取水楼社区作为基层政府代表，在此过程中起到全过程统筹、协调的作用。由新华街道党工委、办事处主导建设，社工组织托管运营的新华街道社会工作服务中心一直积极组织登月小区居民参与社区微改造的工作。

8.4.1 多方参与下的规划实施

在登月小区的规划实施方面，负责改造的施工单位于2018年10月进场，开展前期准备工作，2019年3月正式施工。根据深化

施工图纸，登月小区招标文件上是500万，其中包括6个项目包，目前已经全部实施完成（表8-2）。

改造项目进程 表 8-2

时间	内容
2018年10月	一期拆违
2018年11月	深化施工图
2018年12月	确定施工团队
2019年3月	施工团队进场
2019年4月	二期拆违
2019年9月	多方联合验收

登月小区的违搭乱建也是长时期积累而成的"难题"。社区内的违建既有用作停车棚、杂物间，还有用作厨房、出租屋。说服业主支持拆违工作，需要大量的时间和精力。在这个阶段，新华街道取水楼社区的工作人员在其中承担了大部分的协调对接工作。

比如，改造方案中的停车场和小区客厅，原被登月大厦的员工用来停放私家车。由于施工需要迁出所有车辆，取水楼社区工作人员与登月大厦的相关管理人员经过多次沟通协商才将这些私家车安置到别处。社区内原有非机动车的停放也是由社区出面交涉，将其交由附近专业物业公司代管。

面对拆违这一"老大难"问题，取水楼社区更是想尽了办法。由于登月小区内违搭乱建构筑物的属性较复杂，因而社区提出分两个阶段清理。第一阶段始于2018年10月，首先由社区书记带领社区的网格员挨家挨户问询是否有私搭行为，并逐一摸清违建属性。再由城管部门下通知单，集中清除建筑周边和沿片区围墙搭盖的违建。这一阶段进行得比较顺利，也起到了很好的示范作用。片区内居民看到清理后的环境敞亮许多，也逐渐接受拆除自家的违建。第二阶段始于2019年4月，主要清理的是连接建筑主体的违建。因为涉及日常起居区域的变动，居民抵触情绪比较大。但最终在几位积极性较高的居民的影响和带动下，拆违工作圆满完成。

"让我特别感动的是家住326号一楼的刘师傅和姜师傅。他们说'社区是在为改善居民的生活环境做好事，是实实在在为我们着想。作为这里的一份子，我们也应该支持社区的工作'。而后两位师傅自己请人把家里的违建拆除了。还有一位困难户，虽然家里困难，但为了支持改造工作，也同意我们把他家厨房违建拆了。想想还是有点不忍心"（来自取水楼社区访谈）。

施工团队进场后，又面临一系列亟待解决的问题。譬如，为了外立面的整洁统一，老旧的阳台雨棚、防盗网、空调外机箱、晾衣架需要拆除或移位。每家每户的实际状况不同，为了满足每个居民的诉求，取水楼社区的工作人员挨家挨户走访。收集好居民意见后，工作人员再与施工方沟通，拿出让居民满意的改动方案。

"我还记得为了有一家顶楼的雨棚拆除问题，上门协调不止30次。"

"施工的过程中我们也不断在发现和解决问题。比如空调外机箱滴水噪声扰民，我们就请施工方安装了统一的排水管道。居民有需求，我们尽力满足，努力做到人性化施工"（来自取水楼社区访谈）。

新华街道办在召集施工图设计单位、施工单位与取水楼社区、专业规划师及时对接，将规划设计图变为施工方案时，充分考虑了登月小区的具体情况。例如，施工图设计单位在编制施工图时，虽然以社区规划编制成果为主要参考，但考虑到规划可行性、项目实施难易度等方面，对部分项目包进行了增减。例如，在施工相对简单的垃圾回收点改造方面，为了响应国家生活垃圾分类的相关政策，原规划内容仅为变更垃圾回收点位置，在实施过程中则修建了完整的垃圾分类回收屋。而在花架、凉亭等景观性较强的配套设施上进行适当简化。虽然社区规划实施方案与社区规划编制不是完全吻合，但并不影响整体最终的呈现效果。

8.4.2 居民为主体的长效管理机制建设

规划编制完成后，社工组织接过了专业规划师的接力棒，组织居民进行了一系列社区营造活动（表8-3）。新华街道办聘请的社工组织在前期跟踪参与了规划编制的各个环节，对规划过程、居民诉求、规划方案都有一定的认知。在社工组织的引导下，社区营造开始于居民规划师聘任仪式，居民从规划的参与者，逐步转变为共建、共管的参与者。在首次活动中，居民纷纷承诺作好改造的主人翁，积极号召辖区内其他居民携手共建社区，并制定了开展活动的团队制度（图8-7）。

社工组织活动一览   表 8-3

时间	内容
2018年08月	社区规划师启动仪式
2018年10月	社区宣传标语征集
2018年11月	社区开放空间工作坊
2019年04月	社区问题收纳工厂
2019年06月	"我的登月我来造"之施工监理志征集
2019年07月	"我的登月我来造"之文化墙主题征集
2019年08月	"我的登月我来造"之绿植银行认领活动
2019年11月	"我的登月我来造"之白杨树志愿行活动

为建立长效的管理机制，社工组织在规划实施过程中组织了一系列活动，鼓励登月小区居民亲身参与到微改造项目中。这些活动包括：启发居民团队自主维护社区思想的社区规划师宣传标语海报绘制；增强社区规划师的主人翁精神，提高社区居民对社区大院的责任感和归属感的开放空间工作坊；社区规划师团队的规章制度研讨会；社区规划监理团队

图8-7 取水楼社区登月片社区规划师团队启动仪式

例会；白杨树志愿服务队"问题收纳工厂"；"我的登月我来造"文化墙主题征集会等。通过多种多样的活动，社工组织、发掘、选拔了一批责任心强、积极性高的居民骨干，发挥指导员、宣传员、管理员等多重角色，做好社区与居民间的"传声筒"（图8-8、图8-9）。

图8-8 社区问题收纳工厂活动

图8-9 文化墙主题征集活动

"社工组织在这个过程中主要起到协助转变居民思想观念的作用。我们通过发掘居民领袖，以多种形式的活动提升他们的自治意识。很多人由一开始的抱怨不满，到渐渐了解认识微改造的实质，最终可以平静客观地配合社区工作、积极提出意见建议"（来自社工组织访谈）。

登月小区的社区规划师们在方案的实施中，不仅积极参加社工组织的活动，还自发承担起施工监理的工作。他们将自己的生活体验和改造方案结合，向社区反馈更加符合居民实际需要的改造建议。社区会考虑他们的提议并与施工方沟通，商议每个节点的具体改造措施。登月小区白杨树志愿服务队的居民们主动拍摄施工进展的照片，队长刘师傅把施工过程中发生的点滴记录在他的《监理日志》中（图8-10）。从刚开始的不理解到如今的热心参与、事事关心，可以说，登月小区的居民实现了社区更新的共建、共享。

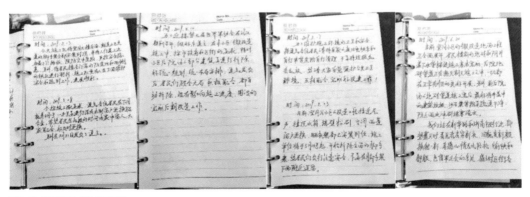

图8-10 刘师傅的《监理日志》

改造项目快要接近尾声时，取水楼社区居委会和社工组织就已经为项目后期的维护和管理做好了计划。取水楼社区为登月小区争取到登月大厦物业公司的无偿"红色物业"管理服务，保障改造后的环境安全、卫生。社工组织举行了"'登月我来造'绿植银行认领""'登月通'民意征集会"等活动，根据社区实际引导居民参与到共建美好社区的活动中，增强了居民们的自治意识。此外，社工组织还组织了志愿者服务队培训，使登月小区形成了长期分类型的责任监督机制（图8-11、图8-12）。

图8-11 绿植银行认领活动

微改造完成后，小区环境进入维护期。在社工组织的引导下，面向居民推行"登月通积分制"来实现从社工主导模式向志愿服务自组织的过渡。为了让小区居民参与小区公共事务的同时能够共享成果，每参与一次小区事务或进行一次志愿服务，如植物认领、健身器材维护、墙体彩绘等都可以获得积分，到达一定分数就可以兑换社区电动车棚的钥匙、

图8-12 白杨树志愿者活动

兑换便民服务的优先选择权等福利。如此，通过社工组织的带动，在社区营造的过程中，小区逐步朝着居民自主化的方向发展。

8.5
改造的经验总结

▶ 　在现状调研、联合设计、规划实施和制度共建4个阶段的工作坊活动中，始终坚持以规划为平台促进多方参与，通过讨论协商增进互信、凝聚共识。在"现状调研"系列活动中，力求在现状问题和改造方向上达成共识，在"联合设计"系列活动中寻求规划方案的共识，在"规划实施、制度共建"的系列活动中构建共同建设、共同维护的集体行动基础。各参与主体在每个阶段都达成了共识并积极推进下一个阶段的进行，最终导向设施的有效供给和维护。

8.5.1 街道主导的工作模式

　　"街道主导、区配合、社区全面参与"的模式充分发挥了街道的主导作用。新华街道办统筹规划、建设与营造的各个环节，做好承上启下的纽带工作，确保了全过程各个环节的无缝衔接，有力地促进了规划实施和居民自主能力的培养。对下，街道充分调动了社区全面参与的积极性；对上，街道争取区房管局的支持，主动提请其协调各职能部门；对企业，街道大胆创新，做足工作，确保企业利益与居民利益间的有效平衡。这一切皆以专业规划师和社工组织的引导为核心：前者以规划为平台，以方案协调各方利益，积极提请街道办开展各主体间的协调与各环节的对接，与后者分阶段主导各个环节。前者主导规划环节，跟踪后续环节；后者主导营造环节，跟踪规划设计环节。如此，有效地实现了改造的初衷。

　　这种工作模式在主体构成上包括专业规划师、社区基层组织的力量、社工组织和深化设计方。专业规划师作为核心，起到全面引导的作用；社工组织与专业规划师一样，都由街道办择优选取，以确保理念的一致。几个关联主体分阶段开展了主次有别的合作。在权能配置上，专业规划师和社工组织等的权能上只能到街道层级，下则到社区，对区级层面的权能有限。与区层面的衔接，主要由街道办统筹，有效协调多方利益。协作性上，"街道办主导、区政府配合、社区全面参与"的组织模式在街道层面统筹，关联主体在改造中分阶段主次搭配，横向协作较好。上下层级间、街道与社区协作十分顺畅。

作者认为，区、街道、社区的联动是社区规划师发挥效果的基础性架构，街道主责是确保社区规划师主体间、全过程间、各层级间有效协同的关键，区级政府的全力支持、理念引导是关乎社区改造能否实现政府初心的保障，社区全面参与则是社区改造的本体性回归，社区规划师的全面引导、主体间的全过程参与、阶段性主次分工是确保社区改造成败的核心所在。

8.5.2 社会治理与社区更新的协同

取水楼登月小区微改造工程尚在进行，江汉区领导就在项目调研时对登月小区微改造将居民参与、居民协调工作前置到规划阶段，以便于推动后续的拆违和改造施工给予了高度的肯定，并指出登月小区微改造的拆违力度之大、效果之好，为老旧社区微改造提供了良好的参考模式。

人大代表评价登月小区微改造项目"一小两大"：项目体量小，拆违难度大，惠民作用大；其希望规划能借绿借景，发挥毗邻公园的优势，开门连通南湖公园。区人大常委会副主任肯定了微改造项目：规划设计好，宣传发动好，运转机制好，建设把关好，总结推广好。

登月小区微改造项目完成后，被住房和城乡建设部列入"城市社区'美好环境与幸福生活共同缔造'活动典型案例"，成为武汉市的两个入选项目之一。

登月小区微改造过程中，始终用系统和发展的视角关注社区、公共空间、居民文化、自治制度等多个维度的互动与共生。通过街道、社区、规划团队、社工组织和居民的多方联动，共同实现了对社区的赋能、对居民自治的培育，实现了对社区治理的创新与提升；重构了社区的规则、秩序、公共精神以及社区文化。由此，真正实现了社会治理与社区更新的协同，促使登月小区焕然一新。

8.5.3 物质空间环境的提升

居民对于整体社区更新项目实施成果相对满意，其认为：社区环境提升明显，公共活动空间增加，且原有利用率较低的场地得到了改造，场地的利用率得到了显著提高。整体而言，规划编制的6个项目包全部完成，虽然部分细节由于实施困难或居民意见有所调整，但总体效果与最初设想十分接近。

小区入口通道运用花坛进行人车分流，既保障了居民出入安全又能有效避免外来车辆随意占用出入通道。保安室外立面焕然一新，与社区改造后的整体色调愈加统一。小区从入口到停车场都铺上了沥青，地面平整效果良好，公共活动空间区分明显。"小区客厅"采用渗水铺装和亮色氟硅地坪拼接铺装，色调活泼功能分区明显（图8-13）。健身区安装了老少皆宜的健身器材，可供居民日常休闲娱乐。沿围墙一侧布设花坛，种植常青植物，使原来沉闷的高墙变成小区里一道靓丽的风景线。

小区北侧入户巷道铺砖重新铺设，路旁增加了若干排水口供雨季泄水。小屋经过墙面粉刷和屋顶翻新，整体改头换面。沿墙面的花坛重新贴砖，种上了各类绿植。墙面绘制了由居民自主选择主题的彩绘，给原本单调的空间增添了许多活力。加固后的危墙摇身一变成为景观墙，装饰着居民们喜欢的花卉。原来的物业用房翻修后添置了桌椅等设施，供居民有活动需求时使用。

小区南侧巷道从杂物仓变成了休憩长廊，沿围墙一侧布设了若干木质长椅，可供居民闲暇时坐下乘凉聊天。新建的非机动车停车棚配置了安全锁和充电桩，居民可以根据需求有序地停放电动车（图8-14）。更新后的场地在合理的位置安装了晾晒架、乒乓球台等配套设施，既提高了空间利用率又提升了生活便利度。五栋建筑的外立面进行了整体翻修和粉刷，统一安装了窗台雨棚、伸缩晾晒架和空调外机罩，从远处看与周边环境和谐一致（图8-15）。

|（a）改造前|（b）改造后|

图8-13 小区客厅改造前后对比

|（a）改造前|（a）改造后|

图8-14 非机动车停车棚改造前后对比

（a）改造前　　　　　　　　　　　　（b）改造后

图8-15 外立面整体改造前后对比

8.5.4 居民的认同感

切实提升居民参与度和幸福感是本次改造的核心目标之一。2018年8月，在新华街道办在引入的社工组织的帮助下，社区规划组织在取水楼社区的办事处成立。它是由登月小区的18位居民组成的社区自发性组织。社区规划师参与到社区的规划、改造、管理过程中，逐渐实现了从普通居民到社区规划师的身份转换，也让微改造的方案更有温度。

登月小区更新项目建成后新增了各类运动设施、提升公共空间利用率、增加停车位、扩展绿化面积并改良出入口道路，打造优质景观，使居民充分感受到出谋划策服务大家、实现心愿造福小家的成就感和幸福感。

"小区环境大变样，别提有多开心了。"搬出8年之久的76岁J居民感叹。像他一样在社区改造好后重新搬回登月小区的居民，还有另外两户。"改造前的小区远看是个'大花脸'，家家阳台挂着万国旗，电线电缆乱窜、垃圾箱暴露难闻，车子乱停，整个小区拥挤不堪。之前我就是受不了小区的环境，才搬离小区，去外面借住的。如今30多年的老小区翻修得像新建小区，房子大幅增值了。小区顶楼108平方米的三室一厅，原来50万都不好卖，如今起步价在180万了。现在我把房子装修了一下，准备在家过一个喜庆的新年"（来自取水楼居民采访）。

登月小区微改造项目以社区规划为平台，旨在提升社区空间品质；以"改善居民生活品质、提升社区形象"为目标，使社区朝着人性化、绿色化、共享化、可持续化的方向发展。在这个共同缔造幸福社区的项目中，居民生活品质得到了改善，居民自组织正在培育，长效管理机制逐步形成，终将实现美好家园的共谋共建共治共维护。

第 9 章 新华街道循礼社区改造:
面向实施的多层次协商

循礼社区位于武汉市江汉区新华街道循礼门，东邻精武东路、南近解放大道、西邻精武路、北邻精武一路，地下有地铁2号线穿过（图9-1）。循礼社区面积约0.28平方公里，共有668户、1763人，建筑面积4.4万平方米。循礼社区因紧邻循礼门（大约现在循礼门地铁站位置）而得名。清朝咸丰年间，太平军和捻军在武汉一带活动频繁，地方当局为抵御义军，在袁公堤外再修筑城堡[1][2]。1864年为交通出入，开辟了8个堡门，循礼门便是其中之一。1907年，武汉开始拆除堡门、修建铁路，于1916年在原址建成循礼门车站，该站仅为京汉线上的一个小站，主要用于货运。1991年，随着老汉口火车站（大智门车站）的搬迁，循礼门车站也停止使用。由于武汉市地铁2号线的建设，2009年11月，循礼门车站被拆除，建成了如今的地铁2号线循礼门地铁站。

1953~2000年，江汉区进行了数次行政区划调整，"循礼"之名延续至今，"循礼"所代表的行政级别经历了从街道人民政府、街道办事处到居委会的转变。1952~1953年，江汉区相继建立了24个街道人民政府。1953年2月，作为区人民政府派出机构，江汉区成立了公园街人民政府和循礼街人民政府；1954年7月，两个街人民政府分别改为公园街道办事处和循礼街道办事处。1958年11月，公园街与循礼街合并，成立江汉区人民公社友好分社。随着历史变迁，江汉区人民政府最终于1979年10月成立了如今的新华街道办事处。此后，新华街道共建立了西马、循礼、精武、精武左路、省运、体育、协和医院、新一、新二等23个居委会，235个居民小组。

2000年，按照有利于社区自治、社区管理、社区服务，有利于社区功能发挥的原则，以合理调整现行居委会管辖规模为前提，参照地域、人群和社区认同感等要素，江汉区将每2~3个居委会调整为1个社区居民委员会，并按知名度较高、认同感较强的原则为新社区命名。经过调整，境内原23个居民委员会合并为新育、双洞左巷、邮电、双洞右路、单三、循礼、西方马、精武、江汉、省运、新华、体育等12个社区居民委员会。其中，循礼社区由循礼、西马两个居委会合并而成。

循礼社区共13栋住宅楼，为20世纪80年代初期建成，包括对原址棚户区改造就地还建的楼宇，即社区西片的原西马居委会，以及当时建设的单位公房，即社区东片的原循礼居委会（图9-2）。1980年代，循礼社区周边厂房林立，道路四通八达，是当时的风水宝地。随着地铁2号线的开通运营，循礼门地铁站带动了该片区发展，写字楼、大型商业、高档住宅拔地而起。而循礼社区因地下有地铁线路穿过，拆迁、开发技术难度大、成本高，使得众多开发商对其望而却步，逐渐成为城市发展中的洼地。循礼社区成立至今，已逐步由高档社区沦为落后于城市发展的破旧社区。

---

[1] 太平军：太平天国军队的简称，该称呼特指从1851年洪秀全永安建制到1864年天京陷落期间太平天国领导下的农民军队。捻军：指活跃在长江以北皖、苏、鲁、豫四省部分地区的反清农民武装势力，与太平天国同时期。义军：指以某种名义集合起来的军队，这里特指太平军和捻军。
[2] 袁公堤：1635年（明崇祯八年）汉阳府通判袁倡提议在汉镇后面修一条大堤，以防后湖湖水泛滥。大堤上起桥口，下至堤口（沙包，今一元路靠近长江处），全长约11里。旧称袁公堤，今为长堤街。

图9-1 循礼社区在新华街道区位

图例
- - - 社区边界
- - - 街道边界

N
300 米

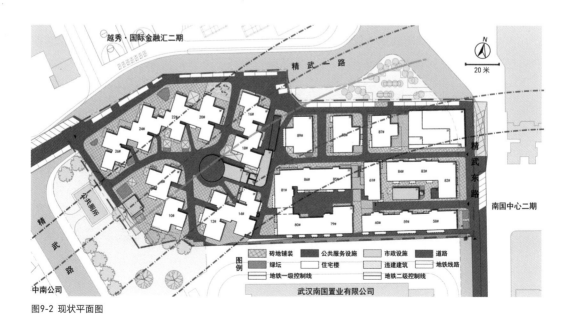

图9-2 现状平面图

图例
砖地铺装　　公共服务设施　　市政设施　　道路
绿坛　　住宅楼　　违建建筑　　地铁线路
地铁一级控制线　　地铁二级控制线

武汉南国置业有限公司

N
20 米

9.1
内卷化的衰退现状与改造初衷

9.1.1 社区现状：陷入衰退的内卷化

▶ 循礼社区是1980年代的开放型老旧社区。随着城市发展，循礼社区内部和外部条件均发生了翻天覆地的变化，面临着社区治理和社区环境衰退危机。

就外部条件而言，循礼社区的没落与周边区域的发展形成鲜明对比。目前，循礼社区北侧为在建的越秀国际金融汇二期、南侧为南国中心一期、东侧为在建的南国中心二期，层数均在40层左右；而循礼社区层数仅为6~8层，除了西面为街头绿地，整个社区东南北三面均被高楼大厦包围，如同一座"孤岛"，与周边现代化建筑形成鲜明对比（图9-3）。此外，社区周边"动区"的拆迁改造，使循礼社区内部标高普遍比外部低约70厘米，导致每逢雨季，雨水必然倒灌，进入社区，形成水涝灾害；再者，由于建设年代久远，社区建筑或多或少都在下沉，有些建筑结构甚至都在改变。由于地下有地铁线路通过，循礼社区全域均在地铁控制线范围内，现有建筑一旦拆除便难以重建，以致无开发商愿意开发。因此，在周边被划为"动区"进行拆迁改造时，循礼社区被划为城市"静区"。周边高端的现代化建筑与破败的循礼社区形成巨大反差，居民的心理落差较大。

就内部条件而言，循礼社区在社区治理、居住环境等层面也经历着不断的衰退。在社区治理层面，一是循礼属于对外开放型社区，无门禁、无门卫、无物业管理，外人可自由出入，为社区管理增加了难度；二是一些条件较好的原居民逐渐搬离，房屋出租给低收入者，以致社区租户比例高达50%。一方面，居住人群复杂化给社区治理造成极大挑战；另一方面，因出租户想收取更多房屋租金、租房者想获得更大生活空间，违搭乱建现象十分严重。房屋内部不仅增加多处隔断，许多阳台也违规伸出室外，占用公共空间，一楼住户更是大量占用社区通道。社区管理几近失控。

图9-3 循礼与周边对比图

在居住环境层面，住宅楼、道路交通、给水排水设施、绿化景观、公共设施、市政设施等均存在不同程度的老化、破旧问题，亟待改善。具体如下：

（1）住宅楼。社区内部违搭乱建普遍严重，本就在沉降的建筑荷载还在增加。因违建业主的室内改造以及沉降，房屋内部结构均有不同程度的破坏。如，楼栋倾斜导致房间变形门窗无法关上；楼体外立面老旧破损；内部楼梯水泥风化、钢筋锈蚀。这些都给社区带来极大的安全隐患，也大大降低了居民的生活品质。

（2）道路交通。①社区出入口少。社区仅有两个出入口，且两个出入口均为人车共用，存在一定的安全隐患。②社区道路不成系统。社区内部道路破损严重，仅有一条东西向道路贯穿社区，因道路一侧停车，仅能容一侧通车，其余道路均为断头路。③社区停车位严重不足。社区建设年代久远，建设时仅考虑了非机动车的停车需求，随着机动车逐渐普及，社区停车难的问题逐渐严重。社区规范机动车停车位仅58个，而实际需求高达120个，除规范停车外，其余车辆多违规停在道路两侧或社区公共空间，影响了社区的正常交通。由于缺乏管理，非机动车也是随意停放，社区的道路交通组织严重失序。

（3）排水设施。由于建设年代久远，地下管网的历次维修都是局部的"头痛医头，脚痛医脚"，结果是管网不成系统，局部还有"水往高处流"的管线设置。此外，周边改造后，循礼成了洼地。社区周边雨水倒灌进社区后难以迅速排除，社区几乎每年都遭遇水涝灾害，积水没过成年人腿部屡见不鲜。除室外水涝灾害，建筑内部也因设施老化，上、下水管道存在着漏水问题，影响居民的日常生活。

（4）绿化景观。整体而言，社区绿化较为缺乏，且布局有待优化。社区既有树木主要集中在社区西片，由于缺乏统一维护管理，影响了住宅的正常采光；社区东侧基本无绿化，少量绿化多为底层住户私人布置的盆景、花架，由于缺少整体规划，这些零散搭建的绿化景观设施一定程度上造成了社区公共空间的杂乱。

（5）公共设施和公共活动空间。社区缺少公共座椅、公共休闲场所、晾晒空间、健身器材、儿童娱乐场所，居民生活品质不高。实地调研发现，部分居民把自家桌椅、沙发搬到室外，聚在一起聊天、下棋。虽然社区还有些儿童，但由于没有安全的儿童娱乐场所和社区公共空间活动，很少看到小孩在社区玩耍。

（6）市政设施。社区现有消防栓3个，空间分布较均衡，但均被杂物覆盖，难以快速识别，几近废弃；因社区公共空间被大量违建侵占，消防通道大多不是很通畅，存在安全隐患。社区路灯主要附在电线杆和墙上，部分路灯光照面积有限，存在一些光照死角。社区现有垃圾设施5处，其中大垃圾箱1个，小垃圾桶4个，难以满足社区需求，这也是社区杂物堆放严重的原因之一。社区共有31根电线杆，其中11根已废弃，电线杆之间的电线杂乱无章，不少居民将衣物晾晒在电线上，安全隐患大；废弃的电线杆除浪费社区空间外，也成为杂物堆放点。

综上，循礼社区是社区治理能力不足和空间品质不断衰退的老旧社区，且前者加速了社区空间品质的恶化，这又进一步促使原业主外迁，外来人口入住，使社会结构更加复杂，加大了社区治理难度，社区治理能力下降与社区环境恶化形成恶性循环，社区因此陷入衰退的内卷化。

9.1.2 改造初衷：寻求微治理与微更新的协同互促

上文对循礼社区现状的梳理，表明社区面临着社区治理能力提升和社区环境品质提高的双重需求。根据第7章第一节所述，在我国城市建设由增量扩张转向存量优化的宏观背景下，武汉市提出"幸福社区，共同缔造"的理念，以微治理、微规划、微改造的"三微"互促模式来指导社区更新改造，以提升居民的幸福感、归属感和获得感。基于上述政策背景，江汉区新华街道以循礼社区为试点，开展社区改造模式探索，循礼社区也成为江汉区首批实行社区改造规划的老旧社区。循礼社区的改造初衷主要有以下三个方面：

第一，社区改造不仅是改造空间，更重要的是实现居民态度由"坚持拆"到"接受改"的重大转变。由于周边地区都纳入了拆迁改造的范围，而单单只留下了循礼社区，居民一直期盼着像社区周边一样拆迁改造。但如前所述，由于地铁控制线，社区所在区块不能重建，但"只想拆、不想改"是他们一直以来的想法。因此，此次社区改造亟须创新改造模式，统一居民意志，说服居民接受"微改造"，达成一个既有专业性、又有群众性、切实可行的社区改造方案，这是传统的精英式规划难以实现的。

第二，社区改造要发挥居民主体性作用，强调居民参与。长期以来，社区改造未能让居民广泛参与其中，多是单纯的、政府自上而下的供给，然而这些供给中有些并不是从居民的主体性需求出发的，因此改造后居民参与社区建设与管理的主体性不强，导致社区改造容易、维护难。面对推进社区治理能力以及社区品质双重提升的政策背景，为避免上述政府作为投资主体的改造中"政府买单，居民不买账"的情况，社区改造需要建立在居民广泛参与的基础上，需要充分听取居民诉求，编制符合居民真正需求的规划，提升居民在社区改造与社区管理中的主人翁意识，使其自觉维护社区改造成果，实现社区的共建、共治、共享。

第三，社区改造需要协调相关主体间的利益关系。循礼社区存在大量违规建筑，这些违建权属复杂。此外，社区的改造还涉及与周边区域的复杂利益关系。这些均涉及各级政府部门、相关企业和居民等多方利益的协调。因此，以往的传统理想式规划，在循礼社区很难实现。通过大量沟通、协商，化解各方群体的利益分歧，凝聚各方共识，形成满足多方利益的改造方案是改造的前提。

9.2
规划编制：寻求居民共识的改造方案

▶ 和前述两个案例相似，循礼社区改造的规划编制过程也按照搭建工作坊、发现社区、联合设计和制度设计4个阶段依次展开，力争形成居民、政府、规划团队、社区周边用地主体等多方群体在现状问题、改造方向、规划设计方案上的共识。

9.2.1 搭建工作坊

社区改造的规划编制开始于工作坊的搭建。工作坊的构成主体主要有江汉区政府部门、新华街道办事处、规划团队、循礼社区居委会、社会组织以及社区居民代表等。各主体的角色如下：①江汉区房管局，是循礼社区改造的主要统筹主体，掌握社区改造资金的供给；负责在社区改造过程中协调区水务局、区园林绿化局、区城市管理综合行政执法局、区文化体育局等区级政府相关职能部门；负责监督社区改造各阶段的进度，并最终验收各阶段成果。②新华街道办作为基层行政单元，负责实际落实和推进社区改造规划的编制与实施，其中，又以街道负责民政与房管的副主任主要负责，包括与区级政府职能部门协调沟通、把控社区改造各阶段进度、把关规划成果以及协调、调动社区。③规划团队是各参与主体间对话的桥梁，构筑了涵盖各级政府、居民代表、社区规划师、社会组织等多元主体的互动平台，负责听取各主体需求、协调其利益诉求，并将协商成果落实到规划方案中。④循礼社区居委会等基层组织主要起宣传动员、情感链接作用，负责向街道表达居民诉求，组织居民参与规划编制和实施的全过程，同时将规划方案积极向居民宣传，使居民配合方案落地。⑤社会组织主要指民办非企业，主要负责在社区规划实施和后期管理中对居民进行培训，在社区培育改造相关的社区组织，提高社区共建、共治的能力。⑥社区规划师，即全面参与规划编制的社区居民代表，是社区广大居民群体的传声筒，负责将居民诉求表达出来，为规划团队提供改造意见，且监督、评议社区各项目包改造的质量及实施效率。本社区居民代表共20人，男女人数均等，年龄均衡分布在40～80岁，对社区改造工作充满热情；并以社区原住民为主，其住所均匀分布在社区各楼栋。

9.2.2 确定改造意向

自2018年7月起，规划团队对循礼社区先后进行了20余次实地踏勘，并以集中座谈、一对一访谈、问卷调查等形式开展调研，详细摸查了社区的人口构成、房屋使用状况、房屋权属、道路交通、公共空间、公共服务设施、市政服务设施、景观环境、商业网点及违搭乱建等方面的情况。通过调研，规划团队和社区居民共同梳理出了社区面临的问题、痛点与难点，并明确了改造意向，具体如表9-1所示。

循礼社区具体问题及改造意向　　　　　　　　　　　　　　　　　　　　　　　　　　表9-1

调研内容	具体问题	改进意向
道路交通	1-1 道路整体破损严重； 1-2 人行道路不成系统，安全隐患大	1-1 将路面翻新成沥青材质； 1-2 专门设置人行通道保证安全
	2. 社区有4条断头路，车行路线不成系统	2. 重新梳理道路系统，适度打通断头路
	3. 现状消防行车路线不顺畅	3. 在消防栓所处位置拓宽相应救援道路
	4. 共享单车随意停放，占用社区公共空间	4. 严格禁止共享车辆进入小区
	5. 非机动车在巷道上、单元门口随意停放，占用道路和公共活动空间	5. 扩大现有非机动车车棚容量，可改造为太阳能充电桩，多功能结合
	6. 社区停车位严重缺乏	6. 适度拓宽车行道，实行单侧停车
公共空间	1. 社区没有公共休憩设施	1. 在人气高的场地设置公共休憩设施
	2. 社区公共空间少，空闲场地有限	2. 加强现有空间利用，提高场地利用率
	3. 社区公共休闲设施利用率低，有限的空间得不到合理利用	3. 拆除违建建筑，增补公共空间
	4. 有一处废弃车棚	4. 可改造晾晒空间

调研内容	具体问题	改进意向
公共服务设施	1. 现有公共服务设施不能满足社区配套要求	1. 改善社区公共服务设施管理，集中布局，统一管理
	2-1 宣传栏内容多为政治、健康方面，大部分占用立面空间； 2-2 有两处站立式宣传栏	2. 无用的宣传板可拆除，改善立面环境
	3. 社区宣传白板几乎废弃	3. 白板可重新利用，放在居委会附近，用于公布社区活动
市政服务设施	1. 消防栓缺乏维护，存在安全隐患	1. 加强消防栓维护
	2-1 墙上的路灯光照覆盖面积有限； 2-2 部分居民住宅入口尚未配套路灯	2. 增设路灯设施，或拆除墙体上的路灯，改为杆式路灯
	3. 垃圾设施匮乏，杂物堆放严重	3-1 每栋楼前设置一处小垃圾桶； 3-2 小区内部设置三处大垃圾桶
	4. 社区有两处废品回收站，但均不规范，占用部分公共空间和道路，影响小区形象	4. 在合理位置增加环卫工作站
	5. 雨水井盖位置分配不均，排水不畅	5. 改善地下排水管网，合理布置雨水井盖，在水患严重区段可酌情增加
市政服务设施	1-1 社区电线杆较多，包括废弃电线杆，电线杂乱无章； 1-2 有不少居民在电线上晾晒衣物	1-1 及时拆除废弃电线杆； 1-2 整理室外电缆； 1-3 可在电线杆周围做绿化，避免堆放杂物
	2. 化粪池区域上方不宜承载过重设施，但现状常停有车辆	2. 化粪池区域可改造为社区公共娱乐休憩空间
景观环境	1. 社区绿树种植无序，个别树影响住宅楼采光，缺乏统一维护管理	1. 加强社区树木维护及管理
	2. 社区东侧缺乏绿化空间	2. 增补东侧社区绿化空间
	3-1 绿坛被杂物侵占，近乎废弃； 3-2 社区绿地不成系统	3-1 完善社区绿化系统，增加景观节点； 3-2 加强社区绿化用地维护管理，提升绿坛等景观小品使用功能
	4. 私人盆栽占用社区公共空间，缺乏管理，影响公共活动	4. 与改造方案结合，合理摆放盆栽，增强社区品质
	5. 社区东侧因缺乏绿化，私人多自发摆放盆栽	5. 增加公共绿化填补绿化不足
社区商业网点	1-1 商业网点中餐馆居多，大多为违搭帐篷，占用公共空间，甚至占用人行通道； 1-2 餐馆油烟对建筑立面造成破坏，且产生大量垃圾，影响社区环境	1-1 将废弃店面拆除； 1-2 根据居民需求增加商铺（如：菜市场），将有需的商铺合理规范化，统一设计，增强美观性
社区违搭乱建	1. 社区违搭乱建严重，侵占社区公共空间，甚至阻碍社区交通	1-1 协商拆除用于堆放杂物的违建乱搭房屋及屋棚，整治违建现象； 1-2 对于违建乱搭商铺，可为其提供改造方案，使其规范化
	2. 晾衣架/绳占用居民活动空间，部分悬在道路上方，给行人带来不便	2. 规划合理的晾晒场所，满足居民晾晒需求
	3. 社区晾衣空间难以满足居民需求，衣物晾晒在电线上存在安全隐患	3. 加强晾衣管理，向居民普及安全意识
	4. 乱堆放杂物点多占据建筑墙脚或角落处，破坏整体环境美感	4. 增加环卫设施，将占用公共空间的杂物清除

9.2.3 开展联合设计，形成居民共识的方案

开展联合设计活动前，规划团队围绕居民代表对具体点位的改造意向，向更广泛的居民们发放了调查问卷，以全面了解居民的具体改造诉求。规划团队按道路格局将社区划分为三个片区（图9-4），每个片区发一套问卷，问卷主要包括各个片区拟改造空间的改造备选方案，供居民选择。整个社区共发放问卷250份，每个楼栋根据住户数量发放5～12份问卷，并由社区网格员指导居民填写，以保证问卷的有效性。

图9-4 循礼社区分片区情况

规划团队参考问卷调查结果，进行空间改造的初步设计，并引导居民代表根据实际需求对改造方案提出意见。经过多轮方案联合设计、沟通协调，规划方案尽量将居民意见纳入，形成可视化方案后，居民对"微改造"的态度实现了从"坚持拆"到"同意改"的巨大转变，逐渐增强了他们对社区改造的信心，他们也开始慢慢认同政府和规划团队为社区改善所付出的努力，并积极参与到方案的编制和改造中来。经过多轮联合设计后，居民代表们就改造方案达成基本共识，形成了兼具群众性和专业性的初步改造方案。然后，规划团队逐级向新华街道办、江汉区相关职能部门，包括区住房保障和房屋管理局、区水务局、区城市管理综合行政执法局、区文化体育局等，汇报方案，在可实施性方面征求意见和支持，进而形成了一个兼顾各方利益的改造方案，具体如下：

本次改造将循礼社区定位为"宜老、宜少、安全、共享，有文化内涵的精致社区"，并通过四大策略和相应具体措施来推进实施。

9.2.3.1 策略一：优化物理空间

采取的措施主要为：

（1）融合周边（图9-5）。主要体现在两方面，一是将社区车行出入口设在社区北侧和

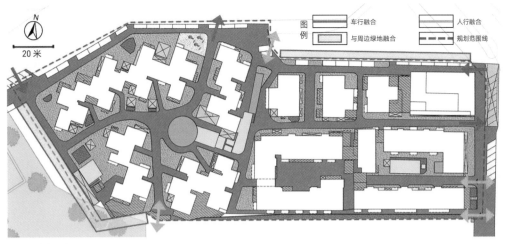

图9-5 融合周边

东侧，连接规划建设的城市道路；二是在社区南、北两侧打通人行通道，与社区西南侧和东北侧规划的两处街头绿地连接起来。同时，通过通透的绿植和局部的人行开口等优化处理小区与这两处绿地的边界，使绿色融入小区，使小区居民能就近使用绿地设施。

（2）动静分区（图9-6）。方案将整个社区划分为动区和静区。动区在社区的东西两侧，主要满足机动车通行；静区在中部和南侧，于社区北侧设置小区正门，并由北往南分别建设广场、休憩设施等形成南北人行通道和活动区，通过动静分区、人车分流，有效组织公共空间，还空间于民，真正为社区打造出宜老、宜少的空间环境。

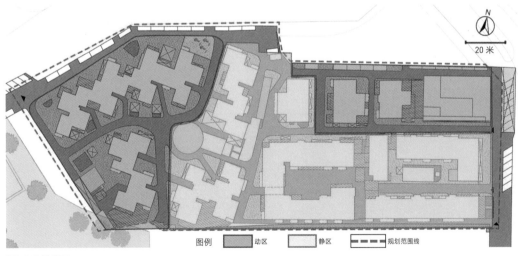

图9-6 动静分区

（3）单向微循环（图9-7）。规划方案提出要清除社区原有交通障碍，整理出两条车行路线，并规定所有车行路线为单向行驶。其中，一条车行线路为20~26栋南侧道路，机动

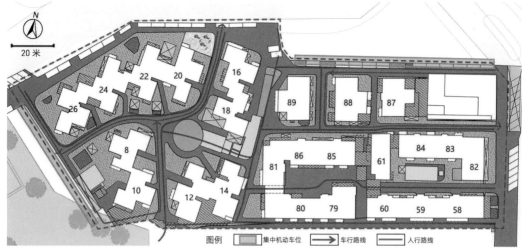

图9-7 单向微循环

车从26栋西侧入口进，从20栋东侧出口出；另一条为围绕87、88栋的"U"形道路，机动车从东北面入口近，经过"U"形道路后，从东侧出。如此，社区形成了东西均衡、线路畅通的机动车通行格局。此外，社区严格控制外来车辆入内，采用集约停车模式，在社区西侧、东北侧街头绿地的交界处布置两处集中机动车停车位，将机动车道拓宽，沿车行路单侧合理布置停车位，共可增加约40个停车位。另外，小区北侧精武一路是在建的城市道路。建成后，路边也可限时停车70～80辆。如此一来，社区停车难题能得到缓解。

（4）拆除违建（图9-8）。拆除违建是疏通社区空间，实现社区与周边融合、动静分区、单向车行微循环的前提。为此，规划团队通过对违搭、乱建的年份、功能（居住、仓库、物业用房、棚架等）、难易程度及权属（原业主、外来租户）作了综合分析，确定了协商可拆、建议拆及可优化的违建。其中，①协商可拆的违建多是容易拆除、不具有生活功能性的设施，多位于楼栋之间的廊道处，拆除后可腾出大量公共空间，为居民交流创造条件。②建议拆的违建

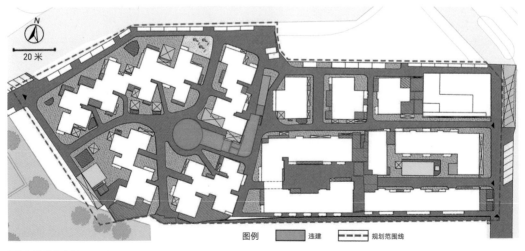

图9-8 违建分布图

大多是居民自搭的棚、屋，结构不一，有安全风险。虽然拆除阻力较大，但对社区整体的空间格局影响较大。因此，规划团队希望政府尽力与居民沟通，拆除此类违建，以塑造功能合理的社区空间格局。③可优化违建多以居住和经营店铺为主，实际使用中的功能性强，拆迁阻力极大，建议政府与居民协商，采用"居民出资+政府补贴"的模式来将其优化统一。

（5）非机动车停车位。社区对非机动车停车位需求较大，有近200台非机动车。规划方案提出，统一规整现有非机动车棚，将其尽量沿动区的入口布置。为此，方案在社区东西两侧各设置了一处大型非机动车停车棚，分别分布在8栋西侧和61栋西侧（图9-7）。此外，在部分楼栋的出入口提供少量规范雨棚用于非机动车的临时停放。

9.2.3.2 策略二：建筑楼体优化

采取的主要措施为：

（1）改造立面。通过粉刷墙体来缓解建筑表面老化、脱落以及渗水；更换破旧窗户与雨篷，将现有杂乱的晾衣竿统一置换为伸缩晾衣架。同时，统一建筑立面的空调机罩，清理排气扇口，梳理建筑立面杂乱的弱电线路。如此，建筑立面风格得以统一，更为整洁美观，也解决了屋面渗水问题。

（2）改造管网。解决室内排水、屋顶漏水。首先，现状建筑为平屋顶，居民违搭乱建使屋顶漏水严重，因此居民迫切需要平改坡；其次，由于房屋内部管道老化，上、下水管网已破损严重，时常漏水。为解决室内给水排水问题，规划在建筑外墙沿厨卫一侧增加上下水干管，供居民自行接入。在此基础上，通过在社区选址，新增泵房，以解决居民用水不够的问题。

（3）改造地下管网。充分对接区水务部门，基于城市主干排水管网的规划，重新梳理小区的排水系统，将以前雨污合流的无序排水系统改为雨污分流的有组织、有序排水管网系统。

9.2.3.3 策略三：营造公共空间

具体措施为拆除位于小区中央圆形的社区居委会大楼（属于违建用房）、其东侧停车棚以及向北延伸至规精武一路的"L"形功能用房，规划将拆除后的空间打造为"社区客厅"，即集老年活动中心、室外广场、健身及儿童设施、凉亭等于一体的社区主要公共空间，用于培育社区居民的多样化活动，提升居民幸福感。

（1）规划方案提出在社区北门（正门）处设置中式风格的牌坊，与社区的"循礼"文化相呼应（图9-9、图9-13中的⑦点位）。牌坊往南是入口广场，广场地铺风格与大门牌坊材质风格相呼应，共同营造具有本土文化色彩的景观。该广场利用绿化和铺装相结合的形式分为三段，中间为硬质铺装，两侧为绿化，衔接楼栋入口空间。

（2）打造社区共享空间，促进社会融合。牌坊到小区入口广场，再往南是一处文化长廊（图9-10、图9-13中的⑨号点位）。由于此处以前是西马和循礼两个居委会范围的边界，是灰色空间，但在合并后的循礼社区又位于中心位置。规划方案结合道路交叉口的特点，设置了向四个方向延伸的长廊，起到联结作用，鼓励居民来此休闲，将隔离人群的边界打

（a）改造前 　　　　　　　　　　（b）改造意向

图9-9　16栋东北侧改造效果对比

（a）改造前 　　　　　　　　　　（b）改造意向

图9-10　81栋西侧改造效果对比

（a）改造前 　　　　　　　　　　（b）改造意向

图9-11　18栋南侧改造效果对比

造成融合之所。文化长廊向西延伸是原社区居委会大楼所在地，拆除后，建设成为整个社区最大的活动广场空间，即文化广场（图9-11、图9-13中的⑩⑪号点位），配套儿童设施、休闲设施，用绿化分割场地，为居民提供多样化的活动场地。文化长廊向南延伸是结合东西两侧楼栋入户而打造的休憩区（图9-12、图9-13中的②号点位）。改造之前，这里便是居民自发集聚、休闲的地方。因此，改造方案根据居民意见进行优化、完善，包括加设座椅、改造地铺、增加绿植等。文化长廊往东则衔接机动车道。

| （a）改造前 | （b）改造意向 |

图9-12 81栋西侧改造效果对比

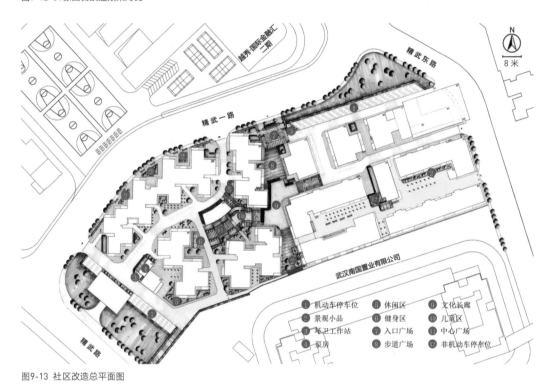

图9-13 社区改造总平面图

9.2.3.4 策略四：舒化人文空间（图 9-13）

根据现场踏勘和居民需求，规划团队拟定出一系列具有改造潜力的景观节点、功能节点，提供若干合理的改造方案，包括配套公用桌椅或凉亭、健身器材、设置绿植、儿童设施及晾晒设施等。具体如下：

（1）植入休憩、健身、儿童及晾晒设施。考虑到社区内老年人占比较大的现实情况，规划团队结合居民日常聚集特点以及设施分布的均衡性，设置休憩设施，主要分布在20～26栋北侧、8栋和10栋东侧，原居委会大楼拆除后新建的文化广场的周边以及81栋西侧；为满足社区居民健身需求，在8栋东侧设置一处健身空间，服务于社区居民；在社区较为开阔、通风较好的空间，规划设置户外晾晒设施，主要分布在8栋南侧。此外，由于社区现状交通混乱，无儿童游戏空间导致儿童极少在户外活动，规划方案提出在文化广场上设置一处户外儿童娱乐空间，配套儿童设施，并在附近设置家长看护区。

（2）营造精致景观。规划方案在规划的步行道、休憩设施、健身设施、儿童设施处打造精致的绿化景观（图9-14）。此外，为合理衔接小区与周边各类城市区域的边界，如小区与南侧（南国置业）的围墙、小区与东北侧街头绿地的围墙，规划方案提出充分利用现有围墙，于其内侧种植垂直绿化，形成绿化景观（图9-15、图9-16）。

（a）改造前　　　　　　　　　　　　　　　（b）改造意向

图9-14　12栋西侧改造效果对比

（a）改造前　　　　　　　　　　　　　　　（b）改造意向

图9-15　社区南侧道路改造效果对比

（a）改造前　　　　　　　　　　　　　　　（b）改造意向

图9-16　社区南侧人行巷道改造效果对比

改造方案确定后，规划团队与社区居民进行对接，由居民投票决定各项改造内容的建设时序。然后，也是最重要的一点，社区要制定有助于规划实施和后续维护的制度，如绿植维护的认领、认养、认管，广场空间使用的规划等。因此，规划团队提出建立"社区规划师"制度，即将规划过程中表现突出、热心为社区出力、掌握规划基本方案和要点的居民聘任为社区规划师，力促规划实施中的共建、共治，真正做到将规划方案的落实嵌入社区治理体系中，为社区的后续建设与维护提供保障。

为有序实施以上策略和相应措施，规划团队将改造内容划分为7个项目包（表9-2），包括排水管网改造、平改坡、建筑楼体改造、道路交通优化及A、B、C三个片区的细部改造。

循礼社区项目包 表9-2

项目包数	项目包名称	解决问题	改进方向
1	排水管网改造	室内污水、地面雨水、地下雨污排水不畅	1. 结合厨房卫生点位，室内布设排水管，居民自行接入； 2. 调整地面坡度、增设挡水槽； 3. 改造地下排水管网系统
2	平改坡	1. 屋顶漏水； 2. 屋面漏水； 3. 屋顶隔热	将建筑平屋顶改为坡屋顶，铺设防水层、隔热层，有序设置屋顶排水
3	建筑楼体改造	1. 建筑外立面陈旧； 2. 楼道设施老化； 3. 墙皮脱落； 4. 立面违建	1. 统一增加遮阳雨篷； 2. 立面粉刷； 3. 统一窗户颜色； 4. 粉刷楼道； 5. 修复破碎点位和设施
4	道路交通优化	1. 人车混行无序； 2. 路面违规停车，导致交通堵塞； 3. 停车泊位匮乏	1. 人车分流，动静分区，设置单行路线，有序管理机动交通； 2. 规整路面并刷黑，重新铺设人行道； 3. 设置规范地面停车
5	A片区改造	1. 机动车与非机动车停车问题； 2. 休憩设施、环卫设施、泵房、景观花坛、晾晒空间不足； 3. 周边空间利用无序	1. 改善道路交通系统，规划停车泊位、非机动车棚； 2. 规整花坛、设置休闲座椅； 3. 增加环卫用房、泵房等设施
6	B片区改造	1. 公共空间缺乏； 2. 休憩空间与设施缺乏； 3. 缺少品牌形象及文化展示	1. 拆除违建，打造"文化广场""社区客厅"； 2. 植入入口牌坊、文化长廊、景观廊架、儿童场地、休憩空间、绿化、座椅、直饮水等空间和设施
7	C片区改造	1. 道路交通组织无序； 2. 消防通道不畅； 3. 空间利用低效； 4. 公服设施不足	1. 规划单行线，增加地面停车； 2. 拆除违建，打通消防通道； 3. 于万新房管所增加公共服务设施； 4. 改善绿化景观和安防设施

9.3

面向实施的多层次方案协商：上移协调尺度，促方案实施

▶　2019年初，循礼社区的规划方案已基本完成，直到2021年初改造正式施工。期间经历了诸多变故。工作组织模式、改造的目标导向、改造的资金来源和改造内容等都发生了一定程度的变化。总体而言，从方案完成到开始施工的过程可大致分为三个阶段，总体表现为在街道、区级各职能部门间的协商。相比方案阶段主要是居民主体，这些阶段协商的尺度明显上移。

9.3.1　分职能部门落实规划实施权责

2019年2月，初步改造方案完成后，区房管局组织区水务局、区园林绿化局、区城市管理综合行政执法局、区文化体育局、新华街道办事处、规划团队等多个相关方多次召开循礼社区改造实施会议，进行了为期约6个月的协调沟通，主要对规划实施以及实施过程中需要协调的问题进行了讨论。由于当时社区改造主要由政府财政资金投入，十分有限，改造资金来源成为规划方案实施的关键，也是当时协调的重点内容。其中一个方案是由各个部门分别认领相关改造内容，承担相应内容的改造费用：区房管局作为牵头单位负责楼体改造，包括屋顶平改坡、建筑立面粉刷、更换楼梯扶手等；区水务局负责更新维护社区地下水管网及入户上水管道（二次供水）；区园林绿化局负责落实规划的景观绿化内容；区城市管理综合行政执法局负责社区道路铺装；区文化体育局负责按标准提供健身器材。社区改造费用需由各部门共同承担的方案难以推行，改造资金一直未得到有效落实。

9.3.2　配合军运会大事件先行的立面改造

由于武汉将于2019年10月中下旬举办军运会，而且循礼社区在军运会相关活动行进路线上。因此，循礼社区现状杂乱的南面亟待改变。故2019年5月以来，循礼社区改造主要受军运会举办驱动。由

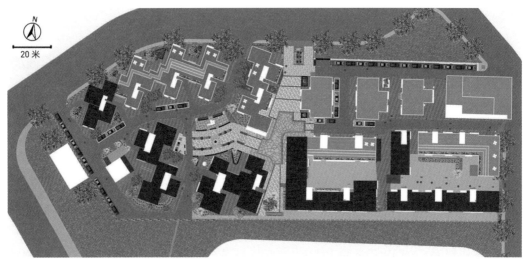

图9-17 社区南侧建筑屋顶平改坡

于时间紧，改造资金分摊难落实，整个改造的资金缺口大，区级政府决定借军运会沿街立面改造资金开展局部改造，之后再谋划其他相关项目。这些局部项目包括小区楼栋所有的立面粉刷，以及沿军运会行进路线一侧建筑屋顶的平改坡（图9-17）。

军运会后，2019年末新冠肺炎疫情暴发，中断了后续规划实施。2020年7月，随着武汉市的新冠肺炎疫情进入可防可控阶段，城市建设逐步恢复正常，循礼社区改造也再次提上日程。

9.3.3 "政府专项债"新模式下的机遇与挑战

2020年初，中央政府宣布全面推进老旧社区改造工作，明确2020年政府的专项债不用于土地收储和与房地产相关的项目，而是根据中央经济工作会议"加强城市更新和存量住房改造提升、做好城镇老旧社区改造"的要求，将城镇老旧社区改造纳入专项债券的支持范围。这为老旧社区改造提供了良好的资金保障。此外，2020年7月，中央政府正式出台《国务院办公厅关于全面推进城镇老旧社区改造工作的指导意见》（国办发〔2020〕23号），对老旧社区改造的工作推进进一步作了部署。在改造内容方面，将改造分为基础类、完善类和提升类三类，其中，基础类是指涉及居民基本居住条件和居住安全、日常生活保障的基本设施；完善类是指满足居民改善型生活需求和生活便利需要的改造内容；提升类主要是指养老、托育等城市公共服务的供给。在组织实施机制方面，其主要强调居民是改造主体，要建立居民参与机制。在改造资金方面，基础类改造由政府资金重点支持，完善类改造部分由居民出资，提升类改造鼓励社会力量参与。

在中央政策指导下，武汉市江汉区也开始探索新的老旧社区模式。首先，发行政府专项债，用于老旧社区改造；其次，进一步明晰了老旧社区改造基础类、提升类和完善类的改造内容①；在此基础上，将改造重点归纳为"五改一升"，即基础设施改造、道路通行改造、消防安防改造、建筑修缮改造、环境健康改造和公共服务升级②。基础类和提升类改造在上述六方面的具体改造内容有所不同，其中，基础类改造单价控制在400～600元/平方米，提升类单价控制在600～1000元/平方米，完善类最低。在江汉区新的改造模式下，循礼社区被定为基础类改造项目。根据此类项目的改造内容，规划团队又对循礼社区的改造规划进行了修改，以使前期满足居民意见的方案更能贴合新政策的要求，并尽量争取更多的改造资金。其中，主要修改包括：①剩余建筑不进行平改坡，因为有建筑荷载加重危及建筑结构以及地铁安全的可能，无人能承担风险。②细化前面地下管网疏通、地下管网改造要求的雨污分流，重新铺设管线，改造更加深度、系统，但改造难度也较大，具体如下：

第一，地面和立面违建拆除难度大。如前文所述，拆除关键节点的地面违建是打通社区道路网络的必要前提，尤其是图9-18中的5个关键点位。其中，1、2、3号点位是居民自己搭建的违法建筑，但现在仍有人居住。4号点位的违建属于湖北省经济贸易委员会，有土地证，无房产证，虽然目前处于闲置状态，但他们也有维护国有资产的诉求。面对省级政府部门协调的尺度显然超出了区级政府和街道能力范围，有赖于将协调尺度上移。5号点位现状是循礼社区居委会的办公楼和居民室内活动场地，原来是公共空间，后来是为了满足社区办公需求而一层一层加建起来的，没有产权证，因此也被列为违建。该处违建拆除的前提是街道办和区级政府要为社区居委会安排新的办公场地，而在新场地得以落实之前，

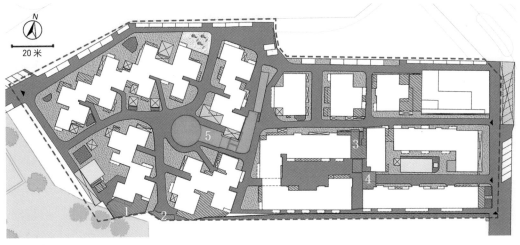

图9-18 关键节点违建点位图

---

① 基础类改造是保障居民安全需要和基本生活需求的重点改造内容，包括供水、排水、供电、弱电、道路、供气、通信、安防、消防、垃圾分类、管线整治等。完善类改造是满足居民改善型和便利性生活需求的改造内容，包括小区及周边违法建设拆除及绿化、照明、停车场、加装电梯、无障碍设施、文体休闲设施、体育健身设施等。提升类改造是丰富社会服务供给、提升居民生活品质的改造内容，包括社区综合服务设施、社区公共卫生、幼教、体育、养老、托育、家政保洁、便民市场、菜市场等公共服务设施配套。

② 基础设施改造方面，包括给水排水设施、强弱电设施、燃气暖气设施等；道路通行改造方面，包括道路设施、停车设施、消防设施等；消防安防改造方面，包括安防设施、楼道修缮等；建筑修缮改造方面，包括违建拆除及加装电梯、建筑本体公共部位修缮、第五立面改造等；环境健康改造方面，包括垃圾分类、绿化美化、文体活动设施等；公共服务升级方面，包括养老服务、智慧便民服务、公共服务、菜市场等。

该处点位的违建是难以拆除的，因此拆除该处违建有赖于区级政府部门、街道办事处和社区居委会三者间的协商。

除了地面违建拆除的难点外，建筑立面的吊脚楼、屋顶的违建等更是难上加难，涉及的居民以此与政府讨价还价，要求补偿。而以法律规范来讲，政府执法对居民是没有补偿的，因此存在政府难以协商的困境。然而，立面违建不拆除，建筑外墙面作业就难以推进，包括外墙粉刷、新增排水主管的布设、安装等；同样，如果屋顶的违建不拆除，平改坡、屋顶的防水等工程作业便难以开展。而这都涉及违建者利益、政府利益之间的平衡与协商，难度可想而知。对于区级政府而言，改造前设置了三个条件：一是违建不拆除不改；二是居民不同意不改；三是长效管理不落实不改。而这第一条则是其难点，由于是违建，按相关规定是没有补偿的，即使有，也极为有限。街道政府处于区政府与居民之间，面临居民补偿要求与区政府的改造前述要求。截至2021年初，5号、4号点位得以拆除，而1、2、3号点位仍难以达成共识，屋顶立面违建拆除更是难上加难。

第二，社区与周边城市用地边界处的改造有待进一步协商。这包括社区西侧和东北侧两个点位，见图9-19。就社区西侧点位而言，该点位计划利用部分街头绿地来扩宽车行道，并建设部分机动车停车位，增设绿篱。而此处街头绿地的规划是在社区原先主入口处建设一个公厕，在公厕与社区干道之间的边界修筑一个宽约1.2米、高约0.7米的人行步道。在规划团队提出边界协调的规划方案时，街头公园正在实施，规划团队多次协调以期在施工中化解，但无果。因此，规划方案难以实施：一是进入社区的主干道变得十分狭窄，通车不便；二是停车位难以落地；三是绿篱难以实施，从8栋、10栋南侧经过的社区环线难以打通，社区交通的顺畅性将受到极大的影响。

在街头公园建设完成后，为了推进循礼社区规划的实施，街道办事处组织召开协调会，但阻碍重重。该公园绿地为政府委托某公司代建，建成后再交由区园林局管理，但目前公园里的树木存活率低于50%，未达到验收标准，因此尚未移交给区园林局管理。这样一来，代建公司不敢擅自调整城市公园绿地的建设方案，区园林局也还没有权限对该块公园绿地进行处置，因为该公园还未移交给他们，规划实施有待进一步协调。

就社区东北侧点位而言，涉及此处街头绿地与社区边界的协调，如图9-19中的B区域所示。从位置关系来看，循礼社区离该绿地更近、使用需求更大，因此最初的社区规划方案提出沿边界向绿地进深1米左右，然后结合现状道路，规划部分机动停车位，并开设多条社区到绿地的通道以便于社区居民使用；并在绿地的西端规划了社区正门（牌坊所在地）。于是规划团队协调相关政府职能部门和绿地权属方，对方案的可实施性提出指导。在协调的同时，该绿地也在同步施工中，由于一些原因，直到其实施完成，协调也未有落实。因此，社区规划的方案也没有在实施的同时对接好。

待绿地建设完成后，团队实地考察并在街道组织的协调中了解到，该绿地为精武东路以东的小区所购置的，产权归属其全体业主。为维护全体业主对绿地的产权，该小区开发商在绿地四周建起了石柱加铁艺框架构成的围栏。此外，高大的石柱对循礼社区正门打造

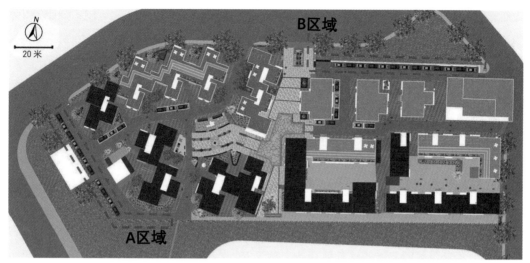

图9-19 公园绿地与集中机动车停车位用地冲突示意图

与形象的提升也增加了难度。因此，社区规划协调与周边的边界，优化边界空间使用的愿望未能落实。由于该处绿地与实际持有小区间隔着主要城市干道，其居民使用绿地多有不便，空间利用效益大打折扣，而规划团队提出的向循礼社区开放，增设车位等设想则有利于提高空间利用。

更重要的是，拆除违建、协调周边的不确定性也增加了资金投入的不确定性。按实施需要精准地确定资金投入规模，也是一个不断协商的过程。这也进一步延迟了社区规划的实施，使其面临多种不确定性。而随着利益协商的各种变动，尤其是资金投入的不足，方案也处于不断调整中，使其整个改造漫长而多变。

9.4
改造过程的反思

9.4.1 改造经验

► 如本案例第3节所述，循礼社区改造的初衷主要有四点：一是，让居民由"坚持拆"到"接受改"；二是，突出居民的主体性，编制真正满足居民需求的、以人为本的、具有前瞻性的社区改造方案；

三是，协调好社区改造过程中各方主体的利益，促使各方达成共识；四是，培育社区社会组织（如建立业主委员会等）形成长效管理机制。社区改造的规划编制和实施是实现改造初衷的具体路径，参与式协商则贯穿其中的方方面面，是社区成功改造的必要手段。

首先，在规划编制方面，搭建工作坊到联合设计的4个阶段均涉及广泛的居民参与式协商，取得了一定成效。在第一阶段（搭建工作坊），主要相关主体，如政府部门、规划团队、社区居民等便共同建成一个工作组，构建了以规划团队为主体、上至区级政府部门、下至社区居民的沟通协调机制，为参与式协商提供了前提条件；在第二阶段（发现社区），规划团队在现状调研的基础上，认真听取居民诉求，与社区居民沟通协商改造内容和改造意向；在第三阶段（联合设计），规划团队提出初步改造方案，对社区居民、各级政府部门的意见综合考量，并引导方案编制过程中各主体的沟通协商，以最大限度满足各方需求，实现居民由"坚持拆"到"接受改"的转变；在第四阶段（制度设计），仍是强调由社区居民参与，决定社区改造建设时序，建立社区规划师长期机制，助力社区社会组织建设与社区治理。

其次，在规划实施方面，规划团队为了编制一个可操作的平衡各方利益的方案，发起了近30次的多层级各类型的协商会，最后产生了一定的效果：①居民态度发生了转变。虽然拆违过程中遇到一些阻碍，但获得了绝大多数居民对改造的认可与支持。②社区居民得以动员。居民积极参与进来，以居民做居民工作，推动了共识性方案的产生。③各区级政府部门都参与其中，提供力所能及的支持，使方案可实施性增强。

9.4.2 改造反思

至2021年初，循礼社区改造规划与实施项目至今已开展了两年有余。期间，作者也见证了规划编制和实施中均存在的一些需要反思与总结的问题，大体如下：

（1）社区改造存在大量既得利益，利益协商具有多层次性、多主体性等特点，可以说老旧小区改造本质就是协商寻求共识。如前文所述，循礼社区改造相关利益主体，上至省级经济贸易委员会、区级相关职能部门、街道办事处，下至各类企业、社区居民等；协商内容涉及违建拆除、用地协商、资金落实、改造时序等方方面面。循礼社区改造协调过程之复杂、冗长可想而知。

（2）相关主体因利益诉求不同，仍有部分共识难以达成。这主要体现在政府与居民之间、居民与居民之间。首先，在政府与居民之间，为了提升城市形象，改造城市外部整体空间环境是政府关注的重要方面，如结合军运会开展的沿街建筑立面改造；而居民更关注和其日常生活最密切相关的室内上、下水及社区水涝等问题。因此，如何在投入资金有限的情况下，兼顾城市的整体利益与居民个体的切实利益是值得探讨的。其次，在居民与居民之间，也存在一定的难以协调，比如上下水管道的更换。如果是从楼内实施，则需整个楼栋居民统一实施，因为上一楼层居民的上下水管道经过楼下住户的房屋。因此，最后采取了墙面外挂排水管道、由居民自行接入的方法。

（3）协调的尺度与协调事项的有效耦合至关重要。循礼社区在规划编制阶段，由街道主导，采用的工作模式与第8章登月小区相同。这充分调动了街道的主动性，街道动员社区居委会，后者动员居民，形成了良好的上下协同格局。而在规划实施中，资金的来源受限，因此曾尝试由各职能部门分工合作，但难以整合，因为各职能部门间为平行关系，没有自上而下的驱动。职能部门间合作投资难以奏效。而在政府专项债推动下，区政府成立了老旧小区改造工作指挥部，区领导任指挥长，下设办公室；区房管局领导任主任，统筹推动老旧小区改造工作，解决部门间的协调问题、资金问题等重大问题，协调尺度上移，增加了改造工作推进的效率。而在拆除违建等工作方面，街道与社区主要负责，充分发挥了其作为基层机构，开展居民工作的优势，但我们也看到拆除违建的难度，这也需要进一步创新思路予以化解。

（4）政府部门发挥带头引领作用，有助于推动社区改造顺利实施。循礼社区居委会现状办公场所所在地是改造方案中"社区客厅"的重要组成部分，为保证社区改造方案顺利实施，居委会、街道办事处与区房管局层层协商，重新确定办公场所，带头拆除公共违建。循礼社区东北角的楼宇是某房管所的产业。为确保现有居委会办公场所拆除后，居委会有场所可以办公，同时弥补社区养老设施的不足，居委会、街道办事处与区房管局协商，将该房管所的现有建筑转变功能，用作居委会办公场地和养老服务中心；该房管所则搬至既有街道办事处办公，街道办事处搬至其他场地办公。这充分展示了各级政府支持社区改造的坚定决心，并为接下来循礼社区内100多处违建的拆除做出了表率。

第 10 章　花楼水塔街道贯中里改造:
历史街区的保护与发展

进入新时代，城市建设由外延式发展逐步转向内涵式提升，历史文化街区作为城市悠久历史与文化的重要物质载体，其保护与发展越来越受到地方政府与民众的关注。"历史街区"大多位于城市中心，占据有利区位，改造重建的经济价值巨大。面对开发商和地方政府所构建的"增长联盟"，这类老旧空间的保护往往被置于次要地位，其文化价值也往往被忽略。因此，早期对历史文化街区的保护措施出现了较多有争议的做法，如"拆旧建新""拆真建假""整体复建"等方式。这些做法不仅没有对历史文化街区形成保护，还因"过度开发""过度建设"产生了破坏性后果。2005年以来，随着对历史文化街区保护意识的提高，国家提出相应的保护措施，并将其纳入城市建设与规划法规。但在局部地区保护行动的具体实施差强人意，直至近几年，对于历史文化遗产的保护有了重新的认识，强调要避免"一拆了之"，综合保护与发展的关系，对空间进行小规模有针对性的修复，为建筑的可持续性发展提出改造策略。

因此，如何平衡历史街区的发展与保护成为更新历史街区所面临的最大挑战。以往的保护实践多只重视保护历史街区外在的物质空间，以商业手段带动其经济效益，进而促进商业、旅游业等产业的发展，其内部历史积淀形成的经济、文化、生活网络等却往往被忽视，导致很多原住民在历史街区的保护整治过程中大量迁出。在保护层面，长期的现代化城市建设对老城格局肌理造成了冲击。由于长期未得到合理维护，致使建筑保存状况较差。历史街区内反映传统特色风貌的要素陆续被拆除，沿主要道路两侧新建的现代建筑又拔地而起，不论是高度还是体量，新建筑均与传统风貌建筑严重失调，对历史街区整体风貌的一致性产生了一定的影响。从发展层面来讲，历史街区虽占据城中心繁华地段，但内部功能较为单一、基础设施陈旧，居住环境不佳，难以满足居民现代化生活的需要，成为城市低收入务工群体聚集区。

本章选取花楼水塔街道华中社区的贯中里为研究对象，来直面前述挑战，从"微改造、微规划、微治理"三微融合的角度，探索适宜历史文化街区保护与更新的整治方法，具体如下：①构建系统全面的保护框架。通过对街区现状问题的分析和历史风貌特色的挖掘，对街区的格局、肌理、风貌等外部空间进行保护。②内部空间修复、功能织补。对已消失或被破坏的空间要素，结合发展需求，根据现实需求部分还原，提升品质。③引入渐进式的修补手法。在保护方法上运用小规模、渐进化、修补式、延年益寿的保护整治方式。④延续里分人文情怀。组织各里分居民之间开展文化活动、故事交流，赋予里分新的文化内涵，从而提升社区居民的幸福感、归属感和获得感。

10.1
汉口里分的消逝

► 　　汉口里分作为武汉众多近代历史文化遗产的重要组成部分，是特殊时期社会空间、物质空间与文化空间的集合体。其建筑形式是大都市未来发展中独具韵味的景观，是避免城市千篇一律的独特标志；既借鉴了西方的规划布局理念，又保留了传统院落式的居住形态，在武汉近代建筑史上占据着不可取代的地位。在文化意义上，里分的存在彰显着这座城市的生活方式和创造精神，以多元化的形式表达出城市的建筑特色、生活方式、市井文化、风俗习惯等。完整的里分街区呈现了邻里生动的生活景象，诉说着不同时代的故事，反映出文化的延续，也见证着里分向现代化变革的历程。在老里分的巷道中穿梭，人们可以体会到城市的发展与变迁。它代表着诸多的文化内涵和人文精神，见证了汉口商业经济发展的变迁，是物质与精神并存的载体。

　　近年来，随着经济的快速发展，我国城市发展已从增量扩张进入了存量更新阶段。在城市更新的过程中，很多历史建筑面临着被拆除的威胁，城市文脉的延续输给了土地的经济利益，导致部分历史建筑和历史街区遭受到不同程度的破坏。而有幸被保存下来的历史建筑也因基础设施老化，难以适应现代人的生活需求，从居住功能转变成了商业功能。里分正是这些即将消亡的老旧城市空间的代表。

　　据地方史志记载，在里分建设之初，武汉曾有大小里分700多条；1930年武汉三镇地图画有汉口里分210条（由于手工绘图，数量有偏差，实则更多）；据统计1947年规模较完整的里分尚存208条；2001年仅剩140余条（图10-1、图10-2）。目前保存较完整的里分多集中于江汉区、江岸区，其中，有21个被列入优秀历史建筑（表10-1）。新中国成立前，很多历史建筑在战争中被破坏。新中国成立后，由于法律法规尚不健全，对历史建筑保护的重视程度也不足，致使大量历史建筑被拆毁。而在保存下来的、为数不多的里分中，有一部分被政府收购后由开发商承包改造，然后再对外出租，发展成为商业街。至此，这些里分原有的生活气息逐渐消失。而另一部分里分缺乏保

图10-1 1930年汉口里分（西部）
图片来源：网络

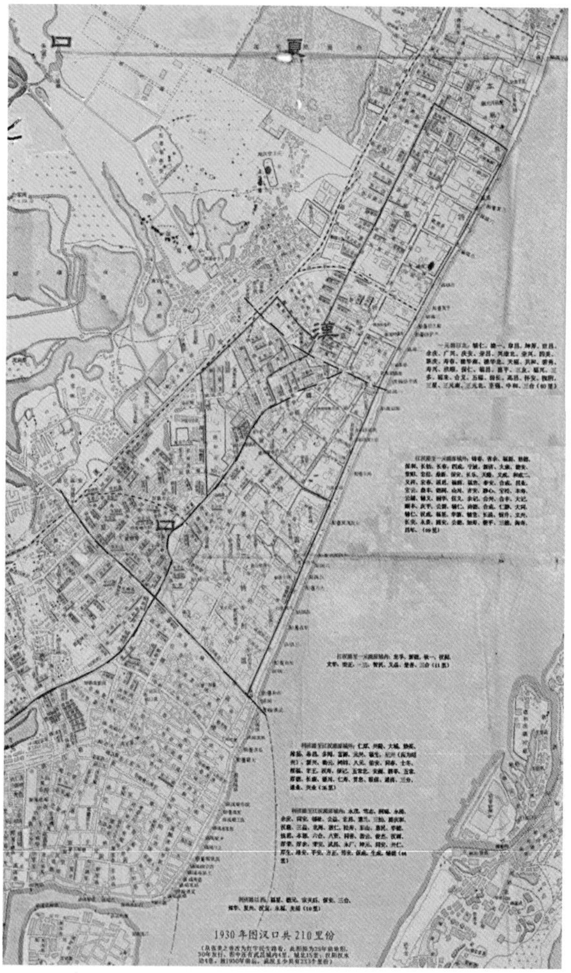

图10-2 1930年汉口里分（东部）
图片来源：网络

护、年久失修，导致居住环境不再适应现代人对生活品质的要求。为此，建筑内部出现大量加建、改建的情况，成为外来务工群体居住的好去处。久而久之，里分从象征着身份、地位的住所沦为贫困、落魄的代名词。

里分消亡速度之快，应当引起地方政府反思：历史文化遗产的保护是否应该考虑民族文化的传承和延续？老旧社区的改造、更新是否应该从基层的角度衡量百姓实际所需？而里分的没落，也应当引起包括城市规划师在内的广大社会的深思：以往保护历史街区的措施是否真正做到了平衡发展与保护之间的关系？对于具有极高艺术价值的里分，建筑形态的美化只是物质层面的保护，而传承的意义在于文化底蕴的延续，只有将老里分人的生活方式和历史情怀代代相传下去，才能让里分的保护具有价值。因此，里分的保护工作刻不容缓。

武汉纳入"优秀历史建筑"的里分   表 10-1

名称	建成时间（年）	公布时间（年）	保护等级	批次
咸安坊	1915	1993	一级	第一批
洞庭村	1931	1993	二级	第一批
大陆坊	1930	1993	二级	第一批
金城里（已拆除）	1930	1993	二级	第一批
上海村	1923	1993	二级	第一批
江汉村	1932	1993	二级	第一批
同兴里	1928	1993	二级	第一批
汉润里	1917	2006	二级	第三批
黄陂二里	1937	2006	二级	第三批
联保里	1918	2007	二级	第四批
鼎新里	1937前	2012	二级	第六批
滨江里	20世纪20年代	2013	二级	第七批
黄陂村8号	民国初年	2014	二级	第九批
三德里	1901	2014	二级	第九批
泰安里	20世纪20年代	2014	二级	第九批
福忠里	20世纪20年代	2014	二级	第九批
金业里	20世纪20年代	2014	二级	第九批
保元里	1911	2014	二级	第九批
中孚里2-5号	1917后	2015	二级	第十批
鼎馀里1-9号	民国初年	2015	二级	第十批
泰兴里	1908	2018	二级	第十一批

资料来源：根据武汉文化遗产网统计。

花楼水塔街道的贯中里便是为数不多被保存下来的拥有百年历史的"幸运儿",其代表性主要有以下三点:

(1)保存完整的居住型历史街区。据地方史志记载,武汉市1949年尚存的208条里分中,共有房屋3294栋,而花楼水塔街道就有800栋。在对花楼水塔街道片区的各里分走访过程中发现,有的里分被过度商业开发,改变了原有的居住功能;有的已被破坏,没有完整地被保存下来。而贯中里地处商业中心,里分内部受商业开发影响较小,空间内部仍以居住为主,且整体属于自然发展状态,未受到过多干预。因此,贯中里兼具物质和精神两个层面的文化价值。

(2)贯中里的改造痛点、难点具有代表性。新中国成立后,多数里分的居住模式、人口结构均发生了变化,基础设施的不完善和空间的拥挤致使居民进行自发性改造。贯中里几乎涵盖了所有的居民自主加建、改建类型,具有较强的代表性。

(3)具有保护、传承意义。里分距今已有上百年历史,出于战争原因,部分汉口里分被炸毁,而得以保存的里分,近些年由于遭到不同程度的破坏,其数量大幅度减少。里分不仅是武汉近代建筑史上里程碑式的存在,更记录着汉口人民的生活方式与风俗习惯。

10.2
贯中里的历史沧桑

▶ 　　华中社区是武汉市江汉区花楼水塔街道下辖的社区,地处武汉市繁华的商业闹市中心,也是武汉市著名的历史街区。东临江汉路步行街,西接前进五路,南连江汉二路,北止江汉三路(图10-3)。华中社区包含多种类型的老旧社区,有1980年代的高层住宅,1950年代的半开放式社区,还有1920年代的历史文化遗产——贯中里。除此之外,社区内包含幼儿园、养老院、江三菜市场等服务设施。由于贯中里东侧紧邻步行街,周边衍生了大量底商,在带动社区活力的同时,也增添了秩序混乱、管理困难等诸多问题。贯中里历经诸多沧桑变化,现在被摩登大厦所包围,逐步陷入城市喧嚣之中。本节将聚焦于贯中里的演化历程,梳理时间脉络,挖掘里分故事,为里分的重生寻找线索。

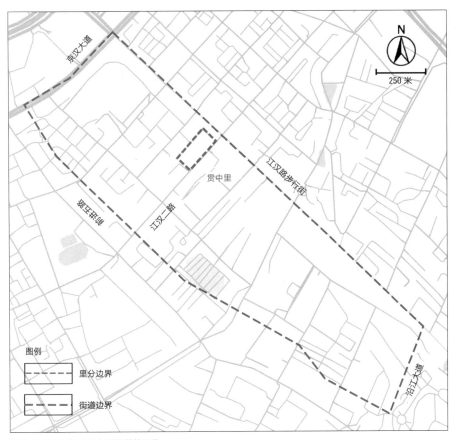

图10-3 贯中里在花楼水塔街道的区位

10.2.1 曾经辉煌：1960 年代以前

贯中里是由在菲律宾、马尼拉经商的华侨伍咏洲及族人于1924年集资投建，于1927年建成。因伍氏宗祠有"贯忠堂"，而得名"贯忠里"。贯中里主巷宽4米，长60米，总建筑面积为8000平方米，共有二层砖木结构住宅30栋，均为单元联排石库门式，整体排列成丁字形（图10-4）。住宅大门直面主巷，但不是"门对门"形式，而是大门错开，户型结构分单开间与双开间两种。其中，沿江汉二路入口的一排6栋为单开间，门楣为三角形装饰，简洁大方；二楼的出挑阳台，小巧精致。双开间的每栋建筑结构基本相同，推开大宅门进去是前天井，中间是堂屋，两边是厢房，堂屋后是个小天井，后面是亭子间，小天井旁上楼到一层半处是属于二层的亭子间，再上楼是二层的房间，布局与一层大体相似，最顶层还有个小平台（图10-5、图10-6）。与单开间的门楣不同，双开间门楣以卷涡纹和长条纹等组合而成，典雅大气。

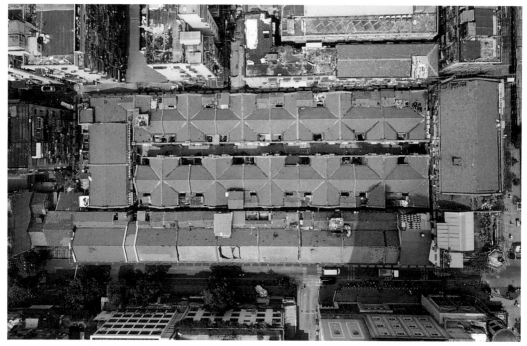

图10-4 贯中里现状鸟瞰图

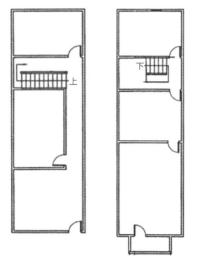

图10-5 贯中里单开间平面示意图

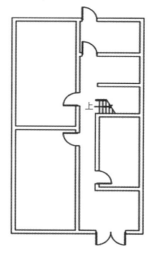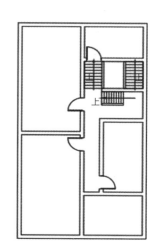

图10-6 贯中里双开间平面示意图

民国时期，贯中里的住户大多非富即贵。根据访谈者所述，"这里住过国民党，还有大资本家，那个时候每栋就住一户人家，家里都有佣人，有的人家天井常年停着黄包车，用的时候叫人，那样方便。"贯中里有两处出入口，分别位于江汉路步行街和江汉二路，均装有铁栅门，访谈者说："以前江汉路步行街的门不开，江汉二路的门晚上是锁着的，有专门的人看守，晚上看守的人就住在门口，有一个小房子。晚上进出是有时间规定的，回来晚只能麻烦看守的人开门，根本不用担心安全问题。"早先里分派专人看守，其妻子负责打扫巷道，相当于今天的物业。据房管所提供的资料显示，曾有营造厂老板看中贯中里治安及环境，特在此租房，一楼用于办公，二楼用于居住，一房两用。

新中国成立后，政府进行房屋产权界定，并清理无主房产。其规定两年内，无人办理产权登记的房屋一律交由政府代管，收为国有。当时住在里分的不少军阀、资本家，在战争爆发后纷纷逃亡。还有一部分里分，虽为私人财产，但业主移民海外，于是将房屋出租权交房管部门统一管理。贯中里当时就是这种情况，后来业主便与政府办理托管手续，由地方的房管所代为管理。

10.2.2 繁华褪去：1960 年代～1970 年代末

"文化大革命"时期，里分所代表的宗族文化、建筑形式及居住模式被视为"四旧"的产物。"贯忠里"也没能逃脱这场运动的"制裁"，主要体现在以下三个方面：

一是，更名以削弱旧文化观念。为迎合"革命"势力，武汉部分地区开始了更名运动，里分亦将名字赋予革命内涵。1967年"贯忠里"为"摆脱"宗族文化影响，更名为"爱国里"，1972年又恢复原名，但将"忠"改为"中"字，称为"贯中里"，并沿用至今。

二是，磨灭资本主义文化色彩。贯中里的建筑风貌因借鉴了欧洲建造风格，使其前后遭到了不同程度的破坏：红砖外立面及花岗岩门框均被灰色水泥所笼罩，门楣雕花也被无情磨平，部分双开间的红色木门被换成铁质大门（图10-7）。

三是，抨击和反对"一栋一户"的居住模式。为迎合当时社会形势，房管所安排部分人入住，将一栋房拆分为2户（图10-8）。

图10-7 改变红砖外立面

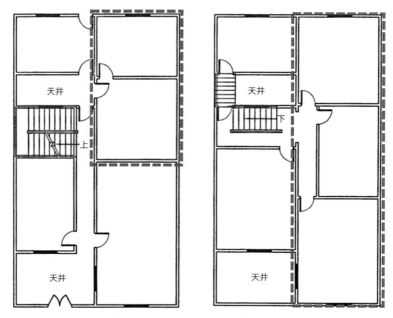

图10-8 知青返乡后贯中里的空间变化
图片来源：房管所提供

随后，在1970年代末，恰逢知青返乡的高潮，刚刚回城还居无定所的知识青年被街道办、居委会安置于各个里分，在每栋的亭子间或堂屋居住。从此，贯中里彻底褪去豪门贵族的面纱，成为普通百姓的栖身之所，改变原先贯中里"一栋一户"格局，造就了今日"一栋多户"的居住模式。

10.2.3 遗落世事：1980 年代至今

随着时间的推移，贯中里原住民的家庭结构不断扩大，使狭窄的居住空间愈显局促。条件差的家庭只好将空间再次分割，供儿女成家立业；条件较好的住户选择迁出里分或将其出租。与此同时，城市工商业快速发展，吸引大量打工群体涌入。贯中里位于汉口繁华商业中心，周边拥有便利的轨道交通，但因基础设施不够完善、生活空间逼仄导致房租低廉，成为低收入群体的住房选择。

据统计，贯中里从原来的30户人家，变成了现在的178户。其中，选择依然在此居住的原住民仅占15.17%；由政府安排或因工作原因，后面搬来并长期居住于此的居民有25.38%；将房屋对外出租的居民高达59.45%。

在有限的空间内，居民为满足多元化的生活需求开始自发性改造，致使贯中里陷入混乱状态（图10-9）。通过多次实地踏勘，规划团队将贯中里所有的加建、改建类型摸查清楚，以建设之初的空间布局、功能为基准，与现状的空间构成、功能划分做对比，对居民创造的多样化空间进行详细描述。其中，把仅改变空间功能的称为"改建"，在原空间新增构筑物的称为"加建"。具体可从房屋内部空间和社区公共空间两方面来分析：

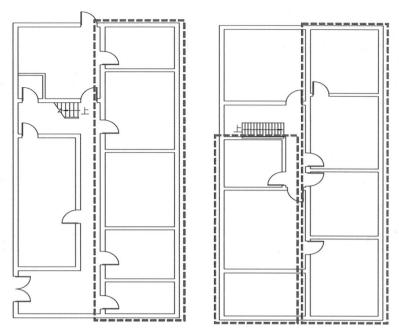

图10-9 贯中里现今空间变化最复杂的26号里分

10.2.3.1 不断被细分的内部空间

房屋内部空间的变化体现在以下6个方面：

（1）前天井：前天井最初是作为黄包车停放或小孩子户外玩耍的空间。现代生活方式的转变，使天井功能衰退。有部分双开间住户便选择在此处搭建自家用地，以避免因使用公用厕所引起水电费或清理卫生等不必要的争执。通常，居民会在大门两侧各置一处，有的只设一处，中间留出公共通道空间，其功能以厕所、淋浴为主，有少数用于储藏。

（2）后天井：后天井主要发挥着连接辅助房屋空间的作用，公共使用功能较弱。因此，在后天井加建厕所的情况较为普遍，更有甚者，将整个后天井占用，使一层阴暗潮湿，不见阳光。且后天井加建情况不局限于一层，还包括半层或二层。例如，有居民从半层楼梯或屋内处向外延伸建设自家厨房、厕所或储藏室。

（3）楼梯间：贯中里无论是单开间还是双开间，其建筑层高均约4.2米，通往楼上的为双跑楼梯，利用通往二层楼梯下方的空间，约高3米、宽1.2米、长2米，可作公用厕所或储藏室。

（4）厢房、堂屋：根据建筑原始户型图可以看出，原肌理单开间每层有一个厢房，双开间有两个。根据调研结果显示，现今的厢房被分割成多个单间，每个单间承载着一户人家，生活空间逼仄。居民利用层高优势，加建夹层，利用楼梯连接上下。堂屋同理，只不过因堂屋背后紧挨楼梯，有的会选择在一层半亭子间对面的楼梯处，破墙建门，进入堂屋上方空间的夹层（图10-10）。

图10-10 堂屋的夹层

图10-11 亭子间加建三个厕所

（5）亭子间：早先，里分一栋住一户时，有两个亭子间（每个为8平方米）属于辅助功能用房，多数人家将两个亭子间功能区分，一个用于厕所，一个用作厨房。现今多户共用，为方便使用，两层住户各共用一层亭子间，于是8平方米的亭子间拿出2～4平方米用作公共厕所，其余空间作公共厨房，最多容下三个灶台，或全部用作卫生间（图10-11）。上述情况属于加建但不改变其使用功能。还有一种，将亭子间转作居住功能，这种情况多发生在贯中里一层半，占比达到40%，这也是导致住户在各个空间加建厨房、厕所的重要原因之一。

（6）顶层平台：整个贯中里顶层平台加建情况严重。主要由于社区在户外统一设置了晾晒设施，且顶层平台对于一层住户晾晒不方便。因此，平台成为二层住户加建厨房或厕所的最佳选择，但仍会留出一半的空间用于晾晒。

从上述对加建、改建空间的描述，不难看出居民对狭小空间的"过度改造"与"过度利用"。如图10-12～图10-14所示，每个空间加建、改建后功能的变化呈现出一定的规律：像天井、楼梯间这类小型狭窄空间多用作解决居民如厕、做饭、堆放杂物等问题；一层亭子间保留原先厨房功能，但多将其分割成多个小空间以供多户使用；一层半亭子间大多改为居住功能；顶层阳台基本失去原有的晾晒功能，同样将空间分割成多个小空间用作厨房或厕所，少量用作居住功能，其空间割裂情况最为严重，利用率高达106.7%（表10-2）。从整体来看，几乎每个空间都存在加建、改建的情况，空间的利用率多在65%以上。由此可见，空间生产背后大多是居民为在夹缝中改善生活条件，小部分是为分割出更多的房间对外出租增长收入。加之里分的监管制度不健全，每家每户都存在自主改造，加速了房屋的改造与空间的过度分割。其中，贯中里1号、3号出租用于商业，被改造得面目全非。

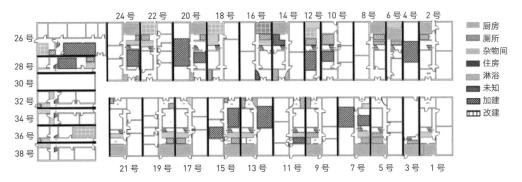

图10-12 贯中里一层功能分析图

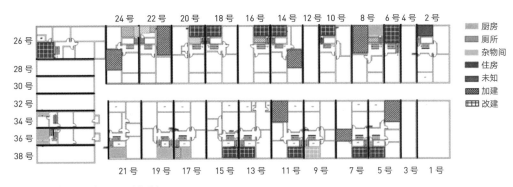

图10-13 贯中里一层半及二层功能分析图

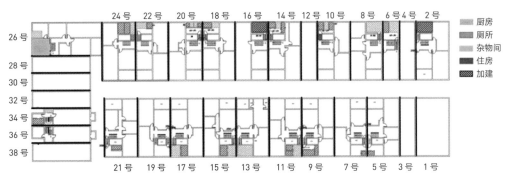

图10-14 贯中里二层半功能分析图

加建、改建后空间功能情况 表 10-2

位置	淋浴	厨房	厕所	杂物间	住房	空闲或未知	合计	空间利用率（%）
前天井	2	1	8	2	0	7	20	65.00
一层后天井	0	1	13	4	1	1	20	95.00
一层半后天井	0	0	2	1	1	16	20	20.00
楼梯间	0	1	7	13	1	8	30	73.30
堂屋	0	0	0	0	24	6	30	80.00
一层亭子间	0	19	4	6	0	4	33	87.80

位置	淋浴	厨房	厕所	杂物间	住房	空闲或未知	合计	空间利用率(%)
一层半亭子间	0	8	3	1	12	8	32	80.00
顶层平台	0	13	17	0	2	8	40	106.70

资料来源：根据调查结果统计。

注：单开间10栋，双开间20栋，故原有前、后天井各20个，楼梯间30个，亭子间每层30个；由于厢房原本就是居住功能，虽存在加建夹层，但空间较为隐私，数据较现实情况有较大偏差，故表中没有厢房的改建、加建情况；亭子间被分割成多个空间使用，故总和大于30。

10.2.3.2 逐渐被占用的公共空间

贯中里的公共空间，即街巷空间，也因里分复杂的人口构成、缺乏监管、生活需求等原因，使里分巷道陷入混乱的秩序，出现大量空间侵蚀现象。具体情况如下：

（1）巷口：入口空间是里分最为精华之处，也是一个里分或者是一个居住场所的开启之所。开启是指一旦进入里分大门，城市的喧嚣和嘈杂随即消失，浮现在眼前的是一份在城市生活中已然消逝的邻里关系。走在巷道里，让人不自觉地慢下脚步感受生活气息。但贯中里的东、南两处巷口均被商业侵占。因其位于江汉路商圈，周边底层建筑逐渐被商业开发，其中，社区东侧与江汉路步行街相连接的巷口被一家服装店完全占用。为保障通行，店铺内部留有1.5米宽的过道，但居民的出行时间需配合商店的营业时间。南侧出入口是贯中里的主巷口，但随着江汉二路餐饮业的发展，入口处日益商业化。不似其他里分有高大显著的牌坊彰显特色，贯中里入口的高度被饭店压缩，标识牌也被用作打广告，来访者需通过"洞口"才能进入里分内

图10-15 饭店占用标识打广告

部（图10-15）。有不少搬走的原住民想回里分再看看，却因找不到"家"而晕头转向。

（2）住宅入口：贯中里南侧底层均被出租用于餐饮业，带来经济效益的同时却给二楼住户的出入造成了困扰。本来靠南的一排建筑大门朝向江汉二路，底层用于商业后阻断了正常出入路径。好在里分建筑形式特殊，可以从支巷绕行，从后门进入。但饭店将排风机挂在支巷一侧，其噪声和油烟使居住在里分的居民苦不堪言。

（3）主巷：不似其他形式的老旧社区有较为开敞的公共活动区域，里分只有一条一眼望到头的主巷作为活动空间，两侧分布少量花坛或自家花盆。居民的户外活动主要表现在搬出各式各样的椅子放在墙根下摘菜、聊天，促进邻里之间和谐相处。但随着外来务工群体入住，里分的人口结构发生了转变，以往自律自觉的"民约"难以为继，街巷环境维护越来越差。此外，距离贯中里约400米处有一条小吃街（前进五路），300米处有一条夜市（保成路），有一小部分租客选择一些街摊生意以维持生计。因此，他们需要将流动商铺停放在里分内，但建筑内部可使用的空间有限，租客们只能选择占用巷道空间放置摊铺，使以往便于生活的街巷尺度不再那么宜居。

（4）后巷：贯中里在建造之初，周围是一片空地，2000年左右，由唐氏集团和政府共同出资，在北侧建造了两幢六层高的江汉里，其间隔不足3米。此后，里分居民要求用围墙将里分包围，从建筑后门至围墙形成了相对封闭的空间。在空间的演变过程中，围墙一侧的底层住户对该空间整合利用，多数围起来作为厨房的延伸或分割成多户厕所，少数任其发展成消极空间，堆放垃圾、杂物。

前述公共空间的侵占现象不同于住宅，不存在对生存的需求，但会对生活品质产生影响。一条里分的巷口、巷道是最能凸显该里分文化特色和生活氛围的，若将公共区域转化为私自占用，就会破坏空间的完整性，使其破碎化。但巷道摆放的花草种植、居民搬出的小椅子等占用情况表现出的是现代社会所缺乏的市井文化、生活气息。

在贯中里的发展过程中，政府、社区曾多次组织不同程度的保护与改造。如1964年对住宅楼梯进行加固；1980年代对屋顶漏水进行过检修，将容易腐蚀的木门换成铁门；2000年代中期，贯中里被列入武汉市"社区建设883行动计划"，具体改造体现在水泥外立面刷上白漆，明沟改成暗沟，里分特有的砖石路面改成水泥板等；2012年前后，再次针对屋顶漏雨进行检修，并更换破损瓦片。在这几次改造中，"883计划"是由政府带头成规模的改造，但由于当时国内兴起"城市美化运动"，这些改造一定程度上治标不治本。以往由政府出资带头的改造成果并不被认可，出现了"政府买单、居民不买账"的现象。这不得不引起我们的反思，一方面是要认识到改造内容需要从居民的角度出发，以解决居民日常需求与老旧社区恶劣环境之间的矛盾；另一方面需要调整组织模式，打破以往的自上而下的精英式工作机制，调动多方主体共同合作，形成以街道办事处为主导，区政府全面配合、社区居委会大力支持的模式，并调动居民共同参与到规划过程中，从而提高规划方案的全面性、可实施性。

10.3
贯中里微改造的提出：鼓励原居民回归，培育内生发展动力

► 贯中里及周边都属于老旧社区，所存在的问题较为全面，针对贯中里的微改造，花楼水塔街道办提出明确的诉求：解决步行街现代商业建设与老旧社区空间环境之间的矛盾。随着城市不断发展，在商业街区和现代建筑大量建设的同时，一些老旧社区的空间环境、社区品质与治理状况逐渐衰退，亟待优化提升。贯中里社区便是这样的社区，希望通过共同缔造，以参与式规划的理念来编制接地气的"微规划"，指导社区"微改造"，提升社区"微治理"。

解决历史街区保护、发展与居民生活品质提升之间的矛盾：贯中里社区紧邻江汉路步行街，作为商业街区的一部分，其沿街部分的商业功能提升与居民居住功能之间产生矛盾。因此，需要创新社区规划与实施的模式，从微观尺度着手，探索以人为本的更新改造模式，即"微规划""微改造"。

解决社区治理能力不足与居民参与需求迫切之间的矛盾：居民在推进社区建设与管理中缺乏主体性，居民参与的广泛性和积极性不强，参与式社会动员系统性不健全，故需深度推进治理能力、提高服务水平，在机制上予以完善，从微观尺度探索治理模式，即"微治理"。

针对上述诉求，作者的规划团队相应提出了三点思路：

以规划促进历史街区保护：以原有历史街区肌理为基底，借助规划手段，对原有风貌进行保护更新，以塑造历史街区形象，修复历史记忆，传承历史文脉。以品质提升促进幸福社区建设：以社区规划为平台，提升社区空间品质，以"改善居民生活品质、提升社区形象"为目标，使社区朝着人性化、绿色化、共享化、可持续化的方向发展，共同缔造幸福社区，最终实现共建、共治、共享。以社会治理为突破口推进老旧社区更新，避免传统的精英式规划：以参与式规划理念为主导，按照政府主导、群众主体、多方参与的原则，通过多轮交流、座谈、访谈的形式，针对社区改造的痛点、难点、意象及方案达成多方共识。

为制定更适合贯中里的规划方案，规划团队从2019年3月至2019年12月，对贯中里的发展历程、政府的改造诉求等，开展了为期9个月的深度调查研究。对以往的历史街区、老旧社区的改造进行总结，从"微更新""微改造""微治理"的视角对贯中里目前的改造提出了合理的规划建议，并为其长远发展做出设想，具体分析如下：

贯中里位于武汉市商业中心，紧邻著名的江汉路步行街，又属特殊历史街区保护地段。缺乏保护的里分在喧闹的城市中"残存"，原住民不断迁出，建筑肌理被无情分割，外来人口频繁迁入，居住环境与周边的高楼大厦格格不入。一栋栋曾经繁华的百年老建筑到现在品质的逐步衰退，无处不在体现着它的无奈与不甘。作为历史文化的标志，里分承载着一代老武汉人的记忆，记录着一个时代的风云故事。因此，里分要想在城市的霓虹灯下逆势发展，亟需提升空间环境品质，顺应时代发展需求。

"883计划"并没有做到真正意义上的保护，这种自上而下的规划方式不具有群众性。也有一些声音，认为里分已不再适应现代城市的发展，又处在城市中心，干脆拆除或由开发商接手，转换功能。其实，拆除反而简单，虽然失去了一个不起眼的百年老建筑，但换来的是更显著的经济效益。然而，从传承和保护的角度来讲，社会上对简单粗暴的大拆大建产生了很多质疑。另一种方式是由政府出面统一腾退居民、回收空间，交给开发商进行外壳上的保护与美化，内部发展成商业功能，可这样的改造方式又使传统建筑失去了原有的文化内涵。实际上，到底是"拆除"还是"腾退"，政府也没有明确的定论。因此，规划团队和政府协商，尝试新的方法，也是进行历史街区保护模式的探索，在满足居民基本生活需求的基础上，利用微更新、微改造的手法，提升里分品质，通过参与式规划的培训，引导居民在里分未来的发展过程中微治理，力求在传承中发展，发展中保护。

因此，要想使贯中里成功蜕变，一方面需要规避无效的、没有变化的改造，另一方面还需要改变以往传统的精英式规划，强调多方主体共同缔造社区的参与式规划。基于这种背景，改造应以满足原住民的生活需求为主，从本质上更新里分的居住功能、提升环境品质，从而做到历史街区与商业街区相协调。但是从长远来看，到底是拆除还是收回，仍有待商讨。就目前的情况而言，规划团队的建议是在短时间内，从人的角度出发，可以通过微更新、微改造的方式小范围地改善居民的生活条件，吸引一部分将房屋出租的原住民回归里分，这样可以实现传承里分的文化记忆。

10.4
基于微改造的规划编制过程、改造策略与方案

10.4.1 参与式的规划编制过程

► 　　与前述的南湖街道、新华街道老旧小区改造的案例相同，贯中里的规划编制过程也是按照搭建工作坊、发现社区、联合设计和制度设计4个阶段依次展开的，但细节上有所差异。

10.4.1.1 搭建工作坊

　　规划团队与街道办事处、社区居委会先行沟通项目计划，在了解华中社区整体情况后，决定将贯中里片区作为重点改造对象，并对其居住情况进行详细了解，由社区专员联络居民骨干，一同寻找社区居民代表。成员需涵盖仍在贯中里居住的原住民、将房屋出租的原住民、租户三个不同群体的居民。

10.4.1.2 "发现社区"系列活动

　　座谈与访谈：开展居民集中座谈和一对一访谈，并进行实地踏勘。在落实工作坊成员后，团队首先调动居民的积极性，引导大家理性"吐槽"各片区不满之处，并询问改造意向。然后筛选出个别原住民，针对里分的文化及发展过程进行一对一访谈（图10-16）。实地踏勘：规划团队和社区通过实地踏勘，对社区的人口构成、房屋使用状况、道路交通、公共空间、市政服务设施、景观环境、商业网点及违搭乱建进行调研，总结社区存在的具体问题。此外，规划团队重点对贯中里内部空间进行了详细的调研，对每一栋里分建筑进行测量，调查加建、改建情况。再次座谈与访谈：根据调研成果，再次开展居民集中座谈，与居民代表一对一访谈，主要是对社区的改造难点、痛点达成共识，分清主次，确定最迫切需要解决的问题。发放问卷：整理居民诉求，结合实际情况，对重点改造的空间节点提出初步的改造设想和合理的解决方案，通过问卷的形式更广泛地征求居民意见，确定社区的改造意向。

图10-16 居民座谈会
资料来源：作者自摄

10.4.1.3 "联合设计"系列活动

该过程强调多方主体参与，共同缔造社区。由规划团队提议方案，引导居民参与讨论。具体是将方案详细汇报给居民，由居民根据实际需求来对改造方案提出改造意见。再由团队进行适当的调整，深化方案。经过三轮联合设计后，与居民、社区达成规划方案共识，使方案兼具群众性和专业性。最后形成中期规划设计成果，征询街道办事处和区相关职能部门的意见，沟通方案的可实施性。在敲定最终方案后，针对方案编制成本预算，将最终设计成果进行现场汇报。

10.4.1.4 制度设计

由规划团队和社区街道协商，选取规划过程中表现突出、热心提供理性建议的居民，聘任为社区规划师。并根据各片区情况制定相应的制度，建立社区规划师长期机制，以确保实施过程能够按照规划方案精准落地，以及承担后续维护社区的职责。通过这一环节制度的建立，真正意义上实现共建、共治、共享，做到将规划方案的落实嵌入社区的社会治理体系中。

上述系列工作共历时5个月，最终梳理出贯中里改造的痛点、难点，并与居民达成共识，具体内容如下：

道路交通：两个出入口处没有显著标识，缺少里分特色，且均有商铺、违建侵占现象，影响居民日常出行；非机动车、流动摊占用巷道，缩小公共休闲空间。市政设施：缺少门禁设施，或监管力度较弱；少数摄像头及路灯损坏；电线杂乱无章。建筑本体：里分屋顶漏水严重；门楣、墙体、大门等遭到破坏，建筑风貌失去原本色彩；存在楼体倾斜、木头腐蚀、砖石开裂、白蚁侵蚀等现象；室内门窗破损严重，楼梯坡度不符合人体工学。公共空间：缺少休憩设施；缺少晾晒空间。景观环境：绿化面积较少，且缺少规范性；藤蔓类绿植爬上电线，存在安全隐患。

10.4.2 改造策略

为解决上述问题，本案例的规划内容主要包括四大策略、八项措施，力图打造一个宜居宜行、承古迎新的雅致里分。具体内容如下。

10.4.2.1 策略一：梳理交通脉络

首先，活络街巷。还原江汉二路入口处的高度；取消贯中里江汉路步行街出入口商铺，或压缩商铺面积；在两个出入口处增添门禁设施或路障，禁止机动车进入，保障居民公共空间，增强居民互动和交流的机会。其次，营造标识。清理抢占标识的广告牌，在贯中里出入口处设计特色门牌；整理杂乱的电线，优化立面。

10.4.2.2 策略二：精致街巷空间

优化景观。将贯中里的铁架花坛落地，高度不超过墙体保护线；粉刷入口廊道的墙面、利用喷绘的形式进行装饰，适当增加绿植、照明，营造文化主题，使景观节点更加精致。然后植入设施，在贯中里主巷设置折叠式座椅。

10.4.2.3 策略三：修缮楼体空间

修缮屋顶。清理里分屋顶的残碎砖瓦，漏水严重的重新铺设防水层，使雨水及时排出，避免积水。美化立面。对贯中里的建筑风貌进行修缮，遵循修旧如旧的设计理念，平衡发展与保护之间的关系，以渐进式的修补手法进行还原和修复；统一更换红框木质门窗，翻新现有楼梯，降低坡度。

10.4.2.4 策略四：优化房屋功能

首先，还原肌理。按照原住民户数，将加建、改建情况拆除，还原至1960～1970年代阶段的建筑内部构造。单开间控制在一层1户，一栋上限2户；双开间一层2户，一栋上限4户。然后，统一配置。按照规定的户数，统一配置基础设施，提供多种方案，由住户自由选择，从而优化建筑内部空间。

10.4.3 改造方案

10.4.3.1 提升街巷空间品质

周边商业活动占用里分公共空间的行为对居民的出行方式、生活品质等造成不同程度的影响。在对原住民的访谈过程中，访谈者表述："里分有上百年的历史，每个里分都有自己的故事，我们希望有人愿意来我们这走一走、看一看，体会一下我们里分的生活氛围"。但贯中里的两个巷口都没有显著标识，且被商业空间侵蚀，很少有人知道在闹市区的旁边有这样一条静谧的里分。尤其是与江汉路步行街相连一侧，要想出入里分必须从商铺里穿行，就连想要回来看看贯中里的原住民都很难找到"回家"的入口。此外有访谈者反应靠近江汉二路一侧的里分底层部分用作餐饮行业，其产生的卫生、噪声污染降低了里分活动空间的环境质量。

针对上述情况，居民一致认为应该将东侧步行街出入口的商铺完全取缔。但若取缔商铺，空出来的廊道将成为无人管辖的区域，变成脏、乱、差的场所，对提升社区空间品质毫无意义。为解决这个问题，团队提出由街道办收回现有商铺的租赁权，打通贯中里街巷，沿街的少量空间用作商业，基本留出人行通道，将里分与步行街的空间串联起来。江汉二路的入口则还原高度，清理广告牌，设立牌坊；在整条廊道里适当添加绿植打造精致景观节点，优化社区形象。贯中里巷宽仅4米，无法集中增添休憩设施，因此，沿墙设置折叠座椅，将墙角的铁架花坛落地，高度不超过墙体保护线，使街巷干净整洁。

10.4.3.2 修复历史建筑风貌

里分建筑是特定时期社会经济发展的产物，能够反映汉口民国时期的历史文化、社会风俗及建筑技艺等特色，具有很强的地域代表性。随着城市发展推进，居民自发性建造的空间不仅破坏了原有的建筑风貌、肌理，而且由于长期缺乏管控和保护，多数历史建筑不可避免地经历着不同程度的破损和老化。为此，对于里分外在形象的重塑，规划建议采取"修旧如旧"的改造手法，遵循真实性、可识别性的原则，参考建筑原先的色彩、标识等细节，对建筑立面、屋顶、门楣、窗花、楼梯等进行修缮（图10-17～图10-20）。

图10-17 贯中里鸟瞰效果图

图10-18 贯中里沿街立面效果图

图10-19 贯中里街巷立面效果图

图10-20 贯中里主巷尽头效果图

10.4.3.3 重塑房屋内部空间格局

作为延续历史文脉的传统民居建筑,当前里分的建筑空间呈现出复杂、混乱的状态,杂乱的空间环境亟待改观。此外,里分传统的居住空间格局已无法适应现代生活的需求,如卫生间、厨房等基本生活设施严重不足,许多居民为了满足基本生活需求改造房屋,对建筑本身的承载力构成威胁,使传统建筑的保护与发展陷入无止境的恶性循环。在对居民访谈的过程中,一些将房屋出租的原住民不断叙述着对贯中里产生的浓厚感情。他们表示糟糕的生活环境使他们被迫搬离,如果生活环境能够有所提升,他们仍愿意回归。因此,想要实现里分空间的重塑,不能对所有加建、改建的空间以强制性的手段拆除,而是需要同时兼顾保护与发展,平衡还原历史建筑和满足居民日常生活需求之间的关系。规划建议从民众的自建行为中吸取经验,将空间规整化、统一化,为居民提供安全保障,为里分减轻负担,以延缓里分衰落速度。

基于上述分析,贯中里内部空间的改造,首先要对租赁经济进行控制。以政府为主体,建立相应的管理制度,对贯中里居住人口进行严格的把控。一方面是控制出租人口的数量,另一方面要通过改善租住群体类型以维护里分的社会结构,从而提升住宅空间品质、改善居住条件。

其次,对住宅内部空间进行适度还原。首先摸查贯中里原住民的户数,将厢房过度分割的加建、改建空间拆除并按照原肌理还原;对于加建的夹层空间,在保证安全性的前提下，可以适当保留。而对于里分的公共使用空间（天井、楼梯、亭子间、顶层平台），则以满足这类群体的需求为主，对其进行改造，按住户比例，利用后天井、楼梯下方及亭子间等使用率较低的空间，统一配置基础设施，以规避由于个人改造而引发的安全隐患。

具体而言，规划团队为单开间和双开间的还原各设想了两种理想情景。对于单开间，规定一栋楼居住的上限为2户人家，设想情景为（表10-3、图10-21、图10-22）：情景一，各户均设卫生间；厨房设在一层及一层半亭子间，一户一厨，阳台、楼梯还原。情景二，一层卫生间设在扩建的后巷，二层设在一层半亭子间，一户一卫；厨房设在一层及一层半亭子间，一户一厨，阳台、楼梯还原。

贯中里单开间建造情景设想

表 10-3

户型	情景	阳台	前天井	后天井	亭子间	楼梯
一层1户，上限2户	卫生间设自家；厨房设公共空间	还原	—	—	一层：厨房1个；一层半：厨房1个	还原
	卫生间、厨房均设公共空间	还原	—	—	一层：卫生间1个，厨房1个；一层半：卫生间1个，厨房1个	还原

资料来源：根据调查结果、改造方案整理。

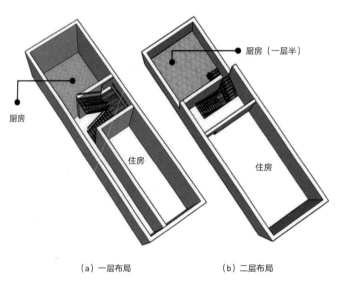

（a）一层布局　　　　（b）二层布局

图10-21 单开间情景设想一

　　　　　　　　　　　　　　　武汉城市社区更新理论与实践

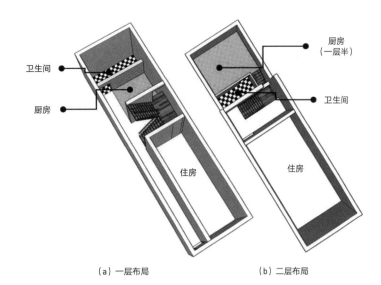

厨房
（一层半）

卫生间

厨房

卫生间

住房

住房

图10-22 单开间情景设想二 　　　　　　　　（a）一层布局　　　　　　　　（b）二层布局

对于双开间，规定一栋楼居住的上限为4户人家，设想情景为：情景一，各户均设卫生间；厨房设在一层及一层半亭子间，两户一厨，阳台、前天井、后天井、楼梯还原。情景二，一层卫生间设在后天井及楼梯处（2间），二层设在后天井（2间），一户一卫；厨房设在一层及一层半亭子间，两户一厨，阳台、前天井还原。居民可以根据自身需求来选择居住模式（表10-4、图10-23、图10-24）。

贯中里双开间建造情景设想　　　　　　　　　　　　　　　　　　　　　　　　　　　　　　　表10-4

户型	情景	阳台	前天井	后天井	亭子间	楼梯
一层1~2户，上限4户	1．卫生间设自家；厨房设公共空间	还原	还原	还原	一层：厨房1个；一层半：厨房1个	还原
	2．卫生间、厨房均设公共空间	还原	还原	一层：卫生间1个；一层半：卫生间2个	一层：厨房1个；一层半：厨房1个	卫生间1个

资料来源：根据调查结果、改造方案整理。

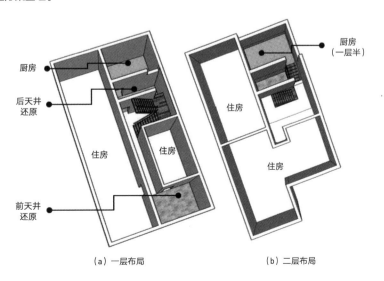

厨房

厨房
（一层半）

后天井
还原

住房

住房

住房

住房

前天井
还原

图10-23 双开间情景设想一 　　　　　　　　（a）一层布局　　　　　　　　（b）二层布局

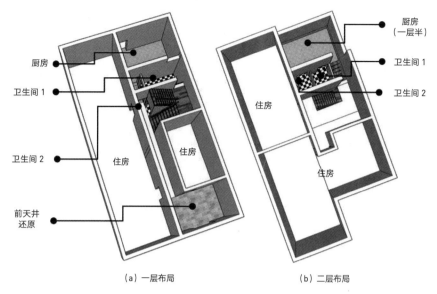

厨房

卫生间 1

卫生间 2

住房

住房

前天井
还原

厨房
（一层半）

卫生间 1

卫生间 2

住房

住房

（a）一层布局　　　　　　　　　　　（b）二层布局

图10-24 双开间情景设想二

　　除上述理想方案外，规划团队还提出过渡期方案，以在近期满足居民的基本生活需求。提倡以政府为主体，提供启动资金，有针对性地对内部空间进行"微改造"。坚持尽可能还原建筑原肌理、统一在公共空间增设基础设施的原则，根据实际情况，规划团队同样为单开间和双开间设想了两种过渡情景。对于单开间，规定一层住2户，一栋最多4户，设想情景为（表10-5、图10-25、图10-26）：情景一，各户均设卫生间；一层厨房设在后巷扩建处及亭子间，一户一厨，二层厨房设在一层半亭子间，两户一厨，阳台和楼梯还原。情景二，一层卫生间设在后巷扩建处及楼梯处（2间），二层设在一层半亭子间（2间），一户一卫；厨房设在一层及一层半亭子间，两户一厨，阳台、楼梯还原。

贯中里单开间"过渡期"情景设想　　　　　　　　　　　　　　　　　　　　　　　　　　　表 10-5

户型	情景	阳台	前天井	后天井	亭子间	楼梯
一层2户，上限4户	1. 卫生间设自家；一层厨房设在后巷扩建处及亭子间，一户一厨；二层厨房设在一层半亭子间，两户一厨	还原	—	—	一层：厨房1个；一层半：厨房1个	还原
	2. 一层卫生间设在后巷扩建处及楼梯处（2间）；二层卫生间设在一层半亭子间（2间），一户一卫；厨房设在一层及一层半亭子间，两户一厨	还原	—	—	一层：卫生间1个，厨房1个；一层半：卫生间1个，厨房1个	还原

资料来源：根据调查结果、改造方案整理。

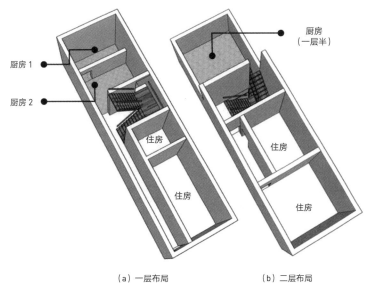

厨房 1

厨房 2

住房

住房

厨房
（一层半）

住房

住房

（a）一层布局　　　　　　　（b）二层布局

图10-25 单开间"过渡期"情景设想一

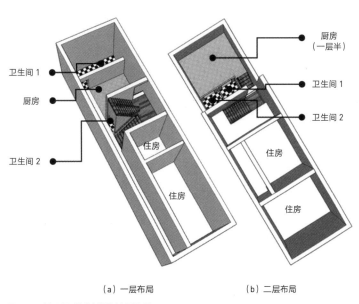

卫生间 1

厨房

卫生间 2

住房

住房

厨房
（一层半）

卫生间 1

卫生间 2

住房

住房

（a）一层布局　　　　　　　（b）二层布局

图10-26 单开间"过渡期"情景设想二

对于双开间，规定一层3～4户，最多8户，设想情景为（表10-6、图10-27、图10-28）：情景一，各户均设卫生间；厨房设在一层及一层半亭子间，四户一厨，阳台、前天井、后天井、楼梯还原。情景二，一层卫生间设在一层亭子间、后天井及楼梯处（4间），二层设在一层半亭子间及后天井（4间），一户一卫；厨房设在一层及一层半亭子间，四户一厨。

表 10-6

户型	情景	阳台	前天井	后天井	亭子间	楼梯
一层3~4户，上限8户	1. 卫生间设自家；厨房设在一层及一层半亭子间，四户一厨	还原	还原	还原	一层：厨房1个；一层半：厨房1个	还原
	2. 一层卫生间设在一层亭子间、后天井及楼梯处（4间），二层设在一层半亭子间及后天井（4间），一户一卫；厨房设在一层及一层半亭子间，四户一厨	还原	还原	一层：卫生间2个；一层半：卫生间2个	一层：卫生间1个，厨房1个；一层半：卫生间2个；厨房1个	卫生间1个

资料来源：根据调查结果、改造方案整理。

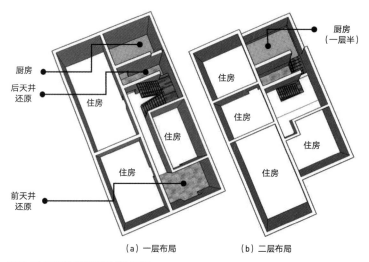

图10-27 双开间"过渡期"情景设想一

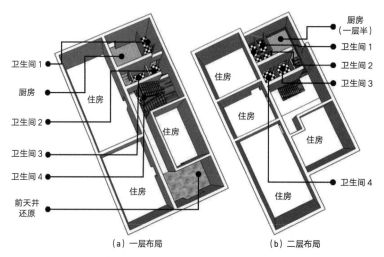

图10-28 双开间"过渡期"情景设想二

最后，建立基层治理制度，为里分注入人文情怀。为降低管理成本，使重塑后的空间实现长效管理，居民自主管理是最有效的方式。规划提出赋予社区、居民自主权，制定相应的维护制度和秩序，如对于公共空间实行认领制度，负责监管、维护自家领域范围内的主巷、支巷空间和绿化盆栽，从而保证公共空间有序又不失活力。此外，随着时间的流逝和历史的变迁，里分曾经和谐的邻里关系已不复存在。有个别原住民访谈者感慨道："我怀念的不是我的房子，而是我住在这的回忆和朋友"。因此，对里分空间的重塑不可忽略人文精神的注入，否则里分的保护只是空有其表。对此，需要提倡由街道、社区组织各里分居民之间开展文化活动、故事交流等活动以延续里分文化，赋予里分新的文化内涵推动里分重生。

10.5
改造方式的现实抉择：从微改造到大改造

▶ 　　前述的"三微融合"改造方式是对以往"大拆大建、消灭里分""建筑外表美化""腾退居民、商业开发"等方式之外，另辟蹊径的探索，是在单纯财政资金投入规模有限的情况下，规划团队和政府对里分保护与发展所做的尝试与探索。其初心是培育社区内生动力，以较少的投入撬动、引导居民回归，以形成自主管理的长效机制，打破现有衰败的恶性循环。然而，文化遗存的保护如同社会公共产品，对于它们的供给，市场没有兴趣、政府没有能力、社会没有谈判力。因此，低冲击的"微改造"难抵规模化的市场化商业开发，文化遗存的保护难抵其经济价值的兑现，贯中里的命运同样如此。

10.5.1 建筑美化的外表更新

　　早期对历史建筑的改造受到城市美化运动的影响，保护工作多是浮于表面的外表更新。贯中里在2000年代经历的改造，就是如此。单纯地对建筑外立面进行粉刷，呈现的只是暂时的华丽，随着时间的推移，墙皮脱落、建筑结构老化，始终没有解决衰退的根本问题。如此改造的结果是既没有做到保护，也没有考虑到历史街区未来的发展，使居民大失所望。缺乏对基层群众诉求的了解，不能从功能层面上改善居民现实生活环境，导致"政府买单、居民不买账"。原住居民不断迁出，分割房屋出租，社会结构复杂化，治理能力弱化，如此又陷入空间环境品质退化与治理缺失的恶性循环。

10.5.2 腾退、收回、由开发商商业运作的城市更新

相比推倒重建，腾退居民、收回空间、通过开发商进行项目整体打包改造，能在很大程度上解决政府资金短缺的困扰。但受经济利益的驱动，历史街区的改造很快会走向经济化、商业化，里分原有的生活韵味将随着原住民的迁走消失殆尽。

其实，历史街区之所以能够成为某个时期的标志、某代人的精神回忆，是因为在里分这一个特定场所，人与人之间不断互动形成的具有普遍意义、饱经历史而传承的生活习俗与规范。这些生活范式又通过人们的空间生产而被物化、显化、流传。里分的大门牌坊、街巷空间、街坊邻居等都是构成武汉民俗文化的一部分。而通过居住向商业的功能置换，是依托里分建筑所承载的文化元素，推动资本的投入，以实现对经济利益的追求。文化元素的商业化如果控制不好，便会走向过度"绅士化"、产业低端化的内卷（陈培文，2019）。因历史街区大多位于商业中心，经济潜力巨大，政府与市场资本联手将居住用地商业化，会导致房价、租金上涨，只有能快速带来经济效益的行业能生存，这是需要长时间积淀的文化产业所不具备的（宋伟轩等，2020）。因此，我们看到的是，最后都从保护历史的美好初心演变成了上海新天地、成都宽窄巷子、厦门曾厝垵、武汉昙华林等。

10.5.3 结合治理能力提升的"微改造"

作者提出的规划编制基于财政有限的现实背景，兼顾历史街区保护与发展，从居民角度出发，对空间进行改造、升级。整个过程强调社区居民自主管理能力的培育与建设。微改造，一方面减少了资金负担，另一方面可以分期实施。居民在看到阶段性成果后，更容易参与进来，形成正向动能。规划建议里分空间的保护，须由政府控制租赁经济。首先要改变里分的人口结构，其次再修复空间、改善生活环境，最终达到吸引原住民回归的效果，从本质上扭转不断衰退的状况。此外，微改造更强调建立居民自主管理的长效机制，倡导以居民为主体建立基层自主管理制度，共同维护改造成果。

2019年7月，根据《商务部关于开展步行街改造提升试点工作的通知》，江汉路被纳入全国首批改造提升试点步行街范围。为此，江汉区开展江汉路步行街、辅街、里分和中山大道延长段改造提升试点工作，"从规划布局、设施环境、功能品质、运营管理、综合效益等五个方面展开工作"（武汉市江汉区人民政府，2019）。2020年6月，江汉区召开关于全面推进老旧小区改造的工作部署会议，强调提升城区功能品质的必要性（武汉市江汉区人

民政府，2020）。贯中里临近江汉路步行街，但2019年由于资金有限未被纳入全面更新、改造计划中。随着国家不断提高对老旧小区改造工作的重视程度，以及增加对历史文化遗产的保护意识，江汉区政府成功发行政府专项债为改善城市人居环境提供了有力的财政支持，并将贯中里的改造纳入重点改造计划之中，决定实施"居民腾退，保护里分建筑，由开发商进行商业整体打造"。

但值得思考的是，原住民是非物质文化遗产的创造者和继承者，他们的迁出以及空间功能整体置换的改造方式终会使里分空间不再属于居民，进而丢失原本的文化底蕴。真正对历史文化遗产的保护应根植于当地文化特色，最大限度地保留当地人的民俗文化、生活方式、邻里关系等非物质文化遗产，使历史街区具有真实性、完整性和生活性。而不断被各地竞相模仿的商业化改造，虽在一定程度上满足了经济效益，但也会面临前述的"绅士化"、恶性竞争下的产业低端化、文化失语等难题。故而，如何平衡保护与发展，关注多方利益群体诉求，实现历史文化街区的全面复兴，仍然是我们今后需要讨论的问题。

11

第 11 章 新时代的社区更新：以多元共治实现美好生活

经过40余年成功的改革开放，我国经济、社会、文化等各方面快速发展，综合国力全面增强，人民对美好生活的需求在广度和深度上也均有所增加。进入新时代，社会主要矛盾已经转化为人民日益增长的美好生活需要和不平衡不充分的发展之间的矛盾。在此背景下，创新国家治理体系、提高国家治理能力是解决当前矛盾的重要途径。

社区，作为城市的最基本单元，不仅是居民日常生活的重要空间，也是城市治理的"最后一公里"，对实现居民美好生活、国家治理体系建设和治理能力现代化具有重要意义。另一方面，伴随全球化和市场化的全球扩展以及城市化在全球尺度的推进，出现所谓"星球城市化"（Brenner，2014）和城市更新的普遍化，中国空前的城市发展速度和形式多样的社区更新模式无疑为理解以上现象提供了试验场。尤其以土地财政和房地产作为支柱产业、以经济发展为主要目标的"增长主义"导向下大规模的"拆除重建"引起国内外学者的广泛关注（Wu，2020）。

近年来，中国城镇化进入新拐点，即从高速度增长阶段进入到高质量发展阶段，中国城市发展已由"增量开发"向"存量提升"转型，如何通过社区更新来实现城市品质提升与居民美好生活成为工作重点（石爱华，范钟铭，2011；Lin，2015）。

武汉作为正在崛起的典型中部城市，其城市社区更新历程、特征和机制与长江三角洲、珠江三角洲、京津冀地区等城市群的大城市有相似之处，但也存在异质性。对武汉这一案例城市的深入解析，一方面有助于了解我国城市社区更新的普遍过程与规律，另一方面亦可揭示地域差异，补充完善我国城市社区更新理论。

本书前十章从理论到实证，跨越城中村、单位社区、老旧商品房社区、历史传统社区等不同类型社区更新案例的深度研究，尤其关注更新过程、更新主体以及更新结果评价，以此管窥近二十年来武汉社区更新的转型与变革。整体而言，武汉社区更新经历了从拆除重建转向渐进式的小微更新，从作为城市经济增长的工具转为城市品质提升的途径，从政府主导转向政府、市场、社会多元主体参与的共同缔造，社区共建共治共享的新格局正在呈现。

11.1
面向美好生活的社区更新

▶　　本书的研究表明，武汉的社区更新经历了从增长主义导向下的拆除重建式更新转向注重城市品质提升、共建美好生活的社区更新模式。与诸多其他城市一样，武汉市早期的社区更新以土地财政与产业升级驱动的拆除重建为主，经济增长为该阶段更新的主要目的。在此过程中，政府充当了关键的主导性角色，包括调动市场积极参与、与开发商形成"增长联盟"、协调原居民的意愿、破除制度上的障碍等（周敏等，2013）。这种社区更新方式改善了城市空间品质、提升了空间的经济价值，但也带来了阶层分化、居住分异等负面影响。

前文第4、第5、第6章的案例反映了这一时期社区更新的特征。在这些案例中，不管是石桥村案例的村民，还是楚河汉街和二期商务核心区案例中的原住民，都是在更新过程中被忽视的社会群体。由于信息不对称、权力不平衡、参与渠道缺乏等原因，这些社会群体"主动"或被迫接受拆迁与安置，处于相对弱势地位。不可否认，社区更新后大部分居民的居住环境明显改善、社区配套服务也更加完善，但原住民对原有社区的归属感、原住民之间的邻里关系和社会网络也伴随拆迁一同被消解，甚至未来的生计也无法获得保障。

近年来，为适应新时代要求和居民需求，武汉社区更新目标也已从单一的经济增长转为提升城市品质以及共建美好生活。从883计划中"穿衣戴帽式""精英式"的粉饰改造，到"幸福社区"创建注重物质环境和基础设施改善，再到近年来的社区"微规划"引领"微改造"与"微治理"的"三微融合"改造，愈发关注居民的美好生活。研究表明，武汉市以"社区规划"编制为契机，通过社区规划师制度等完善居民参与的长效机制，实现居民从规划编制到实施过程到后期管理全程参与。居民不再仅仅是"被管理者""旁观者"，而是以社区生活的创造者与参与者的身份主动参与到该过程中，发现社区问题并寻找解决方案；主动挖掘社区特色增强社区认同感、归属感；与专家一起"联合设计"，充分激发其主人翁意识，真正做到共建美好社区。

11.2
立足多元协作的社区共治

▶　　改革开放以来，随着市场化改革的不断深化和单位制住区结构的逐步解体，城市基本单元也由单一的单位社区转向异质性更强的多元社区。原有的以行政管理为主要社会职能的政府和以追逐利益最大化为导向的市场都无法满足这种变化，亟需社会组织介入并参与到社区更新中。因此，从单位社区到城市社区的转变，亦是社区管理由国家主导向"国家—市场—社会"三体联动、多元共治、共同参与的社区管理模式的转变。研究表明，近年来武汉已出现较为广泛的参与型城市社区更新模式的实践，不同于先前的政府主导型强调自上而下，参与型的城市社区更新模式重视自上而下和自下而上的有机结合，是一种从政府主导的蓝图式更新改造转向多方参与、问题导向的更新模式，能够有效地调动社会资源，向城市社区赋权增能，是一条可持续的城市社区建设发展路径。

前文以武汉市不同类型的老旧社区更新为例，揭示了不同利益主体包括政府部门、街道、社区规划师团队、居委会等基层组织、社会组织以及城市社区居民参与社区更新的详细过程与结果。其中，政府发挥领导者和引导者的作用，街道为更新主体，而规划团队为整个更新过程提供整体的规划和专业支持，并成为不同利益主体间的重要桥梁。多元参与的更新模式不仅带来了物质空间环境的提升也增强了居民的认同感。我们的研究表明，"街道主导、区配合、社区全面参与"是一种可行的组织模式，这种模式不仅高效推进并实现政府更新的目标，也满足了居民的意愿与需求。此外，社工组织的参与对帮助社区实现可持续的、自主的更新、维护与管理起到了很好的链接作用，有助于建立社区的长效管理机制。

然而，在更新过程中仍存在规划与实施不一致、利益主体间低效协商等问题。例如，在新华街道循礼社区更新改造过程中，虽然在规划编制阶段达成一致，但由于管理部门复杂导致改造资金难以落实，以及缺乏有效的沟通机制等问题使得规划实施一拖再拖。因此，社区更新运作中不仅仅是要实现多元主体参与，而且需要这些主体能从"参与"迈向"协作"，强调在参与协商过程中社会治理能力的培养。多元主体之间不仅需要培养共识，而且分工也应明确、边界清晰，通过有机协作，使得社区更新顺利实施，实现社区"共同缔造、共同治理"。

另外，在社区共治过程中，政府的角色不再仅仅是领导者，也应该是动员多元参与的发动者、资金的保障者和机制建立的引导者。例如，前文第4章石桥村的改造采用了以村集体为核心的"自主改造"模式，即政府给予村集体"自主改造"的主导权，促使村集体在改制后与市场主体共同合作推进村改居的社区更新。这一原本预期为"农民最受益、政府最省心、最有效益的改造方式"，实际效果却不甚理想。自主改造对村集体能力要求较高，而在改造过程中石桥集团存在资金、决策等方面的不足，没能充分实现集体土地的优化使用与利益收成，导致村转居后的居民没有持续的收入来源，社会保障出现问题。又如在循礼社区更新中，由于缺乏上一级政府的领导，各区级部门之间沟通协调不畅，导致社区更新的实施工作推进缓慢。因此，多元协作的社区共治一方面需要政府强化对更新方向的引导，鼓励社会组织、居民等的监督并积极参与社区更新过程；另一方面，也要依赖政府提供更完善的政策支持，保障社区更新顺利进行。

11.3
以人为本打造共享社区

▶ 　　不同类型社区以及多元主体对于社区更新有着不同的诉求，如何实现"以人为本"、立足于社区居民的真实需求成为近年来武汉社区更新实践不断探索的重要问题。前文案例研究表明，在拆除重建式的社区更新中居民往往参与较少，缺乏沟通机制，或者参与方式较为形式化，甚至不少居民是被一纸通知后"被迫搬迁"。而近年来的老旧社区更新实践则更加关注居民需求，从"城市美化运动""面子工程""形象工程"逐渐转为注重居住品质的提升，打造便民利民的社区。在社区微更新过程中，通过搭建工作坊、全方位把脉社区、多群体共同拟定规划方案等方法，居民有机会表达诉求、并通过协商和行动来实现自己的诉求，一定程度上实现了"以人为本"以及差异化的社区更新。

　　另外，在社区共同治理过程中，应探索建立治理成果的居民共享机制。例如，在登月小区的改造完成后，通过"登月通积分制"保证居民参与社区公共事务时能够共享治理成果。居民可通过参与社区事务或者志愿者服务获取积分，并使用积分换取相应的社区福利。例如，免费使用社区电动车车棚等。这种方式不仅极大地促进了居民参与共治社区的积极性，亦能保证居民共享社区治理成果。

　　当然，当前的社区更新工作仍存在一些挑战和问题。一方面，改造中存在政府改造目标与居民诉求不一致的问题。例如，在循礼社区改造过程中，政府希望致力于基于社区空间品质提升的社区改造，而居民的实际需求却在于与其日常生活最相关的建筑本体破败、室内上下水漏水、社区水涝隐患等问题。另一方面，也存在居民参与深度和广度不够，居民诉求无法全部满足的问题。例如，在南湖街道社区改造的过程中多以老年女性参与为主，社区参与的广度不够导致部分居民无法享受到社区更新带来的实际福利。因此，如何实现多样化的社区动员和深入性的居民参与，以及如何让居民共享社区治理成果仍有待进一步探索。

11.4
强化空间品质与基层治理能力的协同提升

▶　　传统的社区更新注重物质空间的提升与改善，因为常常是政府自上而下的供给，并不能完全满足居民的真正需求。同时，在这种模式下，居民在改造后的社区建设与管理中主体性不强，带来社区建设焕新容易、维护难的问题。例如，前文提及的贯中里历经多轮改造，包括建筑美化的外表更新、开发商主导运作的功能腾换等，但几次改造一方面未能满足居民的实际需求，另一方面未能很好地平衡历史街区的发展与保护问题，导致里分原有的生活韵味随着原住民的迁走消失殆尽，社区认同感也不复存在。

　　因此，社区更新应是空间品质与基层治理能力协同提升的过程。通过物质空间规划提升社区基础服务设施条件，改善居民生活环境；通过过程中多元主体互动，共同实现对社区的赋能，培育居民自治组织，实现对社区治理的创新与提升。研究表明，参与式社区规划是社区更新开展的重要平台，通过引导广泛的居民参与、开展大量的活动设计以及建立社区规划师等制度，链接物质空间改造与社会参与，从追求高效的规划结果转向协调关系，不仅提升了居住品质，也有效地提升了社区基层治理能力。

　　2020年8月，住房和城乡建设部、教育部等13部门联合印发《关于开展城市居住社区建设补短板行动的意见》，要求到2025年"基本补齐既有居住社区设施短板，新建居住社区同步配建各类设施，城市居住社区环境明显改善，共建共治共享机制不断健全"。这不仅是对国务院指导意见做出的积极响应，更是在全国范围内吹响居住社区更新行动的号角，以居住社区为基本单元推进更新改造已成为当前一项迫切的任务。而更新的任务不仅在于完善居住社区的配套设施、提升社区居住品质，也需完善社区管理机制，引导居民真正融入社区建设与管理中，增强社区凝聚力，打造共建共治共享的社区治理新格局。中央发布的"十四五"规划建议中，再次强调要"加快转变城市发展方式，统筹城市规划建设管理，实施城市更新行动，推动城市空间结构优化和品质提升"，并对老旧小区改造、现代社区培育等提出了具体目标。可以预见，新时代的社区更新将成为城市高质量发展的核心抓手。

▶ 参考文献 ◀

[1] 阿马蒂亚·森，等. 从增长到发展[M]. 北京：中国人民大学出版社，2015.

[2] 蔡昉. 人口转变、人口红利与刘易斯转折点[J]. 经济研究，2010，45（10）：4-13.

[3] 蔡昉. 中国人口与劳动问题报告. No. 13. 人口转变与中国经济再平衡[M]. 北京：社会科学文献出版社，2012.

[4] 蔡云楠，杨宵节，李冬凌. 城市老旧小区"微改造"的内容与对策研究[J]. 城市发展研究，2017，24（04）：29-34.

[5] 柴彦威，陈零极. 单位制度变迁：透视中国城市转型的重要视角[J]. 世界地理研究，2007，16（004）：60-69.

[6] 柴彦威，刘志林，沈洁. 中国城市单位制度的变化及其影响[J]. 干旱区地理，2008，031（002）：155-163.

[7] 陈昆仑，侯秋炜，张祚. 城市大型开发项目中非正规小市场的形成机制——以武汉"楚河汉街"武重小市场为例[J]. 人文地理，2015，30（2）：126-133.

[8] 陈韦，彭伟宏，刘平，等. 远见：武汉规划40年[M]. 北京：中国建筑工业出版社，2019：284.

[9] 陈韦，陈伟，彭阳. 武汉汉口沿江商务功能区实施性规划探索[J]. 规划师，2013，（05）：42-46.

[10] 陈映芳. 城市开发的正当性危机与合理性空间[J]. 社会学研究，2008，（03）：29-55.

[11] 陈培文. 我国历史街区绅士化进程中的文化作用研究[J]. 居舍，2019，（11）：157-158.

[12] 程遥. 超越"工具理性"：试析大众传媒条件下城市规划公众参与[J]. 城市规划，2007，（11）：57-63.

[13] 成建国. 武汉城建经济发展析因[J]. 长江论坛，1999，（05）：50-51.

[14] 董鉴泓. 第一个五年计划中关于城市建设工作的若干问题[J]. 建筑学报，1955，（3）：1-12.

[15] 董鉴泓. 中国城市建设史[M]. 3版. 北京：中国建筑工业出版社，2004：398.

[16] 单豪杰. 国际视角下的中国经济转型：模式、机制与展望[J]. 江苏社会科学，2007，（4）：76-81.

[17] 邓伟骥，何子张，旺姆. 面向城市治理的美丽厦门战略规划实践与思考[J]. 城市规划学刊，2018，（S1）：8-15.

[18] 斐迪南·滕尼斯. 共同体与社会：纯粹社会学的基本概念[M]. 北京大学出版社，2010.

[19] 费孝通. 中国现代化：对城市社区建设的再思考[J]. 江苏社会科学，2001，（01）：49-52.

[20] 冯健，周一星. 北京都市区社会空间结构及其演化（1982~2000）[J]. 地理研究，2003，22（04）：465-483.

[21] 耿宏兵. 90年代中国大城市旧城更新若干特征浅析[J]. 城市规划，1999，（7）：13-17.

[22] 耿慧志. 历史街区保护的经济理念及策略[J]. 城市规划，1998，（03）：40-42.

[23] 郭炎，袁奇峰，谭诗敏，等. 农村工业化地区的城市更新：从破碎到整合——以佛山市南海区为例[J]. 城市规划，2020，44（04）：53-61.

[24] 何深静. 中国飞地城市主义及其社会空间影响[J]. 城市与区域规划研究，2019，11（01）：201-222.

[25] 侯丽. 国家模式建构与地方差异——京沪两地1950年代规划编制的苏联影响之比较[J]. 城市规划学刊，2017，（02）：113-120.

[26] 侯丽. 社会主义、计划经济与现代主义城市乌托邦——对20世纪上半叶苏联的建筑与城市规划历史的反思[J]. 城市规划学刊，2008，（1）：102-110.

[27] 洪亮平，唐静. 武汉市城市空间结构形态及规划演变[J]. 新建筑，2002，（03）：47-49.

[28] 洪世键. 资本转移的时空差异：租差理论视野下城市空间不平衡发展逻辑探讨[J]. 城市发展研究，2019，026（006）：114-121.

[29] 胡毅，张京祥，孙东琪，等. 资本的空间不平衡发展：城中村的空间生产[J]. 城市发展研究，2014，（05）：32-38.

[30] 胡志丁，葛岳静，徐建伟. 尺度政治视角下的地缘能源安全评价方法及应用[J]. 地理研究，2014，33（05）：853-862.

[31] 华揽洪. 重建中国：城市规划三十年[M]. 李颖，译. 北京：三联书店，2006：123.

[32] 黄瓴，罗燕洪. 社会治理创新视角下的社区规划及其地方途径——以重庆市渝中区石油路街道社区发展规划为

例[J]. 西部人居环境学科, 2014, (5): 13-18.

[33] 黄瓴, 许剑峰. 城市社区规划师制度的价值基础和角色建构研究[J]. 规划师, 2013, 29 (9): 11-16.

[34] 黄友琴. 从单位大院到封闭式社区——制度转型过程中北京的住房与居住变化. [M]//吴缚龙, 马润潮, 张京祥. 转型与重构: 中国城市发展多维透视. 南京: 东南大学出版社, 2007: 199-220.

[35] 黄词捷. 成都市社区治理与社区营造研究——从"陪伴"到"培力"的文化路向实践[J]. 中共乐山市委党校学报, 2018, 20 (06): 86-91.

[36] 李松. 消费时代城市空间的生产与消费[J]. 城市规划, 2010, 34 (07): 17-22.

[37] 姜梅, 姜涛. "规划中的沟通"与"作为沟通的规划": 当代西方沟通规划理论概述[J]. 城市规划学刊, 2008, (02): 31-38.

[38] 蓝宇蕴. 都市里的村庄: 一个"新村社共同体"的实地研究[M]. 上海: 生活·读书·新知三联书店, 2005.

[39] 梁鹤年. 城市人[J]. 城市规划, 2012, 36 (07): 87-96.

[40] 李百浩, 彭秀涛, 黄立. 中国现代新兴工业城市规划的历史研究——以苏联援建的156项重点工程为中心[J]. 城市规划学刊, 2006, (04): 84-92.

[41] 李建松. 武汉市"城中村"改造中的问题与对策研究[D]. 华中科技大学, 2007.

[42] 李培林. 村落的终结—羊城村的故事[M]. 北京: 商务印书馆, 2004.

[43] 李郇, 黄耀福, 刘敏. 新社区规划: 美好环境共同缔造[J]. 小城镇建设, 2015, (4): 18-21.

[44] 李郇, 彭惠雯, 黄耀福. 参与式规划: 美好环境与和谐社会共同缔造[J]. 城市规划学刊, 2018 (01): 24-30.

[45] 李郇, 刘敏, 黄耀福. 社区参与的新模式——以厦门曾厝垵共同缔造工作坊为例[J]. 城市规划, 2018, 42 (09): 39-44.

[46] 李志刚, 顾朝林. 中国城市社会空间结构转型[M]. 南京, 东南大学出版社, 2011.

[47] 李志刚, 刘晔, 陈宏胜. 中国城市新移民的"乡缘社区": 特征、机制与空间性——以广州"湖北村"为例[J]. 地理研究, 2011, (10): 1910-1920.

[48] 李志刚, 吴缚龙, 薛德升. "后社会主义城市"社会空间分异研究述评[J]. 人文地理, 2006, (5): 1-5.

[49] 李志刚, 吴缚龙. 转型期上海社会空间分异研究[J]. 地理学报, 2006, 61 (2): 199-211.

[50] 李志刚, 吴缚龙, 卢汉龙. 当代我国大都市的社会空间分异——对上海三个社区的实证研究[J]. 城市规划, 2004, (06): 60-67.

[51] 李志刚, 陈宏胜. 城镇化的社会效应及城镇化中后期的规划应对[J]. 城市规划, 2019, 043 (009): 31-36.

[52] 廖邦固, 徐建刚, 梅安新. 1947~2007年上海中心城区居住空间分异变化——基于居住用地类型视角[J]. 地理研究, 2012, 31 (06): 1089-1102.

[53] 缪朴. 城市生活的癌症: 封闭式小区的问题及对策[J]. 时代建筑, 2004, (5): 46-49.

[54] 刘彩霞, 尚聪敏, 汪薇. 武汉市土地储备现状及对策分析[J]. 科技创业月刊, 2010, 23 (06): 13-15.

[55] 刘达, 郭炎, 祝莹, 等. 集体行动视角下的社区规划辨析与实践[J]. 规划师, 2018, 34 (2): 42-47.

[56] 刘佳燕. 国外城市社会规划的发展回顾及启示[J]. 国际城市规划, 2006, (2): 51-55.

[57] 刘佳燕, 谈小燕, 程情仪. 转型背景下参与式社区规划的实践和思考——以北京市清河街道Y社区为例[J]. 上海城市规划, 2017, (02): 23-28.

[58] 刘奇志, 何梅, 汪云, 等. 武汉老工业城市更新发展的规划实践[J]. 城市规划, 2010, 34 (07): 39-43.

[59] 刘云刚, 王丰龙. 三鹿奶粉事件的尺度政治分析[J]. 地理学报, 2011, 66 (10): 1368-1378.

[60] 刘玉亭, 何深静, 顾朝林. 反思新时期我国城市发展的几个问题[J]. 现代城市研究, 2001, (5): 65-68.

[61] 林赛南, 李志刚, 郭炎, 等. 走向社会治理的规划转型与重构[J]. 规划师, 2019, (1): 25-30.

[62] 路风. 单位: 一种特殊的社会组织形式[J]. 中国社会科学, 1989, (01): 71-88.

[63] 罗小龙, 许璐. 城市品质: 城市规划的新焦点与新探索[J]. 规划师, 2017, 33 (11): 5-9.

[64] 马晓龙, 吴必虎. 历史街区持续发展的旅游业协同——以北京大栅栏为例[J]. 城市规划, 2005, 29 (9): 49-54.

[65] 毛子丹, 柴彦威. 中国城市单位社区治理模式转型路径及其未来趋势——以北京市毛纺南社区为例[J]. 城市发展研究, 2013, 20 (3): 17-22.

[66] 牛晓东. 西安市城中村改造问题分析及对策研究[D]. 西安建筑科技大学, 2007.

[67] 彭阳, 申洁. 面向城市更新的武汉市控规编制研究与实践[J]. 上海城市规划, 2019, (02): 98-103.

[68] 盛洪涛, 殷毅, 陈伟, 彭阳. 武汉重点功能区规划编制与实施一体化模式研究——以武汉二七商务功能区为例[J]. 城市规划学刊, 2014, (01): 92-98.

[69] 宋伟轩, 孙洁, 陈艳如等. 南京内城商业绅士化发育特征研究[J]. 地理学报, 2020, 75 (02): 426-442.

[70] 石爱华, 范钟铭. 从"增量扩张"转向"存量挖潜"的建设用地规模调控[J]. 城市规划, 2011, 35 (8): 88-90.

[71] 孙斌栋, 吴雅菲. 中国城市居住空间分异研究的进展与展望[J]. 城市规划, 2009, (6): 73-80.

[72] 孙斌峰. 湖北省武汉市城中村改造模式与路径研究[D]. 华中师范大学, 2020.

[73] 石楠. "人居三"、《新城市议程》及其对我国的启示[J]. 城市规划, 2017, (01): 9-21.

[74] 石爱华, 范钟铭. 从"增量扩张"转向"存量挖潜"的建设用地规模调控[J]. 城市规划, 2011, 35 (8): 88-90.

[75] 陶然, 陆曦, 苏福兵. 地区竞争格局演变下的中国转轨: 财政激励和发展模式反思. 经济研究[J]. 2009, 44 (07): 21-33.

[76] 陶然, 汪晖. 中国尚未完成之转型中的土地制度改革: 挑战与出路[J]. 国际经济评论, 2010, (02): 93-123.

[77] 陶然, 王瑞民. 城中村改造与中国土地制度改革: 珠三角的突破与局限[J]. 国际经济评论, 2014, (03): 26-55.

[78] 谭肖红, 袁奇峰, 吕斌. 城中村改造村民参与机制分析——以广州市猎德村为例[J]. 热带地理, 2012, 32 (6): 618-625.

[79] 谭肖红, 谢涤湘, 吕斌, 等. 微更新转型语境下我国城市更新治理困境与实施反思——以广州市恩宁路街区更新为例[J]. 城市发展研究, 2020, 27 (01): 22-28.

[80] 田莉. 我国半城市化地区土地利用的区域比较: 时空模式与形成机制[M]. 中国建筑工业出版社. 2015.

[81] 田莉, 姚之浩, 郭旭, 等. 基于产权重构的土地再开发——新型城镇化背景下的地方实践与启示[J]. 城市规划, 2015, 39 (01): 22-29.

[82] 万娟娟. 以集体土地流转改革为核心的城中村改造范例评析——从广州市"猎德模式"展开[J]. 社科纵横, 2017, 32 (02): 95-101.

[83] 王凯. 我国城市规划五十年指导思想的变迁及影响[J]. 规划师, 1999 (4): 23-26.

[84] 王轶, 陈林. 在过渡期规划中探寻城市改造之路——以武汉王家墩CBD过渡期规划为例[J]. 城市, 2008, (03): 47-49.

[85] 王丰龙, 陈倩敏, 许艳艳, 等. 沟通式规划理论的简介, 批判与借鉴[J]. 国际城市规划, 2012, (6): 82-90.

[86] 王荣海. 760个老旧小区将换新颜[EB/OL]. https://ctdsbepaper.hubeidaily.net/pc/content/202001/21/content_18658.html, 2021-01-22

[87] 威廉·洛尔, 张纯. 从地方到全球: 美国社区规划100年[J]. 国际城市规划, 2011, (2): 85-98.

[88] 魏立华, 闫小培. "城中村": 存续前提下的转型——兼论"城中村"改造的可行性模式[J]. 城市规划, 2005, 29 (7): 9-13.

[89] 魏立华, 闫小培. 转型期中国城市社会空间演进动力及其模式——以广州市为例[J]. 地理与地理信息科学, 2006, 22 (1): 66-72.

[90] 魏娜. 我国城市社区治理模式: 发展演变与制度创新[J]. 中国人民大学学报, 2003, (01): 135-140.

[91] 温雅. 基于市民社会的协商式规划体系的构建[C]. 中国城市规划年会. 2010.

[92] 吴萌, 陈银蓉. 浅谈武汉市土地储备模式中的"土地打包"[J]. 国土资源科技管理, 2013, 30 (02): 110-116.

[93] 吴缚龙. 中国的城市化与"新"城市主义[J]. 城市规划, 2006, 30 (08): 19-23.

[94] 吴缚龙, 马润潮, 张京祥. 转型与重构: 中国城市发展多维透视[M]. 东南大学出版社: 2007, 199-220.

[95] 武廷海, 杨保军, 张城国. 中国新城: 1979~2009[J]. 城市与区域规划研究, 2011, (02): 19-43.

[96] 武廷海. 建立新型城乡关系, 走新型城镇化道路——新马克思主义视野中的中国城镇化[J]. 城市规划, 2013, (11): 9-19.

[97] 武汉市规划局 (市国土资源局). 市规划局 (市国土资源局) 关于"城中村"综合改造土地房产处置及建设规划管理的实施意见 (试行) [EB/OL]. [2004-09-10] https://www.docin.com/p-1682140626.html

[98] 武汉市国土资源和规划局. 关于征用集体所有土地房屋拆迁基地区位补偿价标准 (武价房字[2004]73号) [Z], 2004.

[99] 武汉市江汉区人民政府. 区人民政府办公室关于成立江汉路步行街改造提升试点工作领导小组的通知[EB/OL]. [2019-07-19]. http://www.jianghan.gov.cn/zwgk/xxgkml/qzfbwj/201912/t20191213_1185136.shtml

[100] 武汉市江汉区人民政府. 江汉区召开老旧小区改造工作部署会议[EB/OL]. [2020-06-24]. http://www.jianghan.gov.cn/xwzx/jhyw/202006/t20200624_1384237.shtml

[101] 武汉市国土资源与土地规划局. 2018武汉市城乡与国土规划图集[Z]. 2018.

[102] 武汉市规划研究院. 武汉市2010版总体规划实施评估报告[Z]. 2010.

[103] 谢慧, 王琪. 城市规划导引下的城中村改造——武汉市城中村改造规划反思[J]. 城市规划学刊, 2009, (C00):

257-261.

[104] 许志坚, 宋宝麒. 民众参与城市空间改造之机制—以台北市推动"地区环境改造计划"与"社区规划师制度"为例[J]. 城市发展研究, 2003, (1): 16-20.

[105] 姚士谋, 陈维肖, 陈振光, 等. 新常态下中国新型城镇化的若干问题[J]. 地域研究与开发, 2016, (1): 1-4.

[106] 杨保军, 陈鹏. 社会冲突理论视角下的规划变革[J]. 城市规划学刊, 2015, (1): 24-31.

[107] 杨保军, 陈鹏, 吕晓蓓. 转型中的城乡规划——从《国家新型城镇化规划》谈起[J]. 城市规划, 2014, 38 (增刊2): 67-76.

[108] 阳建强. 中国城市更新的现况、特征及趋向[J]. 城市规划, 2000, 24 (4): 53-63.

[109] 叶裕民. 特大城市包容性城中村改造理论架构与机制创新——来自北京和广州的考察与思考[J]. 城市规划, 2015, 39 (08): 9-23.

[110] 殷毅, 曾文. 城市区域化与武汉城市空间布局[J]. 经济地理, 2006, (01): 83-87.

[111] 于一丁, 涂胜杰, 王玮, 余俊. 武汉市重点功能区规划编制创新与实施机制[J]. 规划师, 2015, 31 (01): 10-14.

[112] 袁奇峰, 钱天乐, 郭炎. 重建"社会资本"推动城市更新——联滘地区"三旧"改造中协商型发展联盟的构建[J]. 城市规划, 2015, 39 (9): 64-73.

[113] 袁媛, 蒋珊红, 刘菁. 国外沟通和协作式规划近15年研究进展——基于Citespace III 软件的可视化分析[J]. 现代城市研究, 2016, (12): 42-50.

[114] 袁永友, 周启红. 招商引资与武汉经济地位变迁30年回顾[J]. 武汉科技学院学报, 2008, 21 (09): 117-120.

[115] 张立文, 杨文揆. 沟通式规划在义乌社区提升规划中的实践[J]. 规划师, 2017 (8): 118-122.

[116] 赵民. 简论"社区"与社区规划[J]. 时代建筑, 2009, (2): 6-9.

[117] 赵民. "社区营造"与城市规划的"社区指向"研究[J]. 规划师, 2013, 29 (9): 5-10.

[118] 赵晨, 申明锐, 张京祥. "苏联规划"在中国: 历史回溯与启示[J]. 城市规划学刊, 2013, (2): 107-116.

[119] 赵蔚, 赵民. 从居住区规划到社区规划[J]. 城市规划汇刊, 2002, (06): 68-71+80.

[120] 赵兴. 政府主导型和谐社区构建模式探析——以武汉市构建和谐社区实践为例[J]. 学习与实践, 2008, (12): 140-143.

[121] 赵燕菁. 城市的制度原型[J]. 城市规划, 2009, 33 (10): 9-18.

[122] 赵燕菁. 城市增长模式与经济学理论[J]. 城市规划学刊, 2011, (06): 12-19.

[123] 赵燕菁. 土地财政: 历史、逻辑与抉择[J]. 城市发展研究, 2014, 021 (001): 1-13.

[124] 赵燕菁. 价值创造: 面向存量的规划与设计[J]. 城市环境设计, 2016, (2): 10-11.

[125] 张京祥, 赵丹, 陈浩. 增长主义的终结与中国城市规划的转型[J]. 城市规划, 2013, 000 (001): 45-50.

[126] 张京祥, 陈浩. 中国的"压缩"城市化环境与规划应对[J]. 城市规划学刊, 2010, 000 (006): 10-21.

[127] 张京祥, 陈浩. 空间治理: 中国城乡规划转型的政治经济学[J]. 城市规划, 2014, 38 (11): 9-15.

[128] 张京祥, 胡毅. 基于社会空间正义的转型期中国城市更新批判[J]. 规划师, 2012, 28 (012): 5-9.

[129] 张京祥, 罗震东. 中国当代城乡规划思潮[M]. 南京: 东南大学出版社, 2013.

[130] 张京祥, 胡毅, 赵晨. 住房制度变迁驱动下的中国城市住区空间演化[J]. 上海城市规划, 2013, (5): 69-75.

[131] 张京祥, 陈浩, 王宇彤. 新中国70年城乡规划思潮的总体演进[J]. 国际城市规划, 2019, (4).

[132] 张京祥, 吴缚龙. 从行政兼并到区域管治——长江三角洲的实证与思考[J]. 城市规划, 2004, 28 (05): 1-6.

[133] 张京祥, 殷洁, 罗小龙. 地方政府企业化主导下的城市空间发展与演化研究[J]. 人文地理, 2006, 21 (004): 25-30.

[134] 张庭伟, 2001. 1990年代中国城市空间结构的变化及其动力机制[J]. 城市规划, 2001, (7): 7-14.

[135] 张腾龙, 王晓颖, 计昕彤, 等. 沈阳市"社区共治"体系构建探索与成效[J]. 规划师, 2019, 35 (04): 5-10.

[136] 张侠, 赵德义, 朱晓东, 彭补拙. 城中村改造中的利益关系分析与应对[J]. 经济地理, 2006, (03): 496-499.

[137] 张宏斌, 贾生华. 城市土地储备制度的功能定位及其实现机制[J]. 城市规划, 2000, (08): 17-20.

[138] 张海舰. 城市化进程中"村改居"社区建设研究[D]. 中国海洋大学, 2009.

[139] 张智海. 20世纪90年代的武汉城建开放引资热潮[J]. 武汉文史资料, 2018 (7): 14-22.

[140] 章征涛, 刘勇. 城中村改造中的"增长联盟"研究——以珠海市山场村为例[J]. 城市规划, 2019, 43 (07): 60-66.

[141] 张军, 周黎安. 为增长而竞争: 中国增长的政治经济学[M]. 上海人民出版社, 2008.

[142] 张侠，赵德义，朱晓东，彭补拙．城中村改造中的利益关系分析与应对[J]．经济地理，2006，（03）：496-499．

[143] 周春山，刘洋，朱红．转型时期广州市社会区分析[J]．地理学报，2006，61（10）：1046-1056．

[144] 周飞舟，吴柳财，左雯敏，等．从工业城镇化、土地城镇化到人口城镇化：中国特色城镇化道路的社会学考察[J]．社会发展研究，2018，5（1）：42-64，243．

[145] 周敏，林凯旋，黄亚平．我国城市更新中的绅士化运动反思[J]．规划师，2013，12，116-119．

[146] 周黎安．中国地方官员的晋升锦标赛模式研究[J]．经济研究，2007，042（007）：36-50．

[147] 周干峙．周干峙迎接城市规划的第三个春天[J]．城市规划，2002（1）：9-10．

[148] 朱介鸣．市场经济下的中国城市规划：发展规划的范式[M]．北京：中国人民大学出版社，2015．

[149] 邹兵．增量规划向存量规划转型：理论解析与实践应对[J]．城市规划学刊，2015（05）：12-19．

[150] 邹兵．存量发展模式的实践、成效与挑战——深圳城市更新实施的评估及延伸思考[J]．城市规划，2017，41（01）：89-94．

[151] 中华人民共和国国家统计局．中国房地产统计年鉴[M]．北京：中国统计出版社，2010．

[152] 中华人民共和国国家统计局．中国区域经济统计年鉴[M]．北京：中国统计出版社，2013．

[153] 中华人民共和国国家统计局．全国城市建成区面积[EB/OL]．https://https://data.stats.gov.cn/search.htm?s=%E5%BB%BA%E6%88%90%E5%8C%BA%E9%9D%A2%E7%A7%AF

[154] 中华人民共和国国家统计局国民经济综合统计司．新中国六十年统计资料汇编[M]．北京：中国统计出版社，2010．

[155] 中华人民共和国国土资源部．2008年中国国土资源公报[R]．北京：中华人民共和国国土资源部，2009．

[156] Allmendinger P. Towards a Post-Positivist Typology of Planning Theory[J]. Planning Theory, 2002(1): 77-99.

[157] Buchanan J M. An Economic Theory of Clubs[J]. Economica, 1965, 32(125): 1-14.

[158] Bian Y. Urban occupational mobility and employment institutions: Hierarchy, market, and networks in a mixed system. In DAVIS D, WANG F.(Eds.)Creating Wealth and Poverty in Postsocialist China.[M]. Stanford: Stanford University Press, 2009: 172-192.

[159] Bian Y, Logan, J. R. Market Transition and the Persistence of Power: The Changing Stratification System in Urban China[J]. American Sociological Review, 1996.

[160] Bray D. Social Space and Governance in Urban: the Danwei System from Origins to Reform[M]. Stanford: Stanford University Press, 2005.

[161] Brenner N. Implosions/Explosions: Towards a Study of Planetary Urbanization[M]. Berlin: Jovis, 2014.

[162] Brenner N. The limits to scale?Methodological reflections on scalar structuration. Progress in Human Geography, 2001, 25(4): 591-614.

[163] Castillo G. Stalinist Modern Constructivism and the Soviet Company Town[M]//James C. Daniel R. Architecture of Russian Identity: 1500 to the Present. Ithaca: Cornell University Press, 2003: 135-149.

[164] Chien S, Woodworth M. China's Urban Speed Machine: The Politics of Speed and Time in a Period of Rapid Urban Growth[J]. International Journal of Urban & Regional Research, 2018, 42(4): 723-737.

[165] Easterly W. The Elusive Quest for Growth: Economicsts' Adventures and Misadventures in the Tropics[J]. Public Choice, 2002, 30(1): 220-222.

[166] Feng J, Zhou Y, Logan J R, et al. Restructuring of Beijing's Social Space[J]. Eurasian Geography and Economics, 2007, 48(05): 509-542.

[167] Freidmann J. Retracking America: A theory of transactive planning[M]. Essex: Anchor Books, 1973.

[168] Forester J. Planning in the face of power[M]. Berkeley: University of California Press, 1989.

[169] Forester J. The deliberative practitioner: Encouraging participatory planning processes[M]. Cambridge: The MIT Press, 1999.

[170] Forester R, Yip N M. Neighbourhood and neighbouring in contemporary Guangzhou[J]. Journal of Contemporary China, 2007, 16(50): 47-64.

[171] Gaubatz, P. Urban transformation in post-Mao China: impacts of the reform era on China's urban form[M]//Davis D, Kraus R, Naughton B, et al. Urban spaces in contemporary China. Cambridge: Cambridge University Press, 1995, 2: 28-60.

[172] Giddens A. The constitution of society[M]. Berkeley: University of California Press, 1984.

[173] Glasze G. Some Reflections on the Economic and Political Organisation of Private Neighbourhoods[J]. Housing Studies, 2005, 20(2): 221-233.

[174] Gregory D, Johnston R J, Pratt G et al. The Dictionary of Human Geography[M]. 5th ed. Cambridge, MA: Blackwell, 2009: 664-666.

[175] Gu C, Kesteloot G. Beijing's socio-spatial structure in transition[M]//Ostendorf W J M, Schnell I. Studies in segregation and desegregation. Aldershot: Ashgate Publishing, 2002, 12: 285-311.

[176] Gu C, Liu H Y. Social polarization and segregation in Beijing[M]//Logan J R. The new Chinese city: globalization and market reform. Oxford: Blackwell Publishers, 2001: 198-211.

[177] Gu C, Wang F, Liu G. Study on urban social area in Beijing[J]. Acta Geographica Sinica 2003. 58(6): 917-926.

[178] Gu C, Wang F, Liu G. The structure of social space in Beijing in 1998: A socialist city in transition[J]. Urban Geography, 2005, 26(2): 167-192.

[179] Habermas J. The Theory of Communicative action: Vol. 1: Reason and the Rationalization of society, Trans. T. McCarthy[J]. Boston: Beacon(Original Work Published 1981), 1984.

[180] Hajer M A, Hoppe R, Jennings B. The argumentative turn in policy analysis and planning[M]. Durham: Duke University PressBooks, 1993.

[181] Harvey D. Spaces of Hope[J]. Edinburgh University Press. 2000.

[182] Harvey D. The urbanization of capital: Studies in the History and Theory of Capitalist Urbanization[M]. Baltimore: The John Hopkins University Press, 1985.

[183] Hardin G. The Tragedy of the Commons Science[J]. Journal of Natural Resources Policy Research, 1968, 1(3): 243-253.

[184] Hardin R. Collective Action as an Agreeable "n-prisoners" Dilemma[J]. Systems Research & Behavioral Science, 1971, 16(5): 472-481.

[185] Healey P. Planning through debate: The communicative turn in planning theory[J]. Town Planning Review, 1992, 63(2): 143.

[186] Healey P. Collaborative planning: Shaping places in fragmented societies[M]. Vancouver: UBC Press, 1997.

[187] Healey P. Collaborative planning in perspective[J]. Planning Theory, 2003, 2(2): 101-123.

[188] Healey P. Collaborative planning in a stakeholder society[J]. Town Planning Review, 1998, 69(1): 1.

[189] Healey P. The communicative turn in planning theory and its implications for spatial strategy formation[J]. Environment and Planning B: Planning and Design, 1996(23): 217-234.

[190] He S Evolving enclave urbanism in China and its socio-spatial implications: The case of Guangzhou[J]. Social & Cultural Geography, 2013, 14(3): 243-275.

[191] He S, Wu F. Property-Led Redevelopment in Post-Reform China: A Case Study of Xintiandi Redevelopment Project in Shanghai[J]. Journal of Urban Affairs, 2005, 27(1): 1-23.

[192] Hillery G A. Definition of Community: Area of agreement [J]. Rural Sociology, 1955, (2): 111-123.

[193] Huang Y. Collectivism, political control, and gating in Chinese cities[J]. Urban Geography, 2006, 27(6): 507-525.

[194] Huang Y. From Work-unit Compounds to Gated Communities: Housing inequality and residential segregation in transitional Beijing[M]//Ma L J C, Wu F. Restructuring the Chinese city: Changing society, economy and space. London: Routledge, 2004, 199-217.

[195] Innes J E. Planning through consensus building: A new view of the comprehensive planning ideal[J]. Journal of the American Planning Association, 1996, 62(4): 460-472.

[196] Kim J S, Batey P W J. A collaborative partnership approach to integrated waterside revitalisation: The Mersey Basin Campaign[C]. Shanghai: The First WorldPlanning Schools Congress, 2001.

[197] Kim H. Ethnic enclave economy in urban China: The Korean immigrants in Yanbian[J]. Ethnic & Racial Studies, 2003, 26(5): 802-828.

[198] Li Z, Wu F. Tenure-based residential segregation in post-reform Chinese cities: a case study of Shanghai[J]. Transactions of the Institute of British Geographers, 2008, 33(3): 404-419.

[199] Lees L, Shin HB and López Morales E. Planetary Gentrification[M]. Cambridge, UK Malden, MA: Polity Press, 2016.

[200] Lin G C S. The Redevelopment of China's Construction Land: Practising Land Property Rights in Cities through Renewals[J]. China Quarterly, 2015, 224: 865-887.

[201] Lin G C S, Ho S P S. The state, land system, and land development processes in contemporary China[J]. Annals of The Association Of American Geographers, 2005, 95: 411-436.

[202] Logan J R, Molotch H L. Urban fortunes: the political economy of place[M]. Berkeley: University of California Press, 1984.

[203] Ma L J C, Xiang B. Native place, migration and the emergence of peasant enclaves in Beijing[J]. The China Quarterly. 1998(155): 546-581.

[204] Minar D W, Greer S. The Concept of Community[M]. Piscataway: Transaction Publishers, 1969.

[205] Mollenkopf J, M Castells. Dual City: Restructuring New York[M]. New York: Russell Sage Foundation, 1991.

[206] Molotch H. The City as a Growth Machine: Toward a Political Economy of Place[J]. American Journal of Sociology, 1976, 82(2): 15-27.

[207] Oi J C. The role of the local state in China's transitional economy[J]. China Quarterly, 1995, 144(144): 1132-1149.

[208] Olson M. The Logic of Collective Action: Public Goods and the Theory of Groups[M]. Cambridge and London: Harvard University Press, 1965.

[209] Ostrom E, Gardner R, Walker J M. Rules, Games, and Common-Pool Resources[M]. Ann Arbor: Univ Mich Press, 1994.

[210] Ostrom E. Reformulating the Commons[J]. Ambiente& Sociedade, 2002, 6(10): 29-52.

[211] Ostrom E. Understanding Institutional Diversity[J]. Comparative Economic Studies, 2005(3): 482-484.

[212] Ostrom E. Multiple Institutions for Multiple Outcomes[M]. London: Earthscan, 2007.

[213] Pow C P. Securing the "civilised" enclaves: Gated communities and the moral geographies of exclusion in(post-)socialist Shanghai[J]. Urban Studies, 2007, 44(8): 1539-1558.

[214] Qian Y, Xu C. Why China's Economic Reforms Differ: The M-Form Hierarchy and Entry/Expansion of the Non-State Sector[J]. Economics of Transiton, 1993, 1(2): 135-170.

[215] Samuelson P A. The Pure Theory of Public Expenditure[J]. Review of Economics and Statistics, 1954(4): 387-389.

[216] Solinger D J. Urban entreprenuers and the state: the merger of state and society//Rosenbaum A L. State & Society in China: The Consequences of Reform. Boulder Co: Westview, 1992: 121-142.

[217] Taylor N. Urban planning theory since1945[M]. Thousand Oaks: SAGE Publications Limited, 1998.

[218] Tian L, Guo Y. Peri-Urban China: Land Use, Growth, and Integrated Urban-Rural Development[M]. Oxford, New York, Routledge, 2019.

[219] Wang Y, WANG Y, WU J. Urbanization and informal development in China: Urban villages in Shenzhen[J]. International Journal of Urban and Regional Research, 2009, 33(4): 957-973.

[220] Wirth L. Urbanism as a way of life[J]. American Journal of sociology. 1938, 44(1): 1-25.

[221] Wu F. Scripting Indian and Chinese urban spatial transformation: Adding new narratives to gentrification and suburbanisation research[J]. Environment and Planning C: Politics and Space, 2020. 38(6): p. 980-997.

[222] Wu F. Planning for Growth: Urban and Regional Planning in China[M]. New York: Routledge, 2015.

[223] Wu F. Rediscovering the "gate" under market transition: From work-unit compounds to commodity housing enclaves[J]. Housing Studies, 2005, 20(2): 235-254.

[224] Wu F. China's changing urban governance in the transition towards a more market-oriented economy[J]. Urban Studies, 2002, 39(7): 1071-1093.

[225] Wu F. The state acts through the market: 'State entrepreneurialism' beyond varieties of urban entrepreneurialism[J]. Dialogues in Human Geography. 2020. DOI: 10.1177/2043820620921034journals. sagepub.com/home/dhg.

[226] Wu F, Li Z. Sociospatial differentiation: Processes and spaces in subdistricts of Shanghai[J]. Urban Geography. 2005, 26(2): 137-166.

[227] Xiang B. Zhejiang village in Beijing: creating a visible non-state space through migration and marketized networks[M]//Mallee H, Pieke F N. Internal and International Migration: Chinese Perspectives. London: Routledge, 1999: 185-221.

[228] Xu M, Yang Z. Design history of China's gated cities and neighbourhoods: Prototype and evolution[J]. Urban Design International, 2009, 14(2): 99-117.

[229] Yang G. The Power of the Internet in China: Citizen Activism Online[M]. Columbia University Press, 2009.

[230] Zhang L. In Search of Paradise: Middle-class Living in a Chinese Metropolis[M]. Cornell University Press, 2012.

[231] Zhu J. Local Growth Coalition: The Context and Implications of China's Gradualist Urban Land Reforms[J]. International journal of urban and regional research, 1999, 23(3): 534-548.

[232] Zhu J. From land use right to land development right: institutional change in China's urban development[J]. Urban Studies, 2004, 41: 1249-1267.

[233] Zhu J. A Transitional Institution for the Emerging Land Market in Urban China[J]. Urban studies, 2005, 42(8): 1369-1390.

　　我们团队来武汉的时间不长，正是在这短短的时间里，我们深耕武汉的城市社区更新实践，以此为窗口认识这座城市。直到收到赵万民和黄瓴两位教授的邀请，我们才意识到，应该对武汉的城市社区更新做一个总结，以供同行参详比较。

　　然而，这对我们是一个挑战，一方面，我们对武汉发展历史的素材积累不够；另一方面，虽然过去几年，我们在武汉做了不少社区规划的首创性工作，但规划的实施是一个耗时更长的过程，有些到该书出版也还未实施完成。因此，我们对武汉城市社区更新的一些思考难免是阶段性的，有待更长时间的检验。

　　2020年，注定是武汉重获新生的一年。突如其来的新冠肺炎疫情考验着这座城市。然而，我们看到的是，社区这一基层各方力量的有效动员，让武汉经受住了这场大考。这得益于武汉长期的幸福社区创建和基层社会治理体系与能力的建设。作为社区规划与建设的实践者，我们深受鼓舞，也觉得有必要将我们对社区改造与社区治理的融合，进行梳理，以飨读者。

　　此外，时逢我国进入城市更新的新常

态，尤其是国家的"十四五"规划将城市更新作为城市建设和发展的主要抓手，亟需实践经验的指导。因此，我们毅然接受挑战，积极钻研，著成此书，以期为今后的城市社区更新实践提供参照。

此书的素材主要来源于三个方面：一是，有关中国、武汉城市社区更新发展历程的内容主要源于参考文献的阅读、武汉的一些史料记载以及各个历史时段的城市规划。

二是，有关拆除更新式城市社区更新的3个案例，部分源于期间团队与香港大学林初昇教授合作开展的对武汉市城市社区更新的研究，部分源于团队已毕业学生在此期间所做的一些研究，如孙雅洁对楚河汉街案例的研究、王彤对二七商务核心区的研究、周文雅对贯中里的研究。

三是，有关保留整治式的城市社区更新的4个案例，全部源于团队的规划实践与研究总结，而且都获得了较大的社会认可。其中，华锦花园小区改造的案例成功入选2020年度"全国市域社会治理创新优秀案例"；登月小区改造于2019年被住房和城乡建设部评为"美好环境与幸福生活共同缔造"的首批试点社区；循礼社区改造的规划在武汉市2018～2019年度老旧社区"微改造"优秀方案评选中，获得第一名；贯中里改造的规划方案获得武汉市城市规划协会主办的首届"鲍鼎杯"社会调查竞赛金鼎奖。

团队的倾力合作是本书得以顺利完成的关键。具体章节的撰写工作如下：第1章，郭炎；第2章，胡洲伟、郭炎、李志刚；第3章，洪思思、林赛南、郭炎、李志刚；第4章，宋晨曦、郭炎、林赛南、李志刚；第5章，李志刚、宋晨曦、林赛南；第6章，宋晨曦、林赛南、李志刚；第7章，郭炎、张舒怡；第8章，郭炎、张露予；第9章，郭炎、赵宁宁；第10章，周文雅、郭炎、李志刚；第11章，林赛南。

感谢原武汉市国土资源和规划局武昌分局的祝莹、宁波，武昌区南湖街道街的邓卫、易振波、彭卫红、朱德、张艳、周林、刘海芳；江汉区住房保障与房屋管理局的李虹、张侠、张斌，江汉区新华街道的方郡、陈钢、郑敏、尹竞、李菁、刘海燕、赵青、王鲎……是你们给予了我们一起探索武汉市社区更新道路、引领社区更新潮头的机会，武昌区、江汉区乃至武汉市的城市社区更新刻录了你们的奉献。

感谢曾经一起开展案例实地调研、提供科研帮助的诸多老师和朋友，尤其感谢香港大学林初昇教授、刘行健副教授，伦敦大学学院吴缚龙教授，中山大学李郇教授，武汉大学栾晓帆副研究员，武汉市自然资源和规划局严春，武汉市自然资源和规划局江岸分局周硕，武汉市规划研究院陈韦，武汉市城市建设集团有限公司韩勇等。

感谢中国建筑工业出版社（中国城市出版社）欧阳东副社长、石枫华主任、兰丽婷编辑为此书的辛勤付出；感谢国家自然科学基金课题（项目号：41771167、41971185、4180115）、香港研究资助局资助的协作研究基金（编号：C7028-16G）国家出版基金资助，使我们有能力完成此书的出版。

最后要感谢的，当然还有参与我们的研究和社区规划的所有居民们、村民们，是你们的热情参与、全心投入和无私奉献一直感染和鼓舞我们前进，也是这样的激励始终支撑着我们的研究工作。我们将这本小书视为献给这座英雄城市和它的人民的一份小礼，汇入它的历史洪流之中。

图书在版编目（CIP）数据

武汉城市社区更新理论与实践 / 李志刚，郭炎，林赛南著. —北京：中国城市出版社，2020.12
（城市社区更新理论与实践丛书 / 赵万民、黄瓴主编）
ISBN 978-7-5074-3355-5

Ⅰ.①武… Ⅱ.①李… ②郭… ③林… Ⅲ.①城市—社区建设—研究—武汉 Ⅳ.① D669.3

中国版本图书馆 CIP 数据核字（2021）第 032228 号

图书总策划：欧阳东
责 任 编 辑：石枫华　兰丽婷
文 字 编 辑：郑　琳
书 籍 设 计：韩蒙恩
责 任 校 对：芦欣甜

城市社区更新理论与实践丛书
赵万民　黄　瓴　主编

武汉城市社区更新理论与实践

李志刚　郭　炎　林赛南　著
*
中国城市出版社、中国建筑工业出版社出版、发行（北京海淀三里河路9号）
各地新华书店、建筑书店经销
北京锋尚制版有限公司制版
北京富诚彩色印刷有限公司印刷
*
开本：787 毫米 × 1092 毫米　1/16　印张：16½　字数：371 千字
2021年11月第一版　2021年11月第一次印刷
定价：165.00 元
ISBN 978-7-5074-3355-5
（904341）